『혼자서 끝내는 독학! HSK 3급』은
HSK 3급에 처음 도전하는 학습자가 **40일** 동안 혼자서 시험을
대비할 수 있도록 구성한 도서입니다.
HSK 전문 강사의 숱영역 **동영상 강의**와 실전 테스트 **음성 강의**가
도서 안에 **QR코드**로 수록되어 있어 혼자서도 학습할 수 있습니다.
만점 단어 PDF 파일로 단어를 학습하며, **모의고사 2회분**으로
최종 마무리를 할 수 있습니다.
이제 **『혼자서 끝내는 독학! HSK 3급』**으로
HSK 3급에 도전해 보세요!

무료 자료는 이렇게 **다운로드** 받으세요!

앗! 자료를 다운로드 하고 싶은데, 방법을 모르신다고요? 바로 여기에 주목하세요!

MP3 파일 다운로드

❶ PC에서

  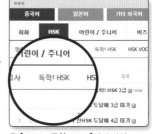

① 맛있는북스 홈페이지 접속 후 로그인

② [MP3 다운로드→무료 MP3 다운로드] 클릭

③ [HSK→독학! HSK]에서 파일 다운로드

❷ 스마트폰에서

① 맛있는중국어 앱 다운로드 후 하단에 **북스 MP3 다운로드** 선택

② [HSK→독학! HSK] 선택 후 MP3 파일 다운로드

③ MP3 다운로드함에서 녹음 듣기

* 맛있는중국어 앱은 스마트폰 구글 플레이스토어나 앱스토어에서 다운로드 할 수 있습니다.

MP3 파일은 이렇게 구성되어 있어요

본책: 듣기 영역의 파일이 수록되어 있습니다. 트랙 번호를 확인한 후 녹음을 들으세요.

해설집: 듣기 영역 실전 테스트의 '문제별' 개별 파일이 수록되어 있습니다.

모의고사: 모의고사와 문제별 개별 파일이 수록되어 있습니다. 복습할 때는 '문제별' 개별 파일로 녹음을 들으세요.

만점 단어 600: HSK 3급 단어가 '중국어⇒한국어⇒중국어' 순으로 구성되어 있습니다.

만점 단어 PDF 파일 다운로드

❶ PC에서

① 맛있는북스 홈페이지
왼쪽 검색창에서 도서명 검색

② [학습자료 다운] 클릭 후 파일 다운로드
*옆에 있는 '무료 MP3 다운'을 클릭하면 MP3
파일도 함께 다운로드 할 수 있습니다.

③ 만점 단어 600 학습하기

❷ 스마트폰에서

① 맛있는북스 홈페이지
[게시판→자료실] 클릭

② 만점 단어 600 파일 다운로드

③ 만점 단어 600 학습하기

동영상&음성 강의 재생 방법

① QR코드 리더기 클릭

② 스마트폰으로 QR코드 인식

③ 동영상&음성 강의 학습

* 스마트폰으로 포털 사이트 검색창 우측에 있는 아이콘을 클릭하면 QR코드를 바로 인식할 수 있습니다.

* 매일 충실히 학습했는지 체크해 보세요.

영역		학습일	날짜	동영상 강의	공략하기	실전 테스트	음성 강의	만점 단어
듣기	제1부분	01day	/	☐	☐	☐	☐	☐
		02day	/	☐	☐	☐	☐	☐
		03day	/	☐	☐	☐	☐	☐
	제2부분	04day	/	☐	☐	☐	☐	☐
		05day	/	☐	☐	☐	☐	☐
	제3부분	06day	/	☐	☐	☐	☐	☐
		07day	/	☐	☐	☐	☐	☐
		08day	/	☐	☐	☐	☐	☐
	제4부분	09day	/	☐	☐	☐	☐	☐
		10day	/	☐	☐	☐	☐	☐
		11day	/	☐	☐	☐	☐	☐
		12day	/	☐	☐	☐	☐	☐
독해	제1부분	13day	/	☐	☐	☐	☐	☐
		14day	/	☐	☐	☐	☐	☐
		15day	/	☐	☐	☐	☐	☐
	제2부분	16day	/	☐	☐	☐	☐	☐
		17day	/	☐	☐	☐	☐	☐
		18day	/	☐	☐	☐	☐	☐
		19day	/	☐	☐	☐	☐	☐
		20day	/	☐	☐	☐	☐	☐
		21day	/	☐	☐	☐	☐	☐
	제3부분	22day	/	☐	☐	☐	☐	☐
		23day	/	☐	☐	☐	☐	☐
		24day	/	☐	☐	☐	☐	☐
		25day	/	☐	☐	☐	☐	☐
		26day	/	☐	☐	☐	☐	☐
		27day	/	☐	☐	☐	☐	☐
쓰기	제1부분	28day	/	☐	☐	☐	☐	☐
		29day	/	☐	☐	☐	☐	☐
		30day	/	☐	☐	☐	☐	☐
		31day	/	☐	☐	☐	☐	☐
		32day	/	☐	☐	☐	☐	☐
		33day	/	☐	☐	☐	☐	☐
		34day	/	☐	☐	☐	☐	☐
		35day	/	☐	☐	☐	☐	☐
		36day	/	☐	☐	☐	☐	☐
		37day	/	☐	☐	☐	☐	☐
	제2부분	38day	/	☐	☐	☐	☐	☐
		39day	/	☐	☐	☐	☐	☐
		40day	/	☐	☐	☐	☐	☐
모의 고사	1회		/	–	–	–	–	–
	2회		/	–	–	–	–	–

혼자서 끝내는

독학!

HSK

JRC 중국어연구소 기획
김지현 저

3 급

맛있는 books

혼자서 끝내는
독학!
HSK 3급

초판 1쇄 인쇄	2019년 3월 20일
초판 1쇄 발행	2019년 3월 25일

저자	김지현
기획	JRC 중국어연구소
발행인	김효정
발행처	맛있는books
등록번호	제2006-000273호
편집	최정임ㅣ김소연ㅣ조해천
디자인	최여랑
제작	박선희
영업	김영한ㅣ강민호ㅣ장탐이나
마케팅	이지연

주소	서울 강남구 테헤란로 109, 3층
전화	구입문의 02·567·3861ㅣ02·567·3837
	내용문의 02·567·3860
팩스	02·567·2471
홈페이지	www.booksJRC.com

ISBN	979-11-6148-028-2 14720
	979-11-6148-027-5 (세트)
정가	22,000원

머리말

⫿⫿⫿⫿ 중국어를 꼭 해야 하는 이유를 찾다 ⫿⫿⫿⫿

'앞으로 중국어를 못하면 먹고 살기 힘들다', '대기업 중국어 능통자에게 가장 높은 가산점 부여', '세계적인 CEO 자녀들 중국어 교육 열풍' 등은 인터넷과 뉴스에서 자주 접하는 중국어 관련 기사입니다. 이처럼 한국뿐만 아니라 국제 사회에서 중국어가 차지하는 비중이 높아지고 있습니다. 한국에서는 중국과의 교류가 확대됨에 따라 중국어 능통자에 대한 수요가 늘어나고 있습니다. 이러한 시점에서 중국어를 내 인생의 목표를 위한 도구로 삼는 것은 어떨까요?

⫿⫿⫿⫿ HSK에 첫발을 내딛다 ⫿⫿⫿⫿

중국어 회화를 꾸준히 공부한 학습자라면 누구나 자신의 실력을 평가해보고 싶기 마련이죠. 많은 학습자들이 HSK 3급은 어느 정도 회화를 공부하면 누구나 합격하는 시험이라고 생각합니다. 하지만 정확히 알고 푸는 것과 모르고 푸는 것은 천지차이며, 그 결과물 또한 다르죠. 본책은 HSK를 처음 시작하는 학습자들에게 고득점으로 합격할 수 있는 정확한 방법을 제시하며, 3급에 그치지 않고 4급, 5급까지 가는 데 튼튼한 다리 역할을 해줄 수 있는 교재임을 감히 자신합니다.

⫿⫿⫿⫿ 초심을 잃지 말자 ⫿⫿⫿⫿

HSK를 준비하는 학습자라면 누구나 짧은 시간 안에 고득점으로 합격하길 희망하겠죠. 그렇다면 어떻게 해야 짧은 시간에 합격할 수 있을까요? 당연히 훌륭한 교재와 함께 준비하는 것도 중요하지만, 시험을 준비하는 자세가 아닐까 생각합니다. 따라서 초심을 잃지 않고 본책과 함께 합격하는 그날까지 반복하여 학습한다면 반드시 좋은 결과가 있을 것입니다.

⫿⫿⫿⫿ HSK 시험에 당당히 합격하다 ⫿⫿⫿⫿

본책은 기출문제를 바탕으로 각 영역별 출제 경향을 완벽히 분석하여 만든 기본서입니다. 본책을 완벽하게 마스터한다면 합격을 향한 최강의 무기를 갖게 될 것임을 확신합니다. 아울러 3급에 멈추지 않고 더 높은 급수의 시험에 도전할 수 있는 탄탄한 기본기를 갖춘 실력자로 성장할 수 있을 것입니다.

초심을 잃지 않고 HSK 강의를 할 수 있도록 아낌없는 지원과 조언을 해주시는 JRC 글로벌교육 김효정 대표님, 항상 좋은 강의를 할 수 있도록 힘이 되는 비타민 같은 존재 우리 학생들, 이 책이 나오기까지 애써주신 맛있는북스 편집부 여러분께 감사를 드립니다. 마지막으로, 언제나 깊은 사랑으로 저를 보듬어주는 사랑하는 가족, 특히 나의 든든한 버팀목이 되어주는 남편에게 이 자리를 빌려 감사와 사랑의 마음을 전합니다.

김지현

차례

이 책의 특징

『혼자서 끝내는 독학! HSK 3급』은 본책, 해설집, 최신 모의고사 2회분으로 구성된 HSK 독학 기본서입니다. HSK 3급을 한 번도 본 적이 없는 학습자라도 쉽게 학습할 수 있도록 각 영역별 공략법부터 실전 테스트까지 체계적으로 구성되어 있으며, 적중률 높은 엑기스 문제로만 구성된 모의고사 2회분으로 HSK를 완벽하게 대비할 수 있습니다.

1. 공략부터 실전 테스트까지 한 권으로 끝내는 HSK 기본서의 결정판!

각 영역별·부분별로 꼼꼼한 공략 및 예제, 실제 시험에 가까운 난이도로 구성된 실전 테스트가 수록되어 있습니다. 한 권으로 HSK 3급 시험을 종합적으로 준비할 수 있어 급수 획득이 쉬워집니다.

2. 최신 기출문제 및 출제 경향 완벽 분석

최신 기출문제를 바탕으로 각 영역별 출제 경향을 완벽히 분석했습니다. 출제 경향이 200% 반영된 기출문제 맛보기 및 공략 예제를 통해 문제 난이도와 공략 포인트를 파악할 수 있어 실력이 한층 업그레이드됩니다.

3. '기초 실력 테스트 → 기출문제 맛보기 → 공략하기 → 실전 테스트'로 이어지는 체계적인 학습 프로그램 제공

자신의 실력을 체크하는 「기초 실력 테스트」, 최신 기출문제로 문제 유형을 익히는 「기출문제 맛보기」, 유형별로 꼼꼼하게 짚어주는 「공략하기」, 실제 시험 난이도에 가까운 「실전 테스트」까지 체계적으로 학습할 수 있습니다.

4. HSK 전문가의 날카로운 공략 비법 제시

각 영역별 유형을 분석한 자료를 바탕으로 최적화된 공략 비법을 제시했습니다. 공략과 관련된 어법, 표현, 어휘가 한눈에 정리되어 있어 학습에 용이합니다. 공략마다 예제가 제시되어 있어 실제 시험에서 공략법을 어떻게 활용하는지 연습할 수 있습니다.

5. 시험 적응력을 높이고 실력을 극대화시키는 실전 문제 수록

실제 시험 형식과 난이도로 구성된 예제 및 실전 테스트는 학습자의 시험 적응력을 높이고 시험장 환경에 익숙해지도록 하여 실력을 충분히 발휘할 수 있도록 도와줍니다. 모든 공략에 예제가 제시되어 있으며, day별로 다양한 실전 테스트 문제가 수록되어 있어 풍부한 실전 경험을 쌓을 수 있습니다.

6. 동영상 강의 및 음성 강의 QR코드 수록

40일에 듣기 · 독해 · 쓰기 전 영역을 완벽하게 끝낼 수 있도록 도서 안에 HSK 전문 강사의 동영상 강의 QR코드를 수록하였습니다. 또한, 실전 테스트를 풀고 난 후 자신의 실력을 체크하고 부족한 부분을 확인할 수 있도록 음성 강의 QR코드를 수록하였습니다. 자세하고 알찬 강의로 혼자서도 HSK 3급을 취득할 수 있습니다.

7. 상세하고 정확하게 풀이한 해설

친절하고 상세한 설명으로 학습자들이 틀린 문제를 정확히 알고 넘어갈 수 있습니다. 각 문제마다 상세한 해설과 함께 정답, 어휘 등을 수록하였습니다. 본책에서 배운 공략을 다시 한번 짚어보고, 실전 테스트에서 틀린 부분을 점검하여 고득점 획득의 발판을 마련할 수 있습니다.

8. 3급 만점 단어 PDF 파일 무료 제공 및 최신 모의고사 2회분 수록

언제 어디서나 암기할 수 있는 3급 만점 단어 600 PDF 파일은 맛있는북스(www.booksJRC.com) 홈페이지에서 무료로 다운로드 할 수 있습니다. 프린트하거나 휴대폰에 넣어서 편리하게 단어를 암기하세요. 또한, 적중률 높은 모의고사 2회분이 수록되어 있어 시험을 보기 전에 마지막으로 자신의 실력을 점검할 수 있습니다.

이 책의 활용

📢 『혼자서 끝내는 독학! HSK 3급』은 체계적이고 단계적인 학습 방법을 제시합니다.

Step 01	Step 02	Step 03	Step 04
기초 실력 테스트	기출문제 맛보기	공략하기	실전 테스트

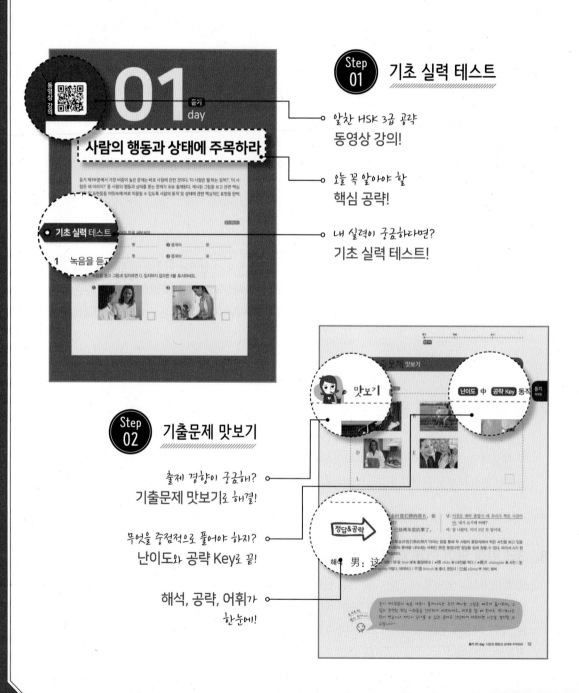

Step 01 기초 실력 테스트

○ 알찬 HSK 3급 공략
동영상 강의!

○ 오늘 꼭 알아야 할
핵심 공략!

○ 내 실력이 궁금하다면?
기초 실력 테스트!

Step 02 기출문제 맛보기

출제 경향이 궁금해?
기출문제 맛보기로 해결!

무엇을 중점적으로 풀어야 하지?
난이도와 공략 Key로 끝!

해석, 공략, 어휘가 ○
한눈에!

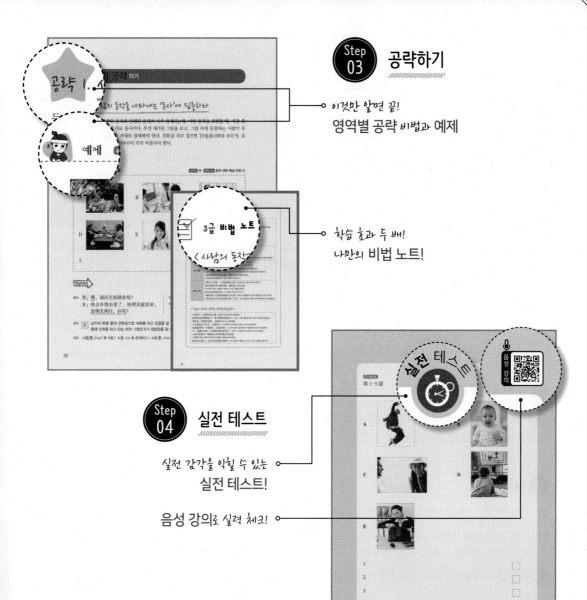

Step 03 공략하기

이것만 알면 끝!
영역별 공략 비법과 예제

학습 효과 두 배!
나만의 비법 노트!

Step 04 실전 테스트

실전 감각을 익힐 수 있는
실전 테스트!

음성 강의로 실력 체크!

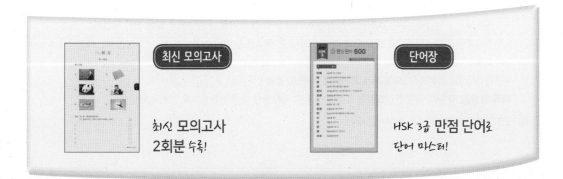

최신 모의고사

최신 모의고사
2회분 수록!

단어장

HSK 3급 만점 단어로
단어 마스터!

HSK란?

① HSK란?

HSK(汉语水平考试 Hànyǔ Shuǐpíng Kǎoshì)는 제1언어가 중국어가 아닌 사람의 중국어 능력을 평가하기 위해 만들어진 중국 정부 유일의 국제 중국어 능력 표준화 고시입니다. 생활, 학습, 업무 등 실생활에서의 중국어 운용 능력을 중점적으로 평가합니다.

② 시험 구성

HSK는 중국어 듣기·독해·쓰기 능력을 평가하는 **필기 시험**(HSK 1~6급)과 중국어 말하기 능력을 평가하는 **회화 시험**(HSKK 초급·중급·고급)으로 나뉘며, 필기 시험과 회화 시험은 각각 독립적으로 시행됩니다.

HSK	HSK 1급	HSK 2급	HSK 3급	HSK 4급	HSK 5급	HSK 6급
	150 단어 이상	300 단어 이상	600 단어 이상	1200 단어 이상	2500 단어 이상	5000 단어 이상
HSKK	HSKK **초급**		HSKK **중급**		HSKK **고급**	

③ 시험 방식

• PBT(Paper-Based Test) : 기존 방식의 시험지와 OMR 답안지로 진행하는 시험 방식입니다.
• IBT(Internet-Based Test) : 컴퓨터로 진행하는 시험 방식입니다.

④ 원서 접수

1. 인터넷 접수 : HSK한국사무국(www.hsk.or.kr) 홈페이지에서 접수
2. 우편 접수 : 구비 서류를 동봉하여 HSK한국사무국으로 등기 발송
   + 구비 서류 : 응시원서, 응시비 입금 영수증
3. 방문 접수 : 서울공자아카데미로 방문하여 접수
   + 구비 서류 : 응시원서, 응시비

⑤ 시험 당일 준비물

1. 수험표
2. 유효 신분증
   + 주민등록증 기발급자 : 주민등록증, 운전면허증, 기간 만료 전의 여권, 주민등록증 발급 신청 확인서
   + 주민등록증 미발급자 : 기간 만료 전의 여권, 청소년증, 청소년증 발급 신청 확인서, HSK신분확인서(한국 내 소재 초·중·고등학생만 가능)
   + 군인 : 군장교 신분증(군장교일 경우), 휴가증(현역 사병일 경우)
   주의! 학생증, 사원증, 국민건강보험증, 주민등록등본, 공무원증 등은 신분증으로 인정되지 않음
3. 2B 연필, 지우개(HSK PBT 응시자에만 해당)

HSK 3급
소개

HSK 3급에 합격한 응시자는 중국어로 일상생활, 학습, 업무 등 각 분야의 상황에서 기본적인 회화를 할 수 있습니다. 또한 중국 여행 시 겪게 되는 대부분의 상황에서 중국어로 대응할 수 있습니다.

❶ 응시 대상

HSK 3급은 매주 2~3시간씩 3학기(120~180시간) 정도의 중국어를 학습하고, 600개의 상용 어휘와 관련 어법 지식을 마스터한 학습자를 대상으로 합니다.

❷ 시험 내용

영역		문제 유형	문항 수	시험 시간	점수
듣기 (听力)	제1부분	두 사람의 대화를 듣고 내용과 일치하는 사진 고르기	10	약 35분	100점
	제2부분	단문을 듣고 제시된 문장의 옳고 그름 판단하기	10		
	제3부분	두 사람의 짧은 대화를 듣고 질문에 답하기	10		
	제4부분	두 사람의 긴 대화를 듣고 질문에 답하기	10		
듣기 영역 답안 작성				5분	
독해 (阅读)	제1부분	제시된 문장과 관련된 문장 고르기	10	30분	100점
	제2부분	빈칸에 들어갈 알맞은 어휘 고르기	10		
	제3부분	단문을 읽고 질문에 답하기	10		
쓰기 (书写)	제1부분	주어진 어휘를 조합하여 문장 만들기	5	15분	100점
	제2부분	빈칸에 알맞은 한자 쓰기	5		
합계			**80 문항**	**약 85분**	**300점**

*응시자 개인 정보 작성 시간(5분)을 포함하여 약 **90분**간 시험이 진행됩니다.
*듣기 영역의 답안 작성은 듣기 시간 종료 후, 5분 안에 답안카드에 표시해야 합니다.
*각 영역별 중간 휴식 시간이 없습니다.

❸ HSK 성적표

• HSK 3급 성적표에는 듣기·독해·쓰기 세 영역의 점수와 총점이 기재됩니다. 성적표는 **시험일로부터 45일 이후**에 발송됩니다.
• 각 영역별 만점은 **100점**이며, 총점은 **300점** 만점입니다. 영역별 점수에 상관없이 총점 **180점 이상**이면 **합격**입니다.
• HSK PBT 성적은 시험일로부터 1개월, IBT 성적은 시험일로부터 2주 후 중국고시센터 홈페이지(www.chinesetest.cn)에서 조회할 수 있습니다.
• HSK 성적은 시험일로부터 **2년간** 유효합니다.

듣기 (총 40문항, 약 35분)

제**1**부분 (10문항)	 例如: 男: 喂, 请问张经理在吗? 　　　女: 他正在开会, 您半个小时以后再打, 好吗?　　　　D 1.	대화를 듣고 제시된 사진 중에서 대화 내용과 일치하는 것을 고르는 문제입니다. 주의 녹음 내용은 두 번 들려줍니다.
제**2**부분 (10문항)	例如: 为了让自己更健康, 他每天都花一个小时去锻炼身体。 　★ 他希望自己很健康。　　　　　(√) 今天我想早点儿回家。看了看手表, 才5点。过了一会儿再看表, 还是5点, 我这才发现我的手表不走了。 　★ 那块儿手表不是他的。　　　　(×)	단문을 듣고 제시된 문제와 녹음 내용이 일치하는지 판단하는 문제입니다. 일치하면 √, 일치하지 않으면 X에 체크합니다. 주의 녹음 내용은 두 번 들려줍니다.
제**3**부분 (10문항)	例如: 男: 小王, 帮我开一下门, 好吗? 谢谢! 　　　女: 没问题。您去超市了? 买了这么多东西。 　　　问: 男的想让小王做什么? 　A 开门 √　　　B 拿东西　　　C 去超市买东西	두 사람의 간단한 대화를 듣고 보기 ABC 중에서 알맞은 답을 고르는 문제입니다. 주의 녹음 내용은 두 번 들려줍니다.
제**4**부분 (10문항)	例如: 女: 晚饭做好了, 准备吃饭了。 　　　男: 等一会儿, 比赛还有三分钟就结束了。 　　　女: 快点儿吧, 一起吃, 菜冷了就不好吃了。 　　　男: 你先吃, 我马上就看完了。 　　　问: 男的在做什么? 　A 洗澡　　　B 吃饭　　　C 看电视 √	두 사람의 비교적 긴 대화를 듣고 보기 ABC 중에서 알맞은 답을 고르는 문제입니다. 주의 녹음 내용은 두 번 들려줍니다.

독해 (총 30문항, 30분)

제1부분 (10문항)	A 你什么时候搬家呢? 需要帮忙吗? B 一般吧, 我们上个月才认识, 只是普通朋友。 C 你最好再检查一下, 看看还有没有问题。 D 我们是去旅游, 不是搬家, 还是少拿一些吧。 E 当然。我们先坐公共汽车, 然后换地铁。 F 我觉得这家宾馆还不错, 你说呢? 例如: 你知道怎么去那儿吗?　　　　　　　(E)	제시된 문장과 서로 관련된 문장을 고르는 문제입니다. 🚨 문제당 한 문장씩 주어지며, 보기에는 연관된 질문이나 대답이 제시됩니다.
제2부분 (10문항)	A 选择　B 马上　C 对　D 舒服　E 声音　F 环境 例如: 她说话的 (E) 多好听啊!	빈칸에 들어갈 알맞은 단어를 고르는 문제입니다. 🚨 51~55번은 하나의 문장, 56~60번은 대화형으로 구성되어 있습니다.
제3부분 (10문항)	例如: 您是来参加今天会议的吗? 您来早了一点儿, 现在才八点半。您先进来坐吧。 ★ 会议最可能几点开始? A 8点　　　　　B 8点半　　　　　C 9点 √	한 단락의 글을 읽고 질문에 알맞은 답을 보기 ABC 중에서 고르는 문제입니다. 🚨 질문을 먼저 읽고 파악한 후, 단문을 읽으세요.

쓰기 (총 10문항, 15분)

제1부분 (5문항)	例如: 小船　上　一　河　条　有 　　　河上有一条小船。	제시된 어휘를 조합하여 어순에 맞는 정확한 문장으로 배열하는 문제입니다. 🚨 중국어 기본 어순에 유의하세요.
제2부분 (5문항)	guān 例如: 没 (关) 系, 别难过, 高兴点儿。	빈칸에 들어갈 알맞은 한자를 쓰는 문제로, 빈칸에 들어갈 한자의 병음은 제시되어 있습니다. 🚨 비슷한 발음, 비슷하게 생긴 한자에 유의하세요.

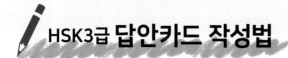

HSK3급 답안카드 작성법

■ 汉语水平考试 HSK(三级)答题卡 ■

응시자 정보를 기입해 주세요

고시장 정보를 기입해 주세요

─ 请填写考生信息 ─

─ 请填写考点信息 ─

按照考试证件上的姓名填写:

수험표상의 이름을 기입해 주세요

姓名 / 이름	LEE DONG MIN

如果有中文姓名, 请填写: 중국어 이름이 있으면 기입해 주세요

中文姓名 / 중국어 이름	李東民

考生序号 / 수험 번호

4	[0] [1] [2] [3] ■ [5] [6] [7] [8] [9]
2	[0] [1] ■ [3] [4] [5] [6] [7] [8] [9]
3	[0] [1] [2] ■ [4] [5] [6] [7] [8] [9]
0	■ [1] [2] [3] [4] [5] [6] [7] [8] [9]
8	[0] [1] [2] [3] [4] [5] [6] [7] ■ [9]

考点代码

8	[0] [1] [2] [3] [4] [5] [6] [7] ■ [9]
1	[0] ■ [2] [3] [4] [5] [6] [7] [8] [9]
5	[0] [1] [2] [3] [4] ■ [6] [7] [8] [9]
0	■ [1] [2] [3] [4] [5] [6] [7] [8] [9]
3	[0] [1] [2] ■ [4] [5] [6] [7] [8] [9]
0	■ [1] [2] [3] [4] [5] [6] [7] [8] [9]
0	■ [1] [2] [3] [4] [5] [6] [7] [8] [9]

国籍 / 국적

5	[0] [1] [2] [3] [4] ■ [6] [7] [8] [9]
2	[0] [1] ■ [3] [4] [5] [6] [7] [8] [9]
3	[0] [1] [2] ■ [4] [5] [6] [7] [8] [9]

年龄 / 나이

| 2 | [0] [1] ■ [3] [4] [5] [6] [7] [8] [9] |
| 3 | [0] [1] [2] ■ [4] [5] [6] [7] [8] [9] |

性别 / 성별

男 ■ 남   女 [2] 여

注意 | 请用2B铅笔这样写: ■ 2B 연필로 ■ 이렇게 칠하세요

*답안지의 번호 순서에 주의하세요

一、听力 듣기 (듣기 영역 시험 종료 후 5분 동안 기입)

1. ■ [B] [C] [D] [E] [F]
2. [A] ■ [C] [D] [E] [F]
3. [A] [B] [C] ■ [E] [F]
4. [A] [B] [C] [D] ■ [F]
5. ■ [B] [C] [D] [E] [F]

6. [A] [B] [C] [D] [E] [F]
7. [A] [B] [C] [D] [E] [F]
8. [A] [B] [C] [D] [E] [F]
9. [A] [B] [C] [D] [E] [F]
10. [A] [B] [C] [D] [E] [F]

11. [√] [×]
12. [√] [×]
13. [√] [×]
14. [√] [×]
15. [√] [×]

16. [√] [×]
17. [√] [×]
18. [√] [×]
19. [√] [×]
20. [√] [×]

21. [A] [B] [C]
22. [A] [B] [C]
23. [A] [B] [C]
24. [A] [B] [C]
25. [A] [B] [C]

26. [A] [B] [C]
27. [A] [B] [C]
28. [A] [B] [C]
29. [A] [B] [C]
30. [A] [B] [C]

31. [A] [B] [C]
32. [A] [B] [C]
33. [A] [B] [C]
34. [A] [B] [C]
35. [A] [B] [C]

36. [A] [B] [C]
37. [A] [B] [C]
38. [A] [B] [C]
39. [A] [B] [C]
40. [A] [B] [C]

二、阅读 독해 (독해 영역 시험 시간 내에 답 기입)

41. [A] [B] [C] [D] [E] [F]
42. [A] [B] [C] [D] [E] [F]
43. [A] [B] [C] [D] [E] [F]
44. [A] [B] [C] [D] [E] [F]
45. [A] [B] [C] [D] [E] [F]

46. [A] [B] [C] [D] [E] [F]
47. [A] [B] [C] [D] [E] [F]
48. [A] [B] [C] [D] [E] [F]
49. [A] [B] [C] [D] [E] [F]
50. [A] [B] [C] [D] [E] [F]

51. [A] [B] [C] [D] [E] [F]
52. [A] [B] [C] [D] [E] [F]
53. [A] [B] [C] [D] [E] [F]
54. [A] [B] [C] [D] [E] [F]
55. [A] [B] [C] [D] [E] [F]

56. [A] [B] [C] [D] [E] [F]
57. [A] [B] [C] [D] [E] [F]
58. [A] [B] [C] [D] [E] [F]
59. [A] [B] [C] [D] [E] [F]
60. [A] [B] [C] [D] [E] [F]

61. [A] [B] [C]
62. [A] [B] [C]
63. [A] [B] [C]
64. [A] [B] [C]
65. [A] [B] [C]

66. [A] [B] [C]
67. [A] [B] [C]
68. [A] [B] [C]
69. [A] [B] [C]
70. [A] [B] [C]

三、书写 쓰기 (쓰기 영역 시험 시간 내에 답 기입)

밑줄 위에 작성하세요

71. 我最爱吃苹果。

72.

73.

74.

75.

76. 天   77.   78.   79.   80.

칸 안에 작성하세요

不要写到框线以外!

칸 밖에 쓰지 마세요!

✔ CHECK! CHECK!
시험 전날

✓ **수험표와 신분증, 2B 연필, 지우개 등 준비물 챙기기**
HSK PBT 응시자는 2B 연필과 지우개를 꼭! 준비하세요. 쓰기 시험에 대비하여 2B 연필을 여분으로 더 준비하세요.

✓ **신분증 챙기기**
+ 주민등록증 기발급자 : 주민등록증, 운전면허증, 기간 만료 전의 여권, 주민등록증 발급 신청 확인서
+ 주민등록증 미발급자 : 기간 만료 전의 여권, 청소년증, 청소년증 발급 신청 확인서, HSK신분확인서
 (한국 내 소재 초·중·고등학생만 가능)
+ 군인 : 군장교 신분증(군장교일 경우), 휴가증(현역 사병일 경우)

  🔴 주의 학생증, 사원증, 국민건강보험증, 주민등록등본, 공무원증 등은 신분증으로 인정되지 않음

✓ **고시장 위치 확인하기**
HSK한국사무국 사이트(www.hsk.or.kr)에서 고시장의 위치를 확인하고 교통편을 숙지하세요.

✓ **손목시계 챙기기**
휴대 전화 등 전자기기를 사용할 수 없습니다. 시험 시간을 확인할 수 있는 손목시계를 챙기세요.

✔ CHECK! CHECK!

시험 당일

✓ **고시장에 도착하기 전**
· 지각하지 않도록 여유 있게 출발하세요. 고시장 입실 완료 시간보다 일찍 도착해서 마음을 가라앉히고 최종 점검을 해보세요.
· 고시장으로 가는 길, 자신이 자주 틀렸던 문제를 다시 한번 검토해 보세요.

✓ **고시장에서는?**
· 오답 노트 등 자신만의 자료로 파이널 점검을 하세요. 자신이 자주 잊어버리거나 획수가 많은 한자를 써보는 것이 좋습니다.
· 시험 도중에는 퇴실할 수 없으니, 화장실은 미리 다녀오세요.
· 시험 규정과 고시장 수칙을 반드시 준수하세요. 위반 시 부정 행위 처리, 자격 제한 등의 처벌을 받을 수 있으므로 HSK 규정에 반드시 따르도록 합니다.

듣기

听力

듣기 학습법

1. '듣기 → 받아쓰기 → 말하기'를 끊임없이 반복하자!

효과적인 듣기 학습 방법은 '듣기 → 쓰기 → 말하기', 이 삼박자가 맞아 떨어져야 합니다. 모든 문장을 받아쓰기하는 것보다는 중요한 어휘나 핵심 표현을 위주로 받아쓰기 연습을 하는 것이 좋습니다.

2. 평소에 발음 연습을 게을리하지 말자!

자신의 발음이 정확하지 않으면 녹음을 들을 때 알고 있는 어휘나 표현들로 이루어진 대화라도 자신의 귀에는 낯설게만 느껴집니다. 따라서 부정확한 발음은 선생님이나 중국인의 도움을 받아 반드시 교정하고, 녹음 대본을 최대한 중국인 발음과 유사하게 읽는 연습을 하는 것이 중요합니다.

3. 중국어가 입에 완전히 붙도록 큰 소리로 읽는 습관을 기르자!

눈으로만 하는 공부는 듣기 실력 향상에 도움이 되지 않습니다. 중국어 문장을 정확하게 듣고 이해하려면 반드시 입으로 소리 내어 읽는 습관을 길러야 합니다. 또한 소리 내어 학습한다면 보다 과감하게 중국인과 대화할 수 있기 때문에 '듣기+말하기' 이 두 마리 토끼를 잡을 수 있습니다.

01
듽기 day

사람의 행동과 상태에 주목하라

듣기 제1부분에서 가장 비중이 높은 문제는 바로 사람에 관한 것이다. '이 사람은 뭘 하는 걸까?', '이 사람은 왜 이러지?' 등 사람의 행동과 상태를 묻는 문제가 주로 출제된다. 제시된 그림을 보고 관련 핵심 어휘 및 표현들을 머릿속에 바로 떠올릴 수 있도록 사람의 동작 및 상태에 관한 핵심적인 표현을 완벽하게 습득하자.

기초 실력 테스트

🎧 01-1

1 녹음을 듣고 중국어와 뜻을 써보세요.

❶ 중국어 _____ 뜻 _____　　❷ 중국어 _____ 뜻 _____

❸ 중국어 _____ 뜻 _____　　❹ 중국어 _____ 뜻 _____

2 녹음을 듣고 그림과 일치하면 O, 일치하지 않으면 X를 표시하세요.

❶

❷

정답_ 해설집 125쪽

3급 기출문제 맛보기

 맛보기 🎧 01-2

난이도 中   공략 Key 동작 관련 핵심 어휘 照

듣기
제1부분

A

B

C

D

E

1.

정답&공략 ➤

해석   男: 这是大学毕业时我们照的照片, 你 看照得怎么样?
女: 照得很不错! 已经两年前的事了。

남: 이것은 대학 졸업식 때 우리가 찍은 사진이야. 네가 보기에 어때?
여: 잘 나왔다. 이미 2년 전 일이네.

공략   A 남자의 '这是大学毕业时我们照的照片'이라는 말을 통해 두 사람이 졸업식에서 찍은 사진을 보고 있음을 알 수 있다. 사람의 동작을 나타내는 어휘인 照만 들었다면 정답을 쉽게 찾을 수 있다. 따라서 A가 정답으로 가장 적절하다.

어휘   大学 dàxué 몡 대학 | 毕业 bìyè 명동 졸업(하다) | ★照 zhào 동 (사진을) 찍다 | ★照片 zhàopiàn 몡 사진 | 怎 么样 zěnmeyàng 어떻다, 어떠하다 | 不错 búcuò 혱 좋다, 괜찮다 | 已经 yǐjing 뷔 이미, 벌써

토크토크!
쌤의 한마디~

듣기 제1부분의 녹음 내용이 흘러나오는 동안 제시된 그림을 빠르게 훑어보며, 그 림과 관련된 핵심 어휘들을 간단하게 메모하세요. 메모를 할 때 한자로 적기보다는 한어 병음이나 자신이 알아볼 수 있는 글자로 간단하게 메모하면 시간을 절약할 수 있답니다~

공략 I. 사람의 동작을 나타내는 '동사'에 집중하라

듣기 제1부분은 사람의 동작과 관련된 문제가 자주 출제되는데, 어떤 동작을 표현할 때, 가장 중요한 역할을 하는 것이 바로 동사이다. 우선 제시된 그림을 보고, 그림 속에 등장하는 사람이 무엇을 하고 있는지 동작을 자세히 살펴봐야 한다. 전화를 하고 있으면 '打电话(전화를 걸다)'가, 요리를 하고 있으면 '做饭(요리하다)'이 즉각 떠올라야 한다.

예제 🎧 01-3   난이도 **中** **공략 Key** 동작 관련 핵심 어휘 打

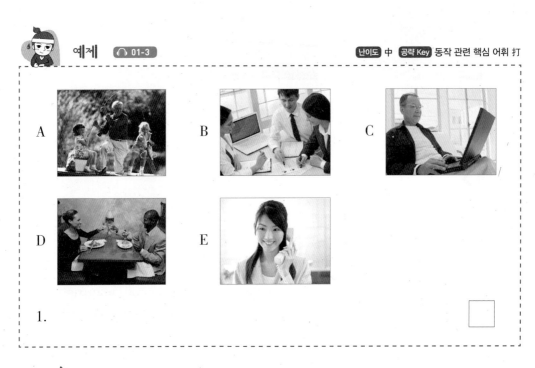

1.

정답&공략 ➡

해석 男：喂，请问王经理在吗？
　　　女：他去外地出差了，他明天就回来，
　　　　　您明天再打，好吗？

남: 여보세요? 실례지만 왕 사장님 계신가요?
여: 사장님께서 외지로 출장을 가셨습니다. 내일이면 돌아오시니, 내일 다시 전화 주시겠어요?

공략 **E** 남자의 喂를 통해 전화상으로 대화를 하고 있음을 알 수 있으며, 여자의 '您明天再打，好吗?'라는 말을 통해 전화를 하고 있는 여자 그림인 E가 정답임을 알 수 있다.

어휘 ★经理 jīnglǐ 명 사장 | ★在 zài 동 존재하다 | ★出差 chūchāi 동 출장을 가다 | 明天 míngtiān 명 내일

공략 2. 사람의 상태를 나타내는 핵심 어휘를 파악하라

사람의 상태를 파악하는 문제도 자주 출제된다. 만약, 기침을 하면서 괴로워하는 그림이 제시되면 '감기에 걸렸다', '기침이 심해서 괴롭다' 등 여러 가지 상황을 연상할 수 있어야 한다.

듣기
제1부분

예제 🎧 01-4

난이도 中   공략 Key 상태 관련 핵심 어휘 牙疼

A   B      C   

 D   E   

1.

 정답&공략 ➤

해석   男：吃点儿苹果吧。这个苹果特别甜。 | 남 : 사과 좀 먹어. 이 사과가 특히 달아.

     女：不，<u>我最近牙疼</u>，不敢再吃甜的东 | 여 : 아니야. <u>내가 요즘 이가 아파서</u>, 단 음식은
        西了。 | 못 먹겠어.

공략   **C**   사람의 상태를 나타내는 어휘인 牙疼만 들었다면 정답을 쉽게 찾을 수 있다. 사과 좀 먹으라는 남자의
      말에 여자는 '我最近牙疼'이라고 말하고 있으므로 이가 아픈 그림인 C가 정답임을 알 수 있다.

어휘   ★特别 tèbié 뙤 특히 | 甜 tián 혱 달다 | 牙疼 yáténg 혱 이가 아프다 | ★不敢 bùgǎn 조통 감히 ~하지 못하다

바로 체크 Check!   녹음을 듣고 빈칸을 채우세요. 🎧 01-5

❶ 喂，请问_____在吗？   ❷ 他明天就回来，您明天再_____，好吗？

❸ 吃点儿_____吧。这个苹果特别_____。   ❹ 我最近_____，不敢再吃甜的东西了。

정답 ❶ 王经理 ❷ 打 ❸ 苹果 / 甜 ❹ 牙疼

3급 비법 노트

〈 사람의 동작과 관련된 상황별 빈출 표현 〉

일상생활	★告诉我你想看什么节目。 무슨 프로그램을 보고 싶은지 내게 알려줘. ★给我来一杯果汁吧，谢谢。 나 주스 한 잔만 줘. 고마워. 冰箱里没有葡萄汁了，就喝咖啡吧。 냉장고에 포도 주스가 없으니 커피를 마셔요. ★我刚学会开车，对我来说，停车太难了！ 운전을 배운 지 얼마 안 돼서 나는 주차하는 게 너무 어려워. ★明天就要考试了，大家准备得怎么样？ 내일이 시험인데, 다들 준비는 잘하고 있나요? 黑板上的那个生词怎么读？ 칠판의 그 새 단어는 어떻게 읽죠?
집안일 · 가사	★我做饭，你洗盘子和碗，怎么样？ 내가 밥을 할게. 네가 접시와 그릇을 닦는 게 어때? ★今天的鸡蛋面怎么样？ 오늘 계란면이 어땠어? 今天晚上我给你准备了很好吃的。 오늘 저녁 내가 너를 위해 맛있는 음식을 준비했어.
일 · 작업	★张经理正在开会，您半个小时以后再打，好吗？ 장 사장님은 지금 회의 중이십니다. 30분 후에 다시 전화 주시겠어요? 你的电子邮件我已经看过了，我觉得你的办法是最好的。 당신의 이메일은 제가 이미 봤습니다. 제가 보기에 당신의 방법이 제일 좋은 것 같습니다. ★我把需要注意的问题，都写在电子邮件里了。 주의해야 할 문제들을 제가 모두 메일에 적었습니다.
취미 · 여가	★喝点儿水吧，今天踢得怎么样？ 물 좀 마셔. 오늘 축구는 어땠어? 我们班的水平比他高，我们进了五个球。 우리 반의 수준이 그들보다 높아서, 우리는 5골을 넣었어. 这张画是你画的吗？ 이 그림은 네가 그린 거니? ★要练多久才能画得像你这么好？ 얼마나 연습해야 너처럼 이렇게 잘 그릴 수 있니? ★我决定从今天开始每天跑一千米。 나는 오늘부터 매일 1,000미터를 뛰기로 결심했어.

〈 사람의 상태와 관련된 상황별 빈출 표현 〉

★别哭了，妈妈在这儿呢。 울지 마. 엄마가 여기에 있잖아. 你看见我的照相机了？ 我记得放在包里了。 너는 내 사진기를 못 봤니? 내가 가방에 넣어놨는데. 别着急，我帮你找吧。 조급해하지 마. 내가 찾아볼게. ★你的脸色不太好，又感冒了？ 너 안색이 그다지 좋지 않아. 또 감기에 걸렸어? 我感冒都快一个星期了，还没好呢。 나 감기 걸린 지 일주일이 다 돼가는데, 아직 낫지 않았어. 不，我最近牙疼，不敢再吃甜的东西了。 아니야. 나 요즘 이가 아파서 단 건 못 먹겠어. ★真为你高兴！ 希望你以后能有更大的成绩。 너 때문에 정말 기뻐! 네가 앞으로 더 좋은 성적을 내길 바랄게. 看你这么高兴，这次考试考得不错吧？ 네가 이렇게 기뻐하는 걸 보니, 이번 시험을 잘 봤구나?

22

🎧 01-6

第 1-5 題

A

B

C

D

E

1. ☐

2. ☐

3. ☐

4. ☐

5. ☐

+ **정답 및 해설**_ 해설집 4쪽

02 day

사물의 명칭과 용도에 주목하라

듣기 제1부분에는 사람에 관한 문제 외에 사물에 관한 문제 또한 자주 출제된다. 사람과 함께 사물이 제시되기도 하고, 사물만 크게 제시되기도 한다. 따라서 사물의 이름이 무엇이고, 어디에 쓰이는지를 정확히 파악해야 한다. 단순히 사물의 명칭만을 암기하는 것보다는 어떤 상황에서 어떤 용도로 쓰이는지 다양한 표현들을 익히는 것이 중요하다.

기초 실력 테스트

🎧 02-1

1 녹음을 듣고 중국어와 뜻을 써보세요.

❶ 중국어 _____ 뜻 _____   ❷ 중국어 _____ 뜻 _____

❸ 중국어 _____ 뜻 _____   ❹ 중국어 _____ 뜻 _____

2 녹음을 듣고 그림과 일치하면 O, 일치하지 않으면 X를 표시하세요.

❶

❷

3급 **기출문제** 맛보기

 맛보기 🎧 02-2

난이도 中 | 공략 Key 사물의 명칭 礼物

듣기
제1부분

 A

 B

 C

 D

 E

1.

 정답&공략

해석 男: 这个礼物真的是送给我的吗?
女: 是的, 这是你的生日礼物。祝你生日快乐!

남: 이 선물 정말로 나에게 주는 거야?
여: 그래. 이건 네 생일 선물이야. 생일 축하해!

공략 **D** 사물의 명칭을 나타내는 명사 礼物만 들었어도 정답을 쉽게 찾을 수 있다. 여자의 '这是你的生日礼物。祝你生日快乐!'라는 말을 통해 여자는 남자에게 생일 선물을 주고 있음을 알 수 있다. 따라서 선물을 들고 있는 남자 그림인 D가 정답으로 적절하다.

어휘 ★礼物 lǐwù 명 선물 | 送 sòng 동 증정하다, 선물하다 | ★生日 shēngrì 명 생일 | 祝 zhù 동 축하하다 | 快乐 kuàilè 형 즐겁다, 행복하다

 토크토크!
쌤의 한마디~

HSK를 처음 도전하는 사람이라면 누구나 많은 어휘를 암기해야 한다는 부담감이 있죠? 그렇다고 무조건 연습장에 빼곡히 쓰면서 외우진 마세요~ 단어장을 만들어 시간 날 때마다 틈틈이 보거나, 어휘와 의미를 적어 집안 곳곳에 있는 사물에 붙여 놓고 지나칠 때마다 한 번씩 보는 것도 좋은 방법이 될 수 있습니다.

★ 공략 1. 사물의 명칭을 나타내는 '명사'에 집중하라

시계를 보고 있는 그림이 제시되었다면, '手表(시계)'가 떠올라야 하고, 신발을 고르고 있는 그림이 제시되었다면, 명사 '鞋(신발)'가 떠올라야 한다. 이처럼 그림에 제시된 사물의 명칭을 빠르게 파악하고, 사물의 명칭을 나타내는 명사에 집중해서 듣는다면 보다 정확하게 답을 고를 수 있다.

예제 🎧 02-3 　　　　　　 난이도 中　 공략 Key 사물의 명칭 手表

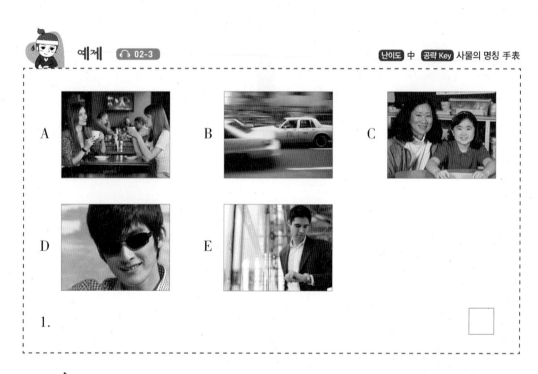

1.

▶ 정답&공략

해석　女：一直看手表，有什么着急的事情吗？　｜　여: 줄곧 시계를 보는데, 무슨 급한 일이 있니?
　　　男：我九点前必须回到办公室，九点半　　　｜　남: 나는 9시 전에 반드시 사무실로 가야 해. 9시
　　　　　有重要的会议，我先走了。　　　　　　｜　　　반에 중요한 회의가 있거든. 먼저 갈게.

공략　[E]　사물의 명칭을 나타내는 명사 手表만 들었다면 쉽게 정답을 찾을 수 있다. '一直看手表'를 통해서 시계를 보고 있는 남자 그림인 E가 정답임을 알 수 있다.

어휘　★一直 yìzhí 🖱 줄곧 | 手表 shǒubiǎo 🈁 손목시계 | 着急 zháojí 🈂 조급해하다 | ★必须 bìxū 🖱 반드시 ～해야 한다 | 办公室 bàngōngshì 🈁 사무실 | ★重要 zhòngyào 🈂 중요하다 | 会议 huìyì 🈁 회의

공략 2. 크게 찍힌 사물은 자세히 보라

사물만 등장하는 그림이 제시되면, 그것이 어디에 쓰이는지 용도를 묻는 문제가 출제된다. 예를 들어 '예쁘게 포장된 선물 그림'이 제시되었다면 '生日礼物(생일 선물)', '这是我妈妈送给我的礼物。(이건 우리 엄마가 나에게 준 선물이야.)' 등 그림과 관련된 문장을 떠올릴 수 있어야 한다. 사물의 명칭만 암기하지 말고, 어떤 상황에서 어떤 용도로 쓰이는지 다양한 표현들을 익히는 것이 고득점을 얻는 비법이다.

듣기 제1부분

예제 🎧 02-4

난이도 中   공략 Key 사물의 명칭 画

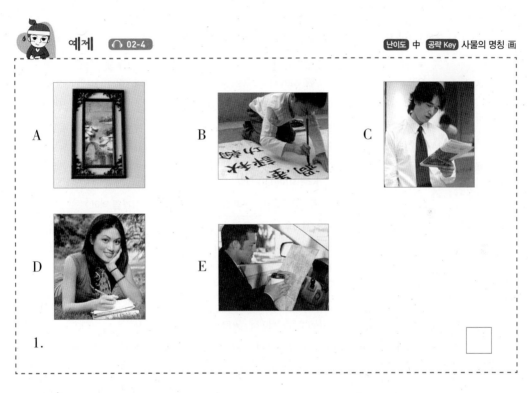

A

B

C

D

E

1.

> 정답&공략

해석   女: 这张画真好看! 是谁画的?
       男: 是我姐姐画的，这是我最喜欢的画。

여: 이 그림 정말 근사하다! 누가 그린 거야?
남: 우리 누나가 그린 거야. 이건 내가 제일 좋아하는 그림이야.

공략   A   두 사람은 남자의 누나가 그린 그림에 대해 이야기를 나누고 있다. 따라서 그림 한 장이 제시된 그림 A가 정답임을 알 수 있다. 또한 남녀 대화에서 여러 번 언급된 画를 들었다면 쉽게 정답을 찾을 수 있다.

어휘   张 zhāng 양 장(종이나 가죽 등을 세는 단위) | ★画 huà 동 (그림을) 그리다 | 真 zhēn 부 정말 | 好看 hǎokàn 형 근사하다, 보기 좋다 | 谁 shéi 대 누구 | ★最 zuì 부 가장, 제일 | 喜欢 xǐhuan 동 좋아하다

❶ 一直看_____，有什么着急的事情吗？

❷ 九点半有重要的_____，我先走了。

❸ 这张画真_____！是谁画的？

❹ 是我姐姐画的，这是我最_____的画。

정답 ❶ 手表 ❷ 会议 ❸ 好看 ❹ 喜欢

3급 비법 노트

〈사물의 명칭과 용도에 관한 표현들〉

거실·주방	★报纸 bàozhǐ 신문 ｜ 杯子 bēizi 잔, 컵 ｜ 冰箱 bīngxiāng 냉장고 ｜ ★筷子 kuàizi 젓가락 ｜ 盘子 pánzi 쟁반 ｜ 碗 wǎn 사발, 그릇 ｜ ★灯 dēng 등 ｜ 空调 kōngtiáo 에어컨
	这些盘子放在哪儿呢？ 이 접시들은 어디에 둬야 해?
음식·음료	★蛋糕 dàngāo 케이크 ｜ 面包 miànbāo 빵 ｜ ★面条 miàntiáo 국수 ｜ 米饭 mǐfàn 밥 ｜ 鸡蛋 jīdàn 달걀 ｜ 糖 táng 사탕, 캔디 ｜ ★牛奶 niúnǎi 우유 ｜ 咖啡 kāfēi 커피 ｜ ★果汁 guǒzhī 과일 주스 ｜ 苹果 píngguǒ 사과 ｜ 西瓜 xīguā 수박 ｜ 香蕉 xiāngjiāo 바나나 ｜ 葡萄 pútáo 포도 ｜ 水果 shuǐguǒ 과일
	欢迎你来我家玩儿，来，吃苹果。 우리 집에 온 걸 환영해. 자, 사과 좀 먹어.
복장	衬衫 chènshān 와이셔츠, 블라우스 ｜ 裤子 kùzi 바지 ｜ 裙子 qúnzi 치마, 스커트 ｜ ★帽子 màozi 모자 ｜ 鞋 xié 신발, 구두 ｜ ★眼镜 yǎnjìng 안경 ｜ ★手表 shǒubiǎo 손목시계
	这是我昨天刚买的衬衫，你觉得怎么样？ 이건 내가 어제 막 산 블라우스야. 네가 보기에 어때?
교통수단	★出租车 chūzūchē 택시 ｜ 船 chuán 배 ｜ 公共汽车 gōnggòng qìchē 버스 ｜ ★地铁 dìtiě 지하철 ｜ 电梯 diàntī 엘리베이터 ｜ ★自行车 zìxíngchē 자전거
	今天下雨了，我决定坐公共汽车去。 오늘 비가 와서 나는 버스를 타고 가려고 해.
학업·업무	电子邮件 diànzǐ yóujiàn 이메일 ｜ 电子词典 diànzǐ cídiǎn 전자사전 ｜ 电脑 diànnǎo 컴퓨터 ｜ 黑板 hēibǎn 칠판 ｜ 椅子 yǐzi 의자 ｜ 桌子 zhuōzi 탁자, 테이블 ｜ 书 shū 책 ｜ 铅笔 qiānbǐ 연필 ｜ 词典 cídiǎn 사전 ｜ 地图 dìtú 지도
	我看一下电子邮件，马上就回家。 나는 이메일 좀 확인하고 바로 집에 갈 거야. 你来回答一下黑板上的这个题，好吗？ 네가 칠판에 있는 이 문제에 대답해보겠니?
동물	狗 gǒu 개 ｜ 猫 māo 고양이 ｜ 鸟 niǎo 새 ｜ 熊猫 xióngmāo 판다
	这个小狗聪明极了。 이 강아지는 정말 똑똑해.
기타	★护照 hùzhào 여권 ｜ 画 huà 그림 ｜ ★礼物 lǐwù 선물 ｜ 票 piào 표, 티켓 ｜ 雨伞 yǔsǎn 우산 ｜ 行李箱 xínglixiāng 여행용 가방 ｜ ★照相机 zhàoxiàngjī 카메라 ｜ 手机 shǒujī 휴대 전화
	刚才一直在刮风，我以为要下雨了，就去超市买了雨伞。 방금 계속 바람이 불어서, 나는 비가 올 것 같아 마트에 가서 우산을 샀다.

🎧 02-6

第 1-5 題

A

B

C

D

E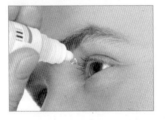

1. ☐

2. ☐

3. ☐

4. ☐

5. ☐

➕ **정답 및 해설**_ 해설집 5쪽

03day

듣기

장소나 분위기로 전체를 감지하라

듣기 제1부분에서 비교적 까다로운 부분이 바로 장소와 분위기로만 전체를 파악하여 정답을 고르는
문제이다. 대부분 어떤 장소에서 남녀가 대화를 나누고 있는 그림이 제시되므로, 대화가 이루어지는 장
소 및 인물 간의 관계를 파악하는 것이 중요하다. 제시된 그림에 적합한 스토리를 머릿속으로 만들어보
며 듣는 연습을 하자.

● 기초 실력 테스트

🎧 03-1

1 녹음을 듣고 중국어와 뜻을 써보세요.

❶ 중국어 _____ 뜻 _____   ❷ 중국어 _____ 뜻 _____

❸ 중국어 _____ 뜻 _____   ❹ 중국어 _____ 뜻 _____

2 녹음을 듣고 그림과 일치하면 O, 일치하지 않으면 X를 표시하세요.

❶    ❷

3급 기출문제 맛보기

 맛보기 🎧 03-2

난이도 上　공략 Key 핵심 어휘 出门의 이해

듣기
제1부분

A

B

C

D

E

1.

 정답&공략

해석　女：<u>出门前再检查检查你的行李</u>，别又
忘了什么东西。
男：你放心吧，我已经检查过两次了。

여：<u>나가기 전에 네 짐을 다시 점검해봐.</u> 또 뭘
잊어버리지 말고.
남：걱정하지 마. 이미 두 번이나 점검했어.

공략　A　여자의 '出门前再检查检查你的行李'라는 말을 통해 남자가 짐을 챙겨서 어디를 가려고 한다는 것을
알 수 있다. 따라서 짐을 메고 있는 남자 그림인 A가 정답으로 가장 적절하다.

어휘　★检查 jiǎnchá 통 검사하다, 점검하다 | 行李 xíngli 명 짐, 여행짐 | ★别 bié 부 ~하지 마라 | 又 yòu 부 또,
다시 | ★忘 wàng 통 잊다 | 东西 dōngxi 명 물건 | 放心 fàngxīn 통 마음을 놓다, 안심하다 | ★已经 yǐjing 부
이미 | 次 cì 양 차례, 번

토크토크!
쌤의 한마디~

듣기 제1부분을 풀 때 적당한 상상력은 정답을 찾는 데 도움을 줍니다. 제시된 그림
을 보며 머릿속으로 스토리를 구상하면서 들어보세요~ 단, 사공이 많으면 배가 산으
로 가듯 너무 무리한 상상력은 오히려 정답에서 멀어지니, 제시된 공략에 근거하여
스토리를 만드는 연습을 해보세요.

⭐ 공략 1. 주변 환경을 유심히 살펴라

대화가 이루어지는 장소는 크게 실내와 실외로 나뉜다. 실내 장소로는 주로 소파나 침대가 놓여 있는 집, 테이블이나 컴퓨터가 놓여 있는 사무실 그리고 서점, 차 안 등이 제시되고, 실외 장소로는 운동장이나 공원이 제시된다. 따라서 주변 환경을 통해 대화 내용을 미리 유추하면서 녹음 내용을 듣는다면 보다 정확하게 정답을 찾을 수 있다.

예제 🎧 03-3 　　　　　　　　　　　　난이도 中　공략 Key 장소 파악

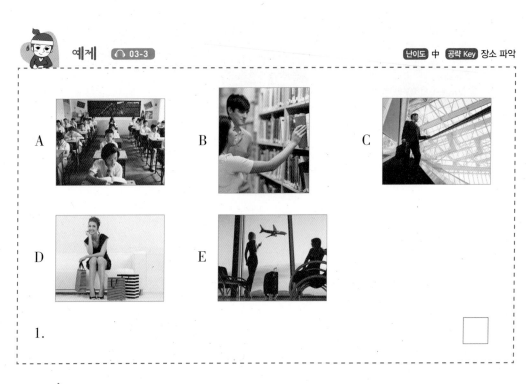

A

B

C

D

E

1.

📋 정답&공략

해석　男: 这本小说我可以借多长时间?
　　　女: 一个星期。如果看不完, 可以再借一星期。

남: 이 소설책을 제가 얼마 동안 빌릴 수 있나요?
여: 일주일입니다. 만약 다 못 보셨다면, 다시 일주일 동안 빌려드립니다.

공략　B　남자의 '这本小说我可以借多长时间?'이라는 말을 통해 도서관에서 책을 빌리고 있음을 알 수 있다. 따라서 도서관에서 대화를 나누고 있는 그림인 B가 정답으로 적절하다.

어휘　★小说 xiǎoshuō 명 소설 | 可以 kěyǐ 조통 ~할 수 있다 | ★借 jiè 통 빌리다 | ★如果 rúguǒ 접 만약, 만일

공략 2. 인물의 직업과 관계를 파악하라

특정 인물이나 남녀가 이야기를 나누고 있는 그림을 제시하고, 인물의 직업이나 관계를 묻는 문제가 출제되고 있다. 이러한 문제는 인물 간의 관계를 파악하는 것이 급선무다. 그림 속에 제시된 인물의 복장을 통해 직업을 예상할 수 있고, 두 사람이 서로를 부르는 호칭을 통해 인물 간의 관계를 파악할 수 있다.

 예제 🎧 03-4   난이도 中   공략 Key 인물 간의 관계 파악

A    B    C

D    E

1.

정답&공략

해석   女：<u>爸爸，妈妈年轻的时候真漂亮</u>，这是真的吗？

男：当然是真的，她那时候受很多男生的欢迎。

여: 아빠, 엄마는 젊었을 때 정말 예쁘셨다고 그러던대. 이게 사실인가요?

남: 당연히 진짜지. 네 엄마는 그때 많은 남학생들한테 인기가 있었어.

공략   D   여자의 '爸爸，妈妈年轻的时候真漂亮'이라는 말을 통해 두 사람이 부녀 관계임을 알 수 있다. 따라서 아빠와 딸이 이야기를 나누는 그림인 D가 정답으로 적절하다.

어휘   ★年轻 niánqīng 형 젊다 | 真 zhēn 부 정말 | 漂亮 piàoliang 형 예쁘다 | ★当然 dāngrán 부 당연히 | ★受欢迎 shòu huānyíng 인기가 있다

Tip HSK에 자주 나오는 受欢迎

'受欢迎'은 '환영을 받다, 인기가 있다'라는 의미를 나타낸다. 구체적으로 누구에게 인기가 있는지 말하고 싶다면 '受+대상(+的)+欢迎'으로 쓴다.

男生的个子越高越受欢迎。 남학생의 키는 크면 클수록 환영을 받는다.

这部电视剧很受中国人的欢迎。 이 드라마는 중국인에게 대단히 인기가 있다.

바로 체크 Check! 녹음을 듣고 빈칸을 채우세요. 🎧 03-5

❶ 这本小说我可以_____多长时间?

❷ 如果_____，可以再借一星期。

❸ 妈妈年轻的时候真_____，这是真的吗?

❹ 她那时候受很多男生的_____。

정답 ❶ 借 ❷ 看不完 ❸ 漂亮 ❹ 欢迎

🎧 03-6

第 1-5 題

A

B

C

D

E

1. ☐

2. ☐

3. ☐

4. ☐

5. ☐

✚ **정답 및 해설**_ 해설집 6쪽

어휘의 함정에 빠지지 마라
- 유사 어휘·혼동 어휘

好看과 漂亮은 모두 '예쁘다'라는 의미를 나타내지만, 글자의 모양은 다르다. 이처럼 중국어에는 표면적인 모습은 다르지만 의미가 같은 유사 표현들이 많이 존재한다. 시험에 자주 출제되는 유사 표현을 완벽히 정리하여 녹음 내용과 제시된 문장의 옳고 그름을 정확히 판단하자.

기초 실력 테스트
🎧 04-1

1 녹음을 듣고 중국어와 뜻을 써보세요.

❶ 중국어 _____ 뜻 _____   ❷ 중국어 _____ 뜻 _____

❸ 중국어 _____ 뜻 _____   ❹ 중국어 _____ 뜻 _____

2 녹음을 듣고 내용이 맞으면 O, 틀리면 X를 표시하세요.

❶ 他不想休息。   _____

❷ 他要一杯咖啡。   _____

❸ 天气非常好。   _____

3급 기출문제 맛보기

맛보기 🎧 04-2   **난이도** 上 **공략 Key** 술어를 중심으로 유사 표현 파악

> ★ 他的成绩提高了很多。(   )

정답&공략 ➡

해석   下课后，我在电子信箱里看到了我的成绩单，我的成绩比上次有了很大提高。今天一天我非常高兴。 | 수업이 끝난 후, 나는 메일로 내 성적표를 확인했는데, 성적이 지난번보다 많이 향상되었다. 오늘 하루 매우 기쁘다.

★ 他的成绩提高了很多。(✓) | ★ 그의 성적은 많이 향상되었다. (✓)

공략 제시된 문장의 '提高了很多'는 '有了很大提高'와 같이 '많이 향상되었다'라는 의미를 나타내므로 정답은 옳은 것이다.

어휘 下课 xiàkè 통 수업이 끝나다 | 电子信箱 diànzǐ xìnxiāng 명 메일함 | 成绩单 chéngjìdān 명 성적표 | 上次 shàngcì 명 지난번 | ★提高 tígāo 통 향상시키다 | 非常 fēicháng 부 대단히, 매우 | ★高兴 gāoxìng 형 기쁘다, 즐겁다

토크토크!
쌤의 한마디~

외국어를 공부할 때 가장 큰 난관은 바로 어휘죠. 또한 시험에는 비슷한 어휘로 바꿔 말해 응시자들을 함정에 빠뜨리는 경우도 종종 있습니다. 그럼 짧은 시간에 효율적으로 어휘를 습득하는 방법은 무엇일까요? 바로 한자는 다르지만 같은 의미를 나타내는 유사 어휘들을 확실하게 암기하는 것입니다. 평소 유사 어휘들을 학습하여, 듣기 실력을 키우세요.

공략 1. 유사한 표현에 민감하게 반응하라

'学汉语怎么样?(중국어를 공부하는 것이 어떻습니까?)'이라는 질문에 어떤 사람은 '不容易(쉽지 않다)' 라고 대답하고, 어떤 사람은 '很难(어렵다)'이라고 대답한다. '不容易'와 '很难'은 한자는 다르지만 둘 다 '쉽지 않다, 어렵다'라는 의미를 나타낸다. 이처럼 듣기 제2부분에서는 녹음 내용에 제시된 핵심 어휘가 유사한 뜻의 다른 어휘로 바뀌어 출제되므로, 유사 표현을 미리미리 학습해두자.

예제 🎧 04-3　　　　　　　　　　　난이도 中　공략 Key 술어를 중심으로 유사 표현 파악

★ 他还没到。(　　　)

정답&공략

해석
　　我已经从家里出来了，那几本杂志都借了，你们等我一下，<u>我很快就到</u>。

★ 他还没到。(✓)

나는 이미 집에서 나왔어. 그 몇 권의 잡지는 모두 빌렸어. 너희들 조금만 기다려줘. <u>나 곧 있으면 도착해.</u>

★ 그는 아직 도착하지 않았다. (✓)

공략　到는 '도착하다'라는 의미를 나타내는 동사로 그가 도착했는지의 여부에 집중하며 듣는다. '很快就到'는 '곧 있으면 도착한다'는 뜻이며 문제에 제시된 '他还没到'는 '아직 도착하지 않았다'는 뜻이므로, 제시된 문장이 녹음 내용과 일치함을 알 수 있다.

어휘　★已经 yǐjing 閉 이미 | 家 jiā 몡 집 | 杂志 zázhì 몡 잡지 | 借 jiè 동 빌리다 | 等 děng 동 기다리다 | ★到 dào 동 도달하다, 도착하다

> **Tip** 장소 및 시간의 출발점을 나타내는 从
>
> ① 장소나 방위사 등과 함께 쓰인다.
> 　邮局从这儿往南走。우체국은 여기에서 남쪽으로 가야 한다.
>
> ② 시간을 나타내는 시간사와 함께 쓰인다.
> 　从明天开始努力学习! 내일부터 열심히 공부하자.

공략 2. 술어를 통해 중요한 단서를 찾아라

정답을 녹음 내용에서 그대로 들려주는 듯하지만 뭔가 모르게 찜찜한 기분이 든다? 바로 不와 같은 부정부사를 일부러 사용하여 녹음 내용과 상관없는 상황을 묘사하거나, 새로운 어휘를 제시해 혼동을 주는 경우이다. 혼동하지 않기 위해서는 중요한 단서가 되는 술어(동사, 형용사)에 동그라미를 크게 치면서 최대한 집중해서 들어야 한다.

예제 🎧 04-4   난이도 中   공략 Key 술어를 중심으로 혼동 어휘 파악

> ★ 外面下雪了。(   )

정답&공략

해석

外面刮风刮得特别大，很冷，你出去的时候多穿点儿衣服。把雨伞带上吧，很可能会下雨。	바깥에 바람이 유난히 많이 불어서 아주 추워. 나갈 때 옷을 많이 입고, 우산을 가지고 가. 아마도 비가 올 것 같아.
★ 外面下雪了。(×)	★ 바깥에 눈이 온다. (×)

공략 제시된 문장을 통해서 바깥에 눈이 내리고 있는지 여부에 집중하여 듣도록 한다. '外面刮风刮得特别大'를 통해서 바깥에 지금 바람이 불고 있음을 알 수 있으며, 마지막 문장인 '很可能会下雨'를 통해서 비가 올 수 있음을 유추할 수 있다. 따라서 정답은 틀린 것이다.

어휘 外面 wàimiàn 몡 바깥 | ★刮风 guāfēng 동 바람이 불다 | ★特别 tèbié 뷘 특별히, 아주 | 雨伞 yǔsǎn 몡 우산 | ★带 dài 동 (몸에) 지니다, 휴대하다 | 可能 kěnéng 뷘 아마도 | 会 huì 조동 ~일 것이다 | 下雨 xiàyǔ 동 비가 오다 | 下雪 xiàxuě 동 눈이 내리다

 바로 체크 녹음을 듣고 빈칸을 채우세요. 🎧 04-5

> ❶ 我_____从家里出来了。
>
> ❷ 你们等我一下，我_____就到。
>
> ❸ 外面_____刮得特别大，很冷。
>
> ❹ 把_____带上吧，很可能会_____。

정답 ❶ 已经 ❷ 很快 ❸ 刮风 ❹ 雨伞 / 下雨

〈시험에 자주 나오는 유사 표현〉

좋다, 맞다	★不错 búcuò, 好 hǎo 좋다 | 不坏 bú huài 나쁘지 않다 | 对 duì 맞다
곧 도착하다	很快就到了 hěn kuài jiù dào le. ★马上就到了 mǎshàng jiù dào le 곧 도착한다 | 还没有到 hái méiyǒu dào 아직 도착하지 않았다
아마도 비가 올 것이다	★可能下雨 kěnéng xiàyǔ 아마도 비가 올 것이다 | 会下雨 huì xiàyǔ 비가 올 것이다 | 快要下雨了 kuàiyào xiàyǔ le 곧 비가 오겠다 | 还没下雨 hái méi xiàyǔ 아직 비가 안 왔다
작다, 낮다	★矮 ǎi (키가) 작다, 낮다 | 短 duǎn 짧다 | 低 dī (높이가) 낮다 | 不高 bù gāo 크지 않다
조용하다, 잠잠하다	安静 ānjìng 조용하다 | 没有声音 méiyǒu shēngyīn 기척이 없다 | ★不热闹 bú rènao 떠들썩하지 않다
안심하다, 마음을 놓다	放心 fàngxīn 마음을 놓다 | 别担心 bié dānxīn 걱정하지 마 | 安心 ānxīn 안심하다
간단하다, 단순하다	简单 jiǎndān 간단하다 | ★不复杂 bú fùzá 복잡하지 않다 | 容易理解 róngyì lǐjiě 이해하기 쉽다
건강하다	健康 jiànkāng 건강하다 | ★很少生病 hěn shǎo shēngbìng 좀처럼 아프지 않다 | 身体很好 shēntǐ hěn hǎo 건강이 매우 좋다
병이 나다, 병에 걸리다	生病 shēngbìng 병이 나다 | 有了病 yǒu le bìng 병이 생겼다 | 得病 débìng 병에 걸리다 | ★身体不舒服 shēntǐ bù shūfu 몸이 아프다 | ★去医院看病 qù yīyuàn kànbìng 병원에 진찰을 받으러 가다
기쁘다, 유쾌하다	高兴 gāoxìng 기쁘다, 즐겁다 | 快乐 kuàilè 즐겁다 | 幸福 xìngfú 행복하다 | 开心 kāixīn 기쁘다 | 愉快 yúkuài 유쾌하다
(값이) 싸다	便宜 piányi 싸다 | 不贵 bú guì 비싸지 않다 | ★价钱低 jiàqian dī 가격이 낮다
고통스럽다, 슬프다	★难过 nánguò 괴롭다 | 痛苦 tòngkǔ 고통스럽다 | 伤心 shāngxīn 슬프다
예쁘다, 아름답다	漂亮 piàoliang 예쁘다 | 好看 hǎokàn 보기 좋다 | ★美丽 měilì 아름답다
쉽다, 용이하다	容易 róngyì 쉽다, 용이하다 | 不难 bù nán 어렵지 않다 | ★很简单 hěn jiǎndān 매우 간단하다
매우 많다	很多 hěnduō, 好多 hǎoduō, ★许多 xǔduō, 不少 bùshǎo 매우 많다
동의하다, 찬성하다	★同意 tóngyì 동의하다 | 说得对 shuō de duì 말이 맞다 | 说得有道理 shuō de yǒu dàolǐ 맞는 말이다
서로 같다, 똑같다	相同 xiāngtóng 서로 같다 | 没有差别 méiyǒu chābié 차이가 없다 | ★没有不同 méiyǒu bùtóng 다른 점이 없다 | 一样 yíyàng 같다
조심하다, 주의하다	小心 xiǎoxīn 조심하다 | 注意 zhùyì 주의하다
유명하다	★有名 yǒumíng, 有名气 yǒu míngqì, 出名 chūmíng 유명하다 | 很多人都知道 hěn duō rén dōu zhīdào 모든 사람이 다 안다

🎧 04-6

第 1-8 题

1. ★ 医生认为妈妈的肚子没问题。 　　　　　　　　　　(　　　)

2. ★ 他打算今天去还书。 　　　　　　　　　　　　　　(　　　)

3. ★ 他现在还不能跑步。 　　　　　　　　　　　　　　(　　　)

4. ★ 妈妈中午不在家吃饭。 　　　　　　　　　　　　　(　　　)

5. ★ 那儿的人不习惯说东西南北。 　　　　　　　　　　(　　　)

6. ★ 邻居是位老人。 　　　　　　　　　　　　　　　　(　　　)

7. ★ 房间里很冷。 　　　　　　　　　　　　　　　　　(　　　)

8. ★ 他一直都很喜欢游泳。 　　　　　　　　　　　　　(　　　)

+ 정답 및 해설_ 해설집 8쪽

05day 듣기

문장의 연결 고리를 꿰뚫어라

접속사는 중국어로 '连词(liáncí)'라고 하는데, 어휘와 어휘, 문장과 문장을 연결하는 고리 역할을 한다. 접속사에 관한 문제는 독해 영역뿐 아니라 듣기 영역에서도 자주 출제되고 있으므로, 주요 접속사를 반드시 이해하자.

기초 실력 테스트

🎧 05-1

1 녹음을 듣고 중국어와 뜻을 써보세요.

❶ 중국어 _____ 뜻 _____   ❷ 중국어 _____ 뜻 _____

❸ 중국어 _____ 뜻 _____   ❹ 중국어 _____ 뜻 _____

2 녹음을 듣고 내용이 맞으면 O, 틀리면 X를 표시하세요.

❶ 他不想去。 _____

❷ 这个椅子颜色不好看。 _____

❸ 儿子正在吃饭。 _____

3급 **기출문제** 맛보기

맛보기 🎧 05-2 　　　　　난이도 中　공략 Key 접속사 '除了……, 还……'의 이해

★ 张明坐火车时喜欢看杂志。(　　　　)

정답&공략

해석　　　每次坐火车去旅游前，张明都会去超市买一些东西，<u>除了面包、牛奶，她还要买一本杂志</u>。

　　　★ 张明坐火车时喜欢看杂志。(√)

매번 기차를 타고 여행을 가기 전에, 장밍은 슈퍼마켓에 가서 약간의 물건을 산다. <u>빵, 우유 외에 또 그녀는 잡지도 한 권 산다.</u>

★ 장밍은 기차를 탈 때 잡지 보는 것을 좋아한다. (√)

공략　　'除了……, 还……'는 '~외에 또 ~하다'라는 의미를 나타내는 접속사이다. 장밍이 기차를 타기 전에 '除了面包、牛奶，她还要买一本杂志'라고 했으므로 정답은 옳은 것이다.

어휘　　火车 huǒchē 뗑 기차 | 旅游 lǚyóu 똥 여행하다 | 超市 chāoshì 뗑 슈퍼마켓 | 东西 dōngxi 뗑 물건 | ★除了……还…… chúle……hái…… ~외에 또 ~하다 | 面包 miànbāo 뗑 빵 | 牛奶 niúnǎi 뗑 우유 | ★杂志 zázhì 뗑 잡지 | ★喜欢 xǐhuan 똥 좋아하다

토크토크! 쌤의 한마디~

'그는 어제 비를 맞았다. 그래서 감기에 걸렸다'에서 '그래서'는 인과 관계를 나타내고, '그는 성적이 좋지 않았다. 그러나 여전히 공부를 하지 않는다'에서 '그러나'는 전환 관계를 나타냅니다. 이렇듯 접속사는 앞뒤 문장을 자연스럽게 연결하는 역할을 하죠. 시험에 단골손님인 접속사의 특징을 파악하고, 예문을 통해 완벽하게 이해하세요.

공략 1. 인과 관계·전환 관계 접속사를 주의하라

출제 비중으로 보자면, 인과 관계 접속사와 전환 관계 접속사가 단연 일등이다. '因为身体不舒服，所以没去上课。(몸이 좋지 않아서 수업에 가지 못했다.)', '虽然身体不舒服，但是去上课了。(몸이 좋지 않지만 수업에 갔다.)' 이 두 문장은 접속사로 인해 의미가 완전히 달라졌다. 이처럼 인과 관계는 앞 절에 원인을, 뒤 절에 결과를 나타낸다. 전환 관계는 뒤 절이 앞 절의 사실과는 반대되는 내용을 나타내는데, 말하고자 하는 핵심은 바로 뒤 절에 있다.

예제 🎧 05-3 　　　　　　　　　　 난이도 中 　공략 Key 접속사 '虽然……, 但是……'의 이해

★ 他不喜欢打排球。(　　　　)

정답&공략

해석	虽然我的个子只有一米六，但是我特别喜欢打排球，而且打得很不错。	비록 내 키는 1미터 60이지만, 나는 배구하는 것을 특히 좋아한다. 게다가 꽤 잘한다.

★ 他不喜欢打排球。(×)　　　　　　★ 그는 배구하는 것을 좋아하지 않는다. (×)

공략 '虽然……, 但是……'는 '비록 ~이지만 ~하다'라는 의미를 나타내는 접속사이다. '虽然我的个子只有一米六，但是我特别喜欢打排球'라고 했으므로 제시된 문장은 틀린 것임을 알 수 있다.

어휘 ★虽然 suīrán 접 비록 ~이지만 | 个子 gèzi 명 키 | ★特别 tèbié 부 특히, 더욱 | 喜欢 xǐhuan 동 좋아하다 | 排球 páiqiú 명 배구 | ★而且 érqiě 접 게다가 | 不错 búcuò 형 잘하다

> **Tip** 정도를 강화시키는 부사 特别
>
> 特别는 '특별히, 아주'라는 의미를 나타내는 부사로 형용사나 동사구를 수식한다.
> 我今天起得特别早。나는 오늘 매우 일찍 일어났다.
> 这部电影特别有意思。이 영화는 아주 재미있다.
> 这个节目特别吸引观众。이 프로그램은 특히 관객들을 사로잡았다.

공략 2. 가정을 이끄는 접속사를 기억하라

'만약 시간이 있다면 여행을 가고 싶다', '만약 돈이 있다면 차를 사고 싶다'는 모두 가정 관계를 나타내는 문장이다. 앞 절은 가정을 제시하고, 뒤 절은 가정에 따른 결과 혹은 추론을 나타낸다. 가정 관계를 나타내는 접속사 또한 시험에 자주 출제되므로, 평소에 간단한 문장을 만들어보는 연습을 하자.

예제 🎧 05-4   난이도 上   공략 Key 접속사 '如果……, 就……'의 이해

> ★ 阅览室在八层。(   )

 정답&공략

해석   你明天到教室找我，我在五零三；| 너는 내일 교실로 나를 찾으러 와. 나는 503호
如果我不在，你就上八楼，到八零五阅 | 에 있을게. 만약 내가 없으면, 8층으로 올라와서
览室找我，我可能在那儿看书。 | 805호 열람실로 나를 찾으러 와. 나는 아마도 거
  | 기서 책을 보고 있을 거야.

    ★ 阅览室在八层。(✓) | ★ 열람실은 8층에 있다. (✓)

공략   '如果……, 就……'는 '만약 ~라면 ~하다'라는 의미를 나타내는 접속사이다. '如果我不在, 你就上八楼, 到八零五阅览室找我'라고 했으므로 정답은 옳은 것이다.

어휘   明天 míngtiān 명 내일 | 教室 jiàoshì 명 교실 | 找 zhǎo 동 찾다 | ★如果 rúguǒ 접 만약 | ★阅览室 yuèlǎnshì 명 열람실 | ★可能 kěnéng 부 아마도 | 看书 kànshū 동 책을 보다

🏷 **바로체크 Check!** 녹음을 듣고 빈칸을 채우세요. 🎧 05-5

❶ _____ 我的个子只有一米六，_____ 我特别喜欢打排球。

❷ _____ 打得很不错。

❸ _____ 我不在，你_____ 上八楼，到八零五阅览室找我。

❹ 我_____ 在那儿看书。

정답 ❶ 虽然 / 但是 ❷ 而且 ❸ 如果 / 就 ❹ 可能

3급 비법 노트 ○─────────────

< 시험에 자주 나오는 접속사 >

전환 관계	虽然 suīrán……, 但是 dànshì/可是 kěshì…… 비록 ~이지만 ~하다
	虽然我的宿舍很安静，但是我不爱在那儿学习。 비록 내 기숙사는 매우 조용하지만, 그러나 나는 거기서 공부하는 것을 좋아하지 않는다. 虽然我很想买衣服，可是没有钱。 비록 나는 옷을 매우 사고 싶지만, 그러나 돈이 없다.
가정 관계	如果 rúguó……, 就 jiù…… 만약 ~라면 ~하다
	如果你想看的话，我就借给你。 만약 네가 보고 싶다면, 내가 너에게 빌려줄게. 如果你有困难，我就帮助你。 만약 네게 어려움이 있으면, 내가 너를 도와줄게.
인과 관계	因为 yīnwèi……, 所以 suǒyǐ…… ~이기 때문에 그래서 ~하다
	因为今天身体不舒服，所以我没去上课。 오늘 몸이 좋지 않아서, 나는 수업에 가지 않았다. 因为昨天穿得太少了，所以我感冒了。 어제 (옷을) 너무 적게 입어서, 나는 감기에 걸렸다.
병렬 관계	一边 yìbiān……一边 yìbiān…… ~하면서 ~하다
	我爸爸一边吃早饭一边看报纸。 우리 아빠는 아침을 드시면서 신문을 보신다. 他一边唱歌一边跳舞。 그는 노래를 부르면서 춤을 춘다.
	又 yòu……又 yòu…… ~하기도 하고 ~하기도 하다
	我的朋友又聪明又漂亮。 내 친구는 똑똑하기도 하고 예쁘기도 하다. 这件衣服又便宜又好看。 이 옷은 저렴하기도 하고 보기도 좋다.
선후 관계	先 xiān……, 然后 ránhòu…… 먼저 ~하고, 그다음에 ~하다
	你先做完作业，然后出去玩儿。 너는 먼저 숙제를 다 한 후에 나가 놀아라. 先调查一下，然后再做决定。 먼저 조사를 한 후에 다시 결정하자.
목적 관계	为了 wèile A, B A를 하기 위해서 B하다
	为了参加HSK考试，我们都很认真准备考试。 HSK 시험에 참가하기 위해서, 우리는 모두 열심히 시험을 준비한다. 为了让自己更健康，他每天都锻炼身体。 스스로 더 건강해지기 위해서, 그는 매일 운동을 한다.
그 밖에 접속사	除了 chúle……(以外 yǐwài), 还 hái…… ~을 제외하고 더 ~하다
	我除了唱歌、跳舞以外，还喜欢打乒乓球。 나는 노래 부르기와 춤추는 것 외에 탁구 치는 것을 좋아한다. 他除了北京，还去过上海。 그는 베이징 외에 상하이에도 가봤다.
	一 yī……就 jiù…… ~하자마자 바로 ~하다, ~하기만 하면 ~하다
	我一叫她，她就出来了。 내가 그녀를 부르자마자 그녀가 바로 나왔다. 他一喝酒就脸红。 그는 술을 마시기만 하면 얼굴이 붉어진다.

음성 강의

🎧 05-6

第 1-8 题

1. ★ 他在北京玩儿了很多地方。　　　　　（　　　　）

2. ★ 老王去过上海。　　　　　（　　　　）

3. ★ 他太极拳打得不怎么样。　　　　　（　　　　）

4. ★ 他跟朋友玩儿雪。　　　　　（　　　　）

5. ★ 他现在住在学校附近。　　　　　（　　　　）

6. ★ 他没带照相机。　　　　　（　　　　）

7. ★ 他正在做作业。　　　　　（　　　　）

8. ★ 他的汉语水平很高。　　　　　（　　　　）

➕ **정답 및 해설_** 해설집 10쪽

06 듣기 day

숫자에 즉각적으로 반응하라

'이, 얼, 싼, 쓰……' 하루라도 숫자를 말하지 않는 날이 없을 정도로 숫자는 우리 생활과 아주 밀접하다. HSK 듣기 영역에도 나이, 시간, 날짜, 간격 등 숫자와 관련된 문제가 매번 출제되고 있으므로, 핵심 포인트만을 정리하여 숫자 관련 문제에 완벽히 대비하자.

기초 실력 테스트

🎧 06-1

1 녹음을 듣고 중국어와 뜻을 써보세요.

❶ 중국어 _____ 뜻 _____ ❷ 중국어 _____ 뜻 _____

❸ 중국어 _____ 뜻 _____ ❹ 중국어 _____ 뜻 _____

2 녹음을 듣고 빈칸에 들어갈 숫자를 중국어로 써보세요.

❶ 我今年_____岁了。

❷ 我有_____个中国朋友。

❸ 这个杯子_____块钱。

❹ 北京一年中有_____个月很冷。

정답_ 해설집 126쪽

3급 기출문제 맛보기

 맛보기 🎧 06-2　　　　　난이도 中　공략 Key 간단한 계산을 통한 시간 파악

A 7:00　　　　　　　B 9:30　　　　　　　C 10:05

정답&공략

해석 男：几点了? 今天的会议几点开始?	남: 몇 시입니까? 오늘 회의가 몇 시에 시작합니까?
女：现在是九点一刻，再有十五分钟开始。	여: 지금은 9시 15분입니다. 15분 후에 시작합니다.
问：会议几点开始?	질문: 회의는 몇 시에 시작하는가?
A 7:00	A 7시
Ⓑ 9:30	Ⓑ 9시 30분
C 10:05	C 10시 5분

공략 보기를 통해서 시간을 묻는 문제임을 알 수 있다. 오늘 회의가 몇 시에 시작하냐는 남자의 질문에 여자는 '现在是九点一刻，再有十五分钟开始'라고 말했다. 따라서 회의는 9시 30분에 시작함을 알 수 있다.

어휘 ★几 jǐ ㉞ 몇 | ★点 diǎn ㉝ 시 | 会议 huìyì ㉲ 회의 | ★开始 kāishǐ ⑧ 시작하다 | 现在 xiànzài ㉲ 지금, 현재 | ★刻 kè ㉝ 15분 | 再 zài ㉵ 더

토크토크!
쌤의 한마디~

보기가 숫자로 제시된 경우에는 무엇을 묻는 문제인지를 쉽게 파악할 수 있습니다. 이런 유형은 단순히 주어진 숫자가 정답이 될 수도 있고, 간단한 계산을 해야 하기도 하죠. 숫자 관련 어휘를 암기하는 것 외에도, 발음이 비슷한 숫자 1과 7, 4와 10을 명확히 구분하면서 듣는 것도 중요하답니다. 참, 숫자 1(yī)를 듣고 2(èr)이라고 착각하면 안 되는 거 아시죠?

공략 1. 들리는 숫자는 반드시 메모하라

듣기 문제를 풀 때 자신의 암기력만 믿고 메모하지 않았다가 낭패를 보는 경우가 있다. 만약 한 사람이 등장하여 그에 관한 나이, 시간 등을 묻는다면, 정답을 찾는 데 큰 무리가 없다. 하지만 여러 사람이 등장하거나 혹은 여러 숫자들이 제시된다면, 아무리 기억력이 좋은 사람이라도 헷갈리기 마련이다. 그러므로 보기를 통해 숫자 혹은 시간을 묻는 문제임을 유추하고, 들리는 숫자를 간단히 메모하면서 듣는다면, 어떤 숫자 관련 문제가 나오더라도 절대 두렵지 않을 것이다.

〈 숫자 관련 질문 유형 〉

· 今年下了几次雪了? 올해 눈이 몇 번 내렸습니까?
· 今天来了多少客人? 오늘 손님이 몇 명 왔습니까?
· 女的要买几张电影票? 여자는 몇 장의 영화표를 사려고 합니까?

예제 🎧 06-3 　　　　　난이도 中　공략 Key 간단한 계산을 통한 인원 수 파악

> A 18名　　　　　　　B 12名　　　　　　　C 19名

정답&공략 ▷

해석

男：我们班有十八个学生，一半男生，一半女生。你们班呢？

女：我们班比你们班人多，十二个男同学，七个女同学。

问：女的班有多少名学生？

A 18名
B 12名
◎ 19名

남: 우리 반에는 18명의 학생이 있는데, 반은 남학생이고, 반은 여학생이야. 너희 반은?

여: 우리 반은 너희 반보다 사람이 많아. 남학생이 12명이고, 여학생이 7명이야.

질문: 여자의 반에는 몇 명의 학생이 있나?

A 18명
B 12명
◎ 19명

공략 보기를 통해 숫자를 묻는 문제임을 알 수 있다. 여러 숫자들이 제시될 수 있으므로 보기 옆에 간단하게 메모를 하면서 듣자. 남자는 여자의 반에 몇 명의 학생이 있는지 물었으며, 이에 여자는 '十二个男同学，七个女同学'라고 대답했다. 따라서 여자의 반은 총 19명의 학생이 있음을 알 수 있다.

어휘   班 bān 몡 반 | ★有 yǒu 동 있다 | 学生 xuésheng 몡 학생 | ★一半 yíbàn 몡 반, 절반 | ★比 bǐ 꺠 ~보다 |
同学 tóngxué 몡 학우, 학교 친구

> **Tip**   정도의 차이를 비교하는 比자문
>
> 比는 비교를 나타내는 개사로, 'A+比+B+술어'의 형식으로 쓰여, 'A는 B보다 ~하다'라는 의미를 나
> 타낸다.
> 今天比昨天冷。 오늘은 어제보다 춥다.
> 我比他大两岁。 나는 그보다 두 살 많다.

공략 2. 시간 및 가격을 나타내는 필수 어휘를 암기하라

시간 및 가격을 나타내는 표현에는 여러 가지가 있다. 예를 들어 '5시 45분'은 '五点四十五分' 외
에, '五点三刻', '差一刻六点' 등으로 다양하게 나타낼 수 있다. 이런 다양한 표현을 익히기 위해
서는 한 가지 표현으로만 연습하지 말고, 다소 어렵더라도 여러 가지 표현으로 말하는 연습을 하
는 것이 좋다.

〈 시간 및 가격 관련 질문 유형 〉

- 苹果多少钱一斤? 사과는 한 근에 얼마입니까?
- 会议几点开始? 회의는 몇 시에 시작합니까?
- 现在几点了? 지금은 몇 시입니까?
- 明天他们什么时候出发? 내일 그들은 언제 출발합니까?

   예제   🎧 06-4   난이도 中   공략 Key 差一刻의 의미 파악

A   5:45   B   6:00   C   6:15

정답&공략

해석   男：几点了? 该做晚饭了吧?   남: 몇 시야? 저녁밥 할 시간이지?
       女：可不，都<u>差一刻六点</u>了。   여: 그러게. 벌써 <u>5시 45분</u>이야.

       问：现在几点了?   질문: 지금은 몇 시인가?

Ⓐ 5:45
B 6:00
C 6:15

Ⓐ 5시 45분
B 6시
C 6시 15분

공략 보기를 통해 시간을 묻는 문제임을 알 수 있다. '一刻'는 15분을 나타내며, 差는 '부족하다, 모자라다'라는 의미를 나타내는 동사이므로 '差一刻六点'은 '6시가 되기에는 15분이 모자라다'라는 의미를 나타낸다. 다시 말해, 현재 시간이 5시 45분임을 알 수 있다.

어휘 几点 jǐ diǎn 몇 시 | ★该 gāi 통 ~의 차례이다 | 晚饭 wǎnfàn 명 저녁밥 | 可不 kěbù 그렇고 말고 | ★差 chà 통 부족하다, 모자라다 | ★一刻 yíkè 명 15분

> **Tip** 상대방의 의견에 동의하는 **可不**
>
> 可不는 '可不是'의 준말로 '물론이다, 그렇고 말고'라는 의미를 나타낸다. 일반적으로 상대방의 의견에 동의하거나 찬성할 때 자주 쓰는 표현이다.
>
> A: 这次考试太难了。 이번 시험은 너무 어려웠어.
> B: 可不，我最后几道题都没做完。 그러게 말이야. 나는 마지막 몇 문제는 다 풀지도 못했어.

공략 3. 숫자에 민감하게 반응하여 정확하게 계산하라

나이를 물을 때, 직접적으로 자신의 나이를 말하는 사람도 있고, 상대방의 나이를 듣고 '제가 2살 더 많네요' 혹은 '제가 1살 아래네요'라고 자신의 나이를 말하는 사람도 있다. 후자처럼 대화하는 경우에는 상대방의 대답을 듣고 머릿속으로 숫자를 계산해야 상대방의 나이를 파악할 수 있다. 이처럼 숫자 및 시간 관련 문제에서는 간단한 계산을 통해 정답을 찾는 문제가 매번 출제되고 있다. 따라서 정확하게 계산하기 위해서 녹음에서 언급된 숫자들을 반드시 메모하여 듣도록 하자.

 예제 🎧 06-5   **난이도** 中 **공략 Key** 간단한 계산을 통한 시간 파악

A 7:30   B 7:00   C 6:30

정답&공략

해석

女：都七点了，准备吃饭了。

男：等一会儿，比赛还有三十分钟就结束了。

问：比赛什么时候结束？

Ⓐ 7:30
B 7:00
C 6:30

여: 벌써 7시야. 밥 먹을 시간이네.

남: 조금만 기다려. 30분 후면 경기가 끝나.

질문: 경기는 언제 끝나는가?

Ⓐ 7시 30분
B 7시
C 6시 30분

공략   보기를 통해서 시간을 묻는 문제임을 알 수 있다. '都七点了'만 듣고 정답을 B로 선택하지 않도록 주의한다. 지금은 7시이고, 30분 후에 경기가 끝난다고 했으므로 정답은 A가 된다.

어휘   准备 zhǔnbèi 동 준비하다 | 吃饭 chīfàn 동 밥을 먹다 | 等 děng 동 기다리다 | ★一会儿 yíhuìr 잠시, 잠깐 | ★比赛 bǐsài 명 경기, 시합 | ★结束 jiéshù 동 끝나다, 마치다

> **Tip** 시간의 짧음을 나타내는 一会儿
>
> 一会儿은 '잠시, 잠깐'의 의미를 나타내는 시량사로, '동사+一会儿' 형태로 자주 쓰인다.
> 咱们先休息一会儿。 우리 먼저 좀 쉬자.
> 你等一会儿，她马上就来。 조금만 기다려, 그녀가 곧 올 거야.

바로 체크 녹음을 듣고 빈칸을 채우세요. 🎧 06-6

❶ _____个男同学，_____个女同学。

❷ 可不，都_____一刻_____了。

❸ _____七点了，准备_____了。

❹ 等_____，比赛还有_____分钟就结束了。

정답 ❶ 十二 / 七 ❷ 差 / 六点 ❸ 都 / 吃饭 ❹ 一会儿 / 三十

3급 비법 노트

〈 숫자 관련 핵심 어휘 〉

나이	★岁 suì 살, 세
가격	★元 yuán 위안(=块 kuài) | 角 jiǎo 10전(=毛 máo) | 分 fēn 1전
중량	公斤 gōngjīn 킬로그램 | ★斤 jīn 근 | 克 kè 그램

〈 시간 관련 핵심 어휘 〉

시간	★点 diǎn 시 | 分 fēn 분 | ★刻 kè 15분 | 一点一刻 yī diǎn yí kè 1시 15분 | 三点三刻 sān diǎn sān kè 3시 45분 | ★半 bàn 30분 | 七点半 qī diǎn bàn 7시 30분 | ★差 chà 부족하다, 모자라다 | 差五分七点 chà wǔ fēn qī diǎn 6시 55분 | 差一刻九点 chà yí kè jiǔ diǎn 8시 45분
년	前年 qiánnián 재작년 | 去年 qùnián 작년 | 今年 jīnnián 올해 | 明年 míngnián 내년 | 后年 hòunián 내후년
달	★上个月 shàng ge yuè 지난달 | 这个月 zhège yuè 이번 달 | ★下个月 xià ge yuè 다음 달
요일	星期一 xīngqīyī 월요일 | 星期二 xīngqī'èr 화요일 | 星期三 xīngqīsān 수요일 | 星期四 xīngqīsì 목요일 | 星期五 xīngqīwǔ 금요일 | 星期六 xīngqīliù 토요일 | 星期天 xīngqītiān, 星期日 xīngqīrì 일요일 | ★上个星期 shàng ge xīngqī, ★上周 shàngzhōu 지난주 | 这个星期 zhège xīngqī, 这周 zhè zhōu 이번 주 | ★下个星期 xià ge xīngqī, ★下周 xiàzhōu 다음 주
일	前天 qiántiān 그저께 | 昨天 zuótiān 어제 | 今天 jīntiān 오늘 | 明天 míngtiān 내일 | 后天 hòutiān 모레 | 早晨 zǎochén 새벽 | 早上 zǎoshang 아침 | ★上午 shàngwǔ 오전 | 中午 zhōngwǔ 정오 | ★下午 xiàwǔ 오후 | 晚上 wǎnshang 저녁

🎧 06-7

第 1-8 题

1.　**A** 5分　　　　　　　**B** 85分　　　　　　　**C** 95分

2.　**A** 下周一　　　　　　**B** 下周二　　　　　　**C** 下周三

3.　**A** 9:00　　　　　　　**B** 9:15　　　　　　　**C** 9:45

4.　**A** 10:30　　　　　　**B** 10:00　　　　　　**C** 9:30

5.　**A** 80元　　　　　　　**B** 70元　　　　　　　**C** 60元

6.　**A** 160元　　　　　　**B** 180元　　　　　　**C** 140元

7.　**A** 8:00　　　　　　　**B** 7:30　　　　　　　**C** 8:30

8.　**A** 星期一　　　　　　**B** 星期三　　　　　　**C** 星期天

나는 네가 어디 있는지 알고 있다

남자 친구에게 '지금 어디야?'라고 물으면, '나 지금 회사야'라고 대답할 수도 있고, '나 지금 회의 중이야'라고 대답할 수도 있다. 즉, 직접적으로 장소를 알려주기도 하고, 구체적이거나 암시적인 핵심 어휘를 통해 장소를 알려주기도 한다. 제시된 보기에 집중하며 장소 관련 핵심 어휘만 쏙쏙 골라 듣는다면, 백발백중! 쉽게 정답을 고를 수 있다.

기초 실력 테스트   ⌒ 07-1

1 녹음을 듣고 중국어와 뜻을 써보세요.

❶ 중국어 _____ 뜻 _____   ❷ 중국어 _____ 뜻 _____

❸ 중국어 _____ 뜻 _____   ❹ 중국어 _____ 뜻 _____

2 녹음을 듣고 대화가 이루어지는 장소를 고르세요.

❶ A 饭店   B 邮局

❷ A 教室   B 商店

❸ A 医院   B 银行

3급 기출문제 맛보기

 맛보기 🎧 07-2   난이도 中 공략 Key 핵심 어휘로 장소 유추

A 教室   B 机场   C 宾馆

정답&공략

해석 男：服务员，我房间里的电视坏了。
　　　女：好的，先生，我马上让人来修一下。

问：他们最可能在哪里？

A 教室
B 机场
Ⓞ 宾馆

남： 저기요, 제 방의 텔레비전이 고장 났어요.
여： 알겠습니다. 선생님, 제가 지금 곧 사람을 보
　　내 수리해드리겠습니다.

질문: 그들은 어디에 있을 가능성이 큰가?

A 교실
B 공항
Ⓞ 호텔

공략 남자는 방에 있는 텔레비전이 고장 났다며 종업원을 부르고 있다. 녹음에 언급된 服务员과 房间을 통해 대화
　　　가 이루어지는 장소가 호텔임을 알 수 있다.

어휘 ★服务员 fúwùyuán 명 종업원 | ★房间 fángjiān 명 방 | 电视 diànshì 명 텔레비전 | 坏 huài 통 고장 나다 |
　　　修 xiū 통 수리하다

토크토크!
쌤의 한마디~

장소 관련 문제는 보기가 절대적인 힌트! 보기를 통해 문제 유형을 미리 유추할 수
있기 때문이죠. 따라서 보기를 미리 읽고 '음~ 장소 관련 문제군, 장소를 나타내는
핵심 어휘를 찾아내자!'라고 생각하고 듣는다면 쉽게 정답을 찾을 수 있습니다. 단,
장소를 나타내는 핵심 어휘를 평소에 정리하지 않는다면 무용지물이겠죠. 자! 그럼
우선 장소 관련 핵심 어휘를 암기해볼까요?

공략 1. 언급된 장소를 통해 정답을 찾아라

A: 今天百货商店里人怎么这么多啊? 오늘 백화점에 사람이 어쩜 이렇게 많지?
B: 今天是周末嘛! 人当然很多。 오늘은 주말이잖아. 당연히 사람이 많지.

위 대화 내용을 듣고 이해하지 못했더라도, 직접적으로 언급한 百货商店(백화점)이라는 장소 어휘를 통해서 대화가 이루어지는 장소가 백화점임을 알 수 있다. 이러한 문제는 비교적 난이도가 낮은 문제이기 때문에 실수하지 않도록 주의해야 한다.

예제 🎧 07-3 　　　　　　　　　　　　　**난이도** 下　**공략 Key** 직접적으로 언급한 장소 파악

> A 超市　　　　　　　B 银行　　　　　　　C 办公室

정답&공략

해석 男：喂，请问小张在家吗?
　　女：他去超市买点儿水果，可能十分钟就回来了。

　　问：小张现在最可能在哪儿?

　　Ⓐ 超市
　　B 银行
　　C 办公室

남: 여보세요. 실례지만 샤오장 집에 있나요?
여: 그는 슈퍼마켓에 과일을 사러 갔어요. 한 10분 후면 돌아올 거예요.

질문: 샤오장은 지금 어디에 있을 가능성이 큰가?

Ⓐ 슈퍼마켓
B 은행
C 사무실

공략 샤오장을 찾는 남자의 전화에 여자는 '他去超市买点儿水果'라고 말했으므로 A가 정답임을 알 수 있다.

어휘 ★超市 chāoshì 명 슈퍼마켓, 마트 | 水果 shuǐguǒ 명 과일

> **Tip** '조금, 약간'의 의미를 나타내는 一点儿
>
> 一点儿은 정해지지 않은 비교적 적은 수량을 나타내며 '동사/형용사+一点儿' 형태로 쓰인다.
> 怎么不喝了，多喝一点儿吧。 왜 안 마시니? 좀 더 마셔.
> 现在太冷了，等天气暖和一点儿吧。 지금은 너무 추우니, 날씨가 좀 따뜻해지길 기다리자.

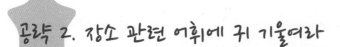

공략 2. 장소 관련 어휘에 귀 기울여라

菜(채소, 요리), 菜单(메뉴), 买单(계산하다) 등의 어휘를 들었다면 대화가 이루어지는 장소가 饭馆 (음식점, 식당)임을 알 수 있고, 医生(의사), 看病(진찰하다, 진료를 받다), 开药(약을 처방하다) 등의 어휘를 들었다면 대화가 이루어지는 장소가 医院(병원)임을 알 수 있다. 이러한 장소 관련 어휘를 통해 누가 어디에 있는지 정확히 파악하자.

듣기
제3부분

 예제   🎧 07-4   난이도 上   공략 Key 제공된 정보로 장소 유추

A 饭馆	B 商店	C 医院

정답&공략 ▶

해석
男：我给你开点儿药，这段时间注意身体，不要太累。
女：好的，我会注意的。

问：他们在哪里?

A 饭馆
B 商店
C 医院 ✓

남: 제가 <u>약을 처방</u>해드릴게요. 이 기간 동안 <u>건강</u>에 주의하시고, 너무 피곤하게 하지 마세요.
여: 알겠습니다. 주의할게요.

질문: 그들은 어디에 있는가?

A 식당
B 상점
C 병원 ✓

공략 ‘开药, 注意身体’ 등의 표현을 통해서 화자가 병원에 있음을 알 수 있으므로 정답은 C가 된다.

어휘 ★开药 kāi yào 약을 처방하다 | 注意 zhùyì 동 주의하다 | 身体 shēntǐ 명 건강 | 累 lèi 형동 지치다; 피로하게 하다

 Check! 바로 체크 녹음을 듣고 빈칸을 채우세요. 🎧 07-5

❶ 他去_____买点儿水果。

❷ 可能十分钟就_____了。

❸ 我给你_____。

❹ 这段时间注意_____，不要太累。

정답 ❶ 超市 ❷ 回来 ❸ 开点儿药 ❹ 身体

〈장소 관련 핵심 어휘〉

饭馆 fànguǎn 식당	茶 chá 차 | 饿 è 배고프다 | 好吃 hǎochī 맛있다 | 米饭 mǐfàn 쌀밥 | 面条 miàntiáo 국수 | 羊肉 yángròu 양고기 | 鱼 yú 생선 | 热水 rèshuǐ 끓인 물, 따뜻한 물 | ★服务员 fúwùyuán 종업원 | ★点菜 diǎn cài 요리를 주문하다 | 买单 mǎidān 계산하다 | 菜单 càidān 메뉴, 차림표
医院 yīyuàn 병원	鼻子 bízi 코 | 耳朵 ěrduo 귀 | 发烧 fāshāo 열이 나다 | ★感冒 gǎnmào 감기에 걸리다 | 健康 jiànkāng 건강하다 | 生病 shēngbìng 병이 나다 | ★开药 kāi yào 약을 처방하다 | ★注意休息 zhùyì xiūxi 휴식에 신경을 쓰다 | ★不舒服 bù shūfu (몸이) 아프다, 불편하다 | 小心 xiǎoxīn 조심하다, 주의하다 | 医生 yīshēng 의사 | 护士 hùshi 간호사
商店 shāngdiàn 상점	件 jiàn 벌(옷을 세는 단위) | 穿 chuān (옷·신발·양말 등을) 입다, 신다 | ★衣服 yīfu 옷 | 鞋 xié 신발, 구두 | ★衬衫 chènshān 와이셔츠, 블라우스 | 帽子 màozi 모자 | 条 tiáo 바지나 치마 등을 세는 단위 | 裙子 qúnzi 치마 | 裤子 kùzi 바지 | ★贵 guì (가격이나 가치가) 높다, 비싸다 | ★换 huàn 교환하다 | 漂亮 piàoliang 예쁘다, 아름답다 | 颜色 yánsè 색, 색깔
学校 xuéxiào 학교	复习 fùxí 복습하다 | 教 jiāo 전수하다, 가르치다 | 教室 jiàoshì 교실 | ★考试 kǎoshì 시험을 치다 | ★成绩 chéngjì 점수, 성적 | 课 kè 수업, 강의 | 学习 xuéxí 학습하다, 공부하다 | 作业 zuòyè 숙제, 과제 | 数学 shùxué 수학 | ★老师 lǎoshī 선생님 | ★同学 tóngxué 학우, 학교 친구 | 校长 xiàozhǎng 교장 선생님 | 学生 xuésheng 학생
公司 gōngsī 회사	工作 gōngzuò 일하다 | ★会议 huìyì 회의 | 忙 máng 바쁘다 | ★上班 shàngbān 출근하다 | 下班 xiàbān 퇴근하다 | 经理 jīnglǐ 사장, 매니저 | 同事 tóngshì 동료 | 办公室 bàngōngshì 사무실
机场 jīchǎng 공항	护照 hùzhào 여권 | 飞机 fēijī 비행기 | ★行李箱 xínglixiāng 여행용 가방 | 空姐 kōngjiě 스튜어디스 | 机票 jīpiào 비행기 티켓
图书馆 túshūguǎn 도서관	书 shū 책 | 杂志 zázhì 잡지 | 报纸 bàozhǐ 신문 | ★借 jiè 빌리다 | ★还 huán 돌려주다, 반납하다
기타 장소	宾馆 bīnguǎn 호텔 | 火车站 huǒchēzhàn 기차역 | 地铁 dìtiě 지하철 | ★超市 chāoshì 슈퍼마켓 | 银行 yínháng 은행 | 公园 gōngyuán 공원 | ★老地方 lǎodìfang 늘 만나던 장소 | 洗手间 xǐshǒujiān 화장실 | 电影院 diànyǐngyuàn 영화관 | 衬衫里 chènshān li 셔츠 안 | 椅子上 yǐzi shang 의자 위

07-6

第 1-8 题

1. **A** 机场　　　　**B** 国外　　　　**C** 老地方

2. **A** 衬衫里　　　　**B** 洗手间　　　　**C** 包里

3. **A** 食堂　　　　**B** 医院　　　　**C** 图书馆

4. **A** 医院　　　　**B** 公司　　　　**C** 学校

5. **A** 电影院　　　　**B** 饭馆　　　　**C** 书店

6. **A** 家里　　　　**B** 商店　　　　**C** 饭馆

7. **A** 教室　　　　**B** 公司　　　　**C** 商店

8. **A** 饭馆　　　　**B** 商店　　　　**C** 厨房

+ 정답 및 해설_ 해설집 15쪽

08 day

누가? 무엇을?
대상과 행동을 기억하라

인물이나 사물이 보기로 제시되는 문제는 '누가 ~하는가?', '무엇을 ~하는가?'를 묻는 유형이 대표적이다. 이런 경우에는 인물의 이름이나 호칭, 열거된 사물, 인물 및 사물을 이끄는 개사나 동사를 통해 정답을 찾을 수 있다. 따라서 중국인의 대표적인 성(姓)이나 HSK 3급에 자주 출제되는 사물의 명칭, 인물 및 사물을 이끄는 개사와 동사를 완벽하게 파악해야 한다.

기초 실력 테스트

🎧 08-1

1 녹음을 듣고 중국어와 뜻을 써보세요.

❶ 중국어 _____ 뜻 _____   ❷ 중국어 _____ 뜻 _____

❸ 중국어 _____ 뜻 _____   ❹ 중국어 _____ 뜻 _____

2 녹음을 듣고 알맞은 답을 고르세요.

❶ A 我的   B 我哥的

❷ A 朋友   B 爸爸

❸ A 蓝色   B 红色

듣기
제3부분

3급 기출문제 맛보기

 맛보기 🎧 08-2

난이도 中　공략 Key 사물 관련 어휘 파악

A 毛衣　　　　　　B 裙子　　　　　　C 袜子

정답&공략

해석

男：明天是我女儿的生日，我给她买了红色的毛衣。

女：你怎么知道她喜欢红色？我还以为你不关心她呢。

问：男的要送女儿什么？

Ⓐ 毛衣
B 裙子
C 袜子

남: 내일이 내 딸 생일이잖아. 딸에게 주려고 빨간색 스웨터를 샀어.

여: 딸아이가 빨간색을 좋아하는지 어떻게 알았어? 난 당신이 딸아이한테 관심이 없는 줄 알았어.

질문: 남자는 딸에서 무엇을 선물하려고 하는가?

Ⓐ 스웨터
B 치마
C 양말

공략　보기를 통해 사물과 관련된 문제임을 알 수 있다. 남자는 내일이 딸아이 생일이어서 '我给她买了红色的毛衣'했다고 말했으므로 A가 정답임을 알 수 있다. 만약 '무슨 색 스웨터를 선물하려고 합니까?'라고 묻는다면, 정답은 빨간색이 된다. 따라서 사물에 관한 문제가 출제될 경우, 보기를 먼저 보고 제시된 사물의 특징을 메모하면서 듣는 것이 좋다.

어휘　明天 míngtiān 몡 내일 | ★女儿 nǚ'ér 몡 딸 | 生日 shēngrì 몡 생일 | ★红色 hóngsè 몡 빨간색 | 毛衣 máoyī 몡 스웨터 | 怎么 zěnme 떼 어떻게 | 知道 zhīdào 통 알다 | 喜欢 xǐhuan 통 좋아하다 | ★以为 yǐwéi 통 여기다, 생각하다 | ★关心 guānxīn 통 관심을 갖다

토크토크!
쌤의 한마디~

인물을 이끄는 개사와 '누구에게'라는 간접목적어를 가지는 동사를 통해 대상을 파악할 수 있어요. 여기서 '개사는 뭐지? 동사는 뭐지?'라고 갸우뚱했다면, 개사와 동사의 특징을 다시 한번 복습하는 시간이 필요하겠죠?
어법을 아는 만큼 녹음 내용이 더 잘 들린다!! 더 잘 듣기 위해서는 기본 어법도 게을리하지 마세요~

공략 I. 동작을 하는 대상인 谁에 포커스를 맞춰라

친구들과 함께 영화를 보기로 했는데 한 친구가 아직 오지 않았다면, 다른 친구들은 아직 오지 않는 친구의 이름을 부르며, '小王, 怎么还不来!(샤오왕은 어째서 아직도 안 오지!)'라고 말할 것이다. 여기서 언급한 이름을 통해 친구들이 기다리고 있는 사람이 바로 小王임을 알 수 있다. 이처럼 듣기 제3부분에는 인물의 이름이나 호칭만 듣고도 대상을 파악할 수 있는 문제가 많이 출제되고 있으므로 관련 핵심 어휘를 집중하여 듣자.

〈 중국의 대표적인 성(姓) 〉

李	Lǐ	리	刘	Liú	류
王	Wáng	왕	杨	Yáng	양
张	Zhāng	장	黄	Huáng	황
陈	Chén	천	赵	Zhào	자오

예제 🎧 08-3 　　　　　　　 난이도 下　공략 Key 인물 파악

A 王校长　　　　　　B 王老师　　　　　　C 黄市长

정답&공략 ➡

해석　女：您请坐，<u>王老师正在上课，马上就下课了</u>。

　　　男：谢谢。我问您一下，贵校有多少个留学生？

　　　问：男的要找谁？

　　　A 王校长
　　　Ⓑ 王老师
　　　C 黄市长

여: 앉으세요. <u>왕 선생님께서는 수업 중이세요. 곧 수업이 끝나요.</u>

남: 감사합니다. 말씀 좀 묻겠습니다. 본 학교에는 몇 명의 유학생이 있습니까？

질문: 남자는 누구를 찾으러 왔는가？

A 왕 교장 선생님
Ⓑ 왕 선생님
C 황 시장

공략　'王老师正在上课，马上就下课了'라는 여자의 말을 통해 남자가 왕 선생님을 찾으러 왔음을 알 수 있다. 여기서 王은 중국의 대표적인 성씨이며, 正在는 동작의 진행을 나타내는 부사이다.

어휘　请坐 qǐng zuò 앉으세요 | ★正在 zhèngzài 📙 지금 ～하고 있다 | ★上课 shàngkè 📗 수업하다 | ★马上 mǎshàng 📙 곧, 바로 | 问 wèn 📗 묻다, 질문하다 | 贵 guì 📘 상대방과 관련 있는 사물을 높여 부르는 말 | 多少 duōshao 📕 얼마 | 留学生 liúxuéshēng 📒 유학생

> **Tip**　동작의 진행을 나타내는 正在
>
> 正在는 '～하고 있다'라는 의미를 나타내는 부사로, 지속을 나타내는 동태조사 着와 함께 어울려 '正在+동사+着……呢' 형태로 자주 쓰인다.
>
> 我们班正在上着课呢。우리 반은 수업을 하고 있다.
>
> 他正在开会呢。그는 회의를 하고 있다.

공략 2. 개사 및 동사를 통해 대상을 간파하라

대상을 이끄는 개사 把, 被, 从과 '누구에게'라는 간접목적어를 갖는 동사 告诉, 问, 借를 통해 동작의 대상을 보다 쉽게 파악할 수 있다. 예를 들어, '我被老师批评了。(나는 선생님께 혼났다.)'라는 문장을 통해, 나는 '선생님'에게 혼났음을 알 수 있으며, '我送女朋友礼物。(나는 여자 친구에게 선물을 줬다.)'라는 문장을 통해 내가 '여자 친구'에게 선물했음을 알 수 있다. 따라서 대상을 이끄는 개사 및 동사에 주의해야 한다.

예제　🎧 08-4　　　　　　　　**난이도** 中　**공략 Key** 동사 送을 통한 대상 파악

A 丈夫	B 女儿	C 儿子

▶ 정답&공략

해석　男：这束花真漂亮，丈夫送的吧？
　　　女：不是，母亲节了，<u>我儿子送给我的礼物</u>。
　　　问：花儿是谁送的？

남: 이 꽃다발 정말 예쁘네요. 남편이 준 건가요?
여: 아니에요. 어머니날을 맞아 <u>제 아들이 선물한 거예요.</u>
질문: 꽃은 누가 준 것인가?

A 丈夫
B 女儿
C 儿子

A 남편
B 딸
C 아들

공략　보기를 통해 대상을 파악하는 문제임을 알 수 있다. 남자가 남편이 준 꽃다발이냐고 묻자, 여자는 '我儿子送给我的礼物'라고 말했으며, '누구에게 ~을 주다'라는 동사 送을 통해서도 정답을 유추할 수 있다. 따라서 C가 정답으로 적절하다.

어휘　★束 shù 양 묶음, 다발 | 花 huā 명 꽃 | 漂亮 piàoliang 형 예쁘다 | 丈夫 zhàngfu 명 남편 | ★送 sòng 동 주다, 선물하다 | 母亲节 Mǔqīnjié 명 어머니날 | ★儿子 érzi 명 아들 | 礼物 lǐwù 명 선물

> **Tip**　중국의 母亲节
>
> 우리나라의 어버이날과 다르게 중국은 5월 둘째 주 일요일이 '어머니날(母亲节)', 6월 셋째 주 일요일이 '아버지날(父亲节)'로 정해져 있다. 하지만 중국도 이 날에는 부모님께 카네이션(康乃馨 kāngnǎixīn)을 달아드리고, 선물을 드리면서 감사의 마음을 표현한다.

공략 3. 사물 관련 핵심 어휘를 통해 정확한 什么를 찾아라

내용의 핵심을 파악하려면, 첫 번째 화자보다는 두 번째 화자에 더 집중해서 들어야 한다. '~한 것은 무엇입니까?'를 묻는 문제에서는 첫 번째 화자가 언급한 사물을 정답으로 선택하지 말고, 남녀 대화를 끝까지 듣고 문제에서 요구하는 什么를 찾아야 한다.

예제　🎧 08-5　　　　　　　**난이도** 中　**공략 Key** 사물 관련 어휘 파악

A 橘子　　　　　　　B 梨子　　　　　　　C 苹果

정답&공략

해석　女：爷爷，您吃一个梨子吧。
　　　男：我刚吃了一个，给爷爷拿一个橘子来吧。

　　　问：爷爷想吃什么水果？

여: 할아버지, 배 좀 드세요.
남: 방금 하나 먹었어. 나에게 귤을 주렴.

질문: 할아버지는 어떤 과일을 드시려고 하는가?

Ⓐ 橘子
B 梨子
C 苹果

Ⓐ 귤
B 배
C 사과

공략 보기를 통해 사물을 파악하는 문제임을 알 수 있다. 여자는 할아버지께 배 좀 드시라고 권하고 있지만 할아버지는 '给爷爷拿一个橘子来吧'라고 말하고 있다. 따라서 A가 정답으로 적절하다.

어휘 爷爷 yéye 몡 할아버지 | ★梨子 lízi 몡 배 | 拿 ná 툉 (손으로) 쥐다, 잡다 | ★橘子 júzi 몡 귤

> Tip 刚과 刚才의 차이
>
> 刚과 刚才는 '지금, 막, 방금'이라는 뜻으로 의미적으로는 비슷하나, 품사는 확연히 다르다. 刚은 부사로 술어 앞에서만 쓸 수 있는 반면, 刚才는 시간명사로 문장에서 위치가 보다 더 자유롭다.
>
> 他刚考完试了。 그는 방금 시험이 끝났다.
>
> 爸爸刚到家。 아빠께서 막 집에 오셨다.
>
> 你刚才为什么不说？ 너는 방금 왜 말을 하지 않았어?
>
> 刚才我去洗手间了。 방금 나는 화장실에 다녀왔어.

 녹음을 듣고 빈칸을 채우세요. 🎧 08-6

❶ 您请坐，王老师正在＿＿＿＿＿，马上就＿＿＿＿＿了。

❷ 这束花真漂亮，＿＿＿＿＿送的吧？

❸ 母亲节了，我＿＿＿＿＿送给我的礼物。

❹ 我刚吃了一个，给我＿＿＿＿＿一个＿＿＿＿＿来吧。

정답 ❶ 上课 / 下课 ❷ 丈夫 ❸ 儿子 ❹ 拿 / 橘子

< 사물의 명칭 관련 핵심 어휘 >

과일	★苹果 píngguǒ 사과 | 葡萄 pútáo 포도 | 香蕉 xiāngjiāo 바나나 | ★西瓜 xīguā 수박 | 梨子 lízi 배
음료	茶 chá 차 | 果汁 guǒzhī 과일 주스 | 牛奶 niúnǎi 우유 | 咖啡 kāfēi 커피
색깔	黑 hēi 검다, 까맣다 | 红 hóng 붉다, 빨갛다 | 黄 huáng 노랗다, 누렇다 | 蓝 lán 남색의, 남빛의
과목	汉语 Hànyǔ 중국어 | 英语 Yīngyǔ 영어 | ★历史 lìshǐ 역사 | ★数学 shùxué 수학
의류	衬衫 chènshān 와이셔츠, 블라우스 | ★裤子 kùzi 바지 | 帽子 màozi 모자 | 裙子 qúnzi 치마, 스커트 | ★鞋 xié 신발, 구두 | 衣服 yīfu 옷, 의복
기타	报纸 bàozhǐ 신문 | 杯子 bēizi 컵 | 蛋糕 dàngāo 케이크 | 电脑 diànnǎo 컴퓨터 | 护照 hùzhào 여권 | 鸡蛋 jīdàn 계란 | 筷子 kuàizi 젓가락 | 伞 sǎn 우산 | 手机 shǒujī 휴대 전화 | 手表 shǒubiǎo 손목시계 | 眼镜 yǎnjìng 안경 | 照片 zhàopiàn 사진 | 照相机 zhàoxiàngjī 사진기, 카메라 | 字典 zìdiǎn 자전

< 인물 및 사물을 이끄는 주요 개사 및 동사 >

★把 bǎ ~을	这件事把妈妈乐坏了。 이 일은 엄마를 굉장히 기쁘게 했다. 我弟弟把鸡蛋打破了。 내 동생은 계란을 깨뜨렸다.
★被 bèi ~에게 ~을 당하다	我被老师批评了。 나는 선생님에게 혼이 났다. 她被外边的声音吵醒了。 그녀는 바깥 소리에 시끄러워 잠에서 깼다.
从 cóng ~로부터	这本书从朋友借来的。 이 책은 친구에게서 빌려왔다.
★叫 jiào/让 ràng/使 shǐ ~하게 하다	我妈妈叫我做作业。 엄마는 내게 숙제를 하라고 하신다. 我不让他出去玩儿。 나는 그에게 나가 놀지 말라고 했다. 这部电影使我很感动。 이 영화는 나를 매우 감동시켰다.
告诉 gàosu 알리다, 말하다	我告诉老师出了什么事。 나는 선생님께 무슨 일이 있었는지 알려드렸다.
★给 gěi 주다	这本书是给你的。 이 책은 네게 주는 거야.
还 huán 돌려주다	下个月还你一百块钱。 다음 달에 네게 100위안을 갚을게.
教 jiāo 가르치다	金老师教学生汉语。 김 선생님은 학생에게 중국어를 가르치신다.
★送 sòng 주다, 선물하다	男朋友送了我一朵花。 남자 친구가 나에게 꽃 한 송이를 줬다.
问 wèn 묻다, 질문하다	学生常常问老师问题。 학생은 자주 선생님에게 질문을 한다.

🎧 08-7

第 1-8 题

1. **A** 邻居的   **B** 老师的   **C** 我的

2. **A** 汉语   **B** 英语   **C** 历史

3. **A** 女的   **B** 爸爸   **C** 医生

4. **A** 茶   **B** 咖啡   **C** 果汁

5. **A** 红的   **B** 黄的   **C** 蓝的

6. **A** 客人   **B** 经理   **C** 小黄

7. **A** 姐姐   **B** 妈妈   **C** 学生

8. **A** 矿泉水   **B** 可乐   **C** 果汁

✦ **정답 및 해설_** 해설집 18쪽

인물 간의 관계에 주목하라

'나'는 부모님에게는 딸이며, 남편에게는 아내이며, 언니에게는 동생이며, 학생들에게는 선생님이다. 이처럼 어떤 사람과 어떻게 연관되어 있느냐에 따라, 나와 그 사람의 관계는 달라지기 마련이다. 듣기 제4부분에서는 인물 간의 관계를 묻는 문제가 매번 출제되고 있다. 인물의 호칭이나 인물 관계를 나타내는 핵심 어휘를 정리하여 고득점을 위한 힘찬 걸음을 내딛어보자.

기초 실력 테스트

🎧 09-1

1 녹음을 듣고 중국어와 뜻을 써보세요.

❶ 중국어 _____ 뜻 _____   ❷ 중국어 _____ 뜻 _____

❸ 중국어 _____ 뜻 _____   ❹ 중국어 _____ 뜻 _____

2 녹음을 듣고 두 사람의 관계를 파악해보세요.

❶ A 老师和学生　　　B 爸爸和儿子

❷ A 丈夫和妻子　　　B 老师和学生

❸ A 医生和病人　　　B 老师和校长

3급 기출문제 맛보기

 맛보기　🎧 09-2

난이도 中　공략 Key 호칭으로 인물 간의 관계 파악

A 丈夫和妻子	B 妈妈和儿子	C 爸爸和女儿

정답&공략

해석　女：你准备了几双筷子？
　　　男：两双。
　　　女：再拿一双，你爸一会儿就到家，我们一起吃。
　　　男：好，妈，碗在哪儿呢？
　　　问：他们最可能是什么关系？

　　　A 丈夫和妻子
　　　Ⓑ 妈妈和儿子
　　　C 爸爸和女儿

　　　여: 젓가락 몇 쌍을 준비했니?
　　　남: 두 쌍이요.
　　　여: 한 쌍을 더 가지고 오렴. 네 아빠가 조금 후면 집에 도착하시니까 우리 같이 먹자.
　　　남: 네. 엄마, 그릇은 어디에 있어요?
　　　질문: 그들은 무슨 관계일 가능성이 큰가?

　　　A 남편과 아내
　　　Ⓑ 엄마와 아들
　　　C 아빠와 딸

공략　여자는 남자에게 네 아빠가 조금 후면 집에 도착하니 젓가락 한 쌍을 더 준비하라고 말했다. 여자의 '你爸'라는 말과 남자가 여자를 妈라고 부르는 것을 통해 두 사람이 모자지간임을 유추할 수 있다.

어휘　★准备 zhǔnbèi 동 준비하다 | ★双 shuāng 양 쌍, 켤레 | 筷子 kuàizi 명 젓가락 | 拿 ná 동 (손으로) 쥐다, 잡다, 가지다 | 一会儿 yíhuìr 잠시, 잠깐 | 碗 wǎn 명 사발, 그릇

토크토크!
쌤의 한마디~

학교에 가면 선생님과 학생이 있고, 식당에 가면 종업원과 손님이 있죠? 이처럼 장소에 따라 인물 간의 관계도 달라지는데요, 인물 간의 관계를 알려면 대화가 이루어지는 장소나 화자의 직업을 파악하는 것이 매우 중요합니다. 따라서 서로를 부르는 호칭, 장소, 직업에 관한 어휘를 메모하면서 듣는 것이 좋습니다.

공략 1. 결정적인 단서, 호칭을 통해 정답을 찾아라

일반적으로 인물 간의 관계를 묻는 문제는 남녀 중 누군가를 부르는 호칭만 들고도 정답을 찾을 수 있다. 따라서 보기를 통해 인물 간의 관계를 묻는 문제임을 유추하고, 호칭을 나타내는 어휘에 집중하여 듣자.

예제 🎧 09-3 　　　　　　　　　　　　　난이도 下　공략 Key 호칭으로 인물 간의 관계 파악

> A 爸爸和女儿　　　　　B 妈妈和儿子　　　　C 丈夫和妻子

정답&공략 ▷

해석
男：这是我给你买的娃娃。
女：爸爸，您真好!
男：玩儿的时候小心一点儿，别再弄坏了!
女：知道了，放心吧!

问：他们是什么关系?

Ⓐ 爸爸和女儿
B 妈妈和儿子
C 丈夫和妻子

남: 이것은 내가 너에게 사주는 인형이야.
여: 아빠, 아빠는 정말 최고예요!
남: 가지고 놀 때 좀 조심해라. 또 망가뜨리지 말고.
여: 알겠어요. 걱정 마세요.

질문: 그들은 무슨 관계인가?

Ⓐ 아빠와 딸
B 엄마와 아들
C 남편과 아내

공략　여자가 남자를 부르는 호칭을 들었다면, 쉽게 정답을 찾을 수 있다. '这是我给你买的娃娃'라는 남자의 말에 여자는 '爸爸，您真好!'라고 대답했으므로 A가 정답이 된다.

어휘　娃娃 wáwa 몡 인형 | 真 zhēn 뷘 정말 | 玩儿 wánr 툉 놀다, 장난하다 | ★小心 xiǎoxīn 툉 조심하다, 주의하다 | ★一点儿 yìdiǎnr 조금 | ★别 bié 뷘 ~하지 마라 | 弄坏 nònghuài 툉 망치다, 망가뜨리다 | 放心 fàngxīn 툉 마음을 놓다, 안심하다

공략 2. 인물 간의 관계를 나타내는 핵심 어휘를 캐치하라

학생들은 '这次考试考得好吗?'(이번 시험은 잘 봤어?), '作业做完了吗?'(숙제는 다 했니?) 등 시험이나 수업에 관련된 이야기를 많이 나눈다. 여기서 考试(시험을 치다), 作业(숙제) 등의 어휘를 통해 인물 간의 관계를 파악할 수 있을 뿐만 아니라 화자의 직업까지도 알 수 있다.

 예제 🎧 09-4 　　　　난이도 中 　공략 Key 인물 간의 관계를 나타내는 핵심 어휘 파악

A 老师和学生	B 丈夫和妻子	C 医生和病人

정답&공략

해석
女：感冒得这么厉害! 试试体温吧。
男：我觉得身上特别冷，头也疼。
女：三十九度，你得了重感冒，打点儿针，吃点儿药，注意多休息。
男：好的。

问：他们是什么关系?

A 老师和学生
B 丈夫和妻子
Ⓒ 医生和病人

여: 감기가 이렇게 심하다니. 체온 좀 재볼게요.
남: 몸이 너무 춥고 머리도 아파요.
여: 39도입니다. 당신은 독감에 걸렸네요. 주사 좀 맞고, 약도 좀 먹고, 충분히 휴식을 취하세요.
남: 알겠습니다.

질문: 그들은 무슨 관계인가?

A 선생님과 학생
B 남편과 아내
Ⓒ 의사와 환자

공략　咳嗽, 体温, 感冒, 打针, 头疼 등의 어휘를 통해 두 사람이 의사와 환자 관계임을 유추할 수 있다.

어휘　★厉害 lìhai 혱 대단하다 | ★体温 tǐwēn 명 체온 | ★头疼 tóuténg 동 머리가 아프다 | 度 dù 양 도 | ★打针 dǎzhēn 동 주사를 맞다 | ★吃药 chī yào 동 약을 먹다

바로 체크 Check! 녹음을 듣고 빈칸을 채우세요. 🎧 09-5

❶ 这是我_____你买的_____。

❷ 玩儿的时候_____一点儿，_____再弄坏了!

❸ 感冒得这么_____! 试试_____吧。

❹ 你得了重_____，打点儿针，吃点儿_____，注意多休息。

정답 ❶ 给 / 娃娃 ❷ 小心 / 别 ❸ 厉害 / 体温 ❹ 感冒 / 药

3급 비법 노트

< 가족 관계를 나타내는 호칭 >

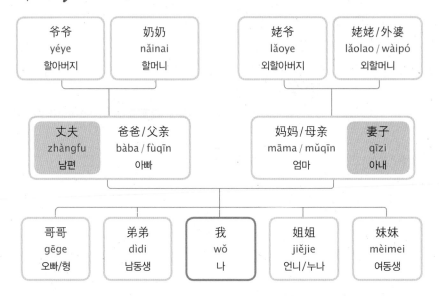

爷爷 yéye 할아버지	奶奶 nǎinai 할머니

姥爷 lǎoye 외할아버지	姥姥/外婆 lǎolao / wàipó 외할머니

丈夫 zhàngfu 남편	爸爸/父亲 bàba / fùqīn 아빠	妈妈/母亲 māma / mǔqīn 엄마	妻子 qīzi 아내

哥哥 gēge 오빠/형	弟弟 dìdi 남동생	我 wǒ 나	姐姐 jiějie 언니/누나	妹妹 mèimei 여동생

< 인물과 관련된 핵심 어휘 >

丈夫和妻子 남편과 부인	儿子 érzi 아들 | 女儿 nǚ'ér 딸 | 冰箱 bīngxiāng 냉장고 | 做饭 zuòfàn 밥을 하다 | 厨房 chúfáng 주방, 부엌 | 打扫 dǎsǎo 청소하다
老师和学生 선생님과 학생	放假 fàngjià 방학하다 | 请假 qǐngjià (휴가·조퇴·결석 등을) 신청하다 | 成绩 chéngjì 성적 | 成绩单 chéngjìdān 성적표 | 学期 xuéqī 학기 | 作业 zuòyè 숙제, 과제 | 复习 fùxí 복습하다 | 教室 jiàoshì 교실 | 考试 kǎoshì 시험을 보다 | 课 kè 수업, 강의 | 迟到 chídào 지각하다
医生和病人 의사와 환자	咳嗽 késou 기침하다 | 体温 tǐwēn 체온 | 头疼 tóuténg 머리가 아프다 | 感冒 gǎnmào 감기에 걸리다 | 发烧 fāshāo 열이 나다 | 检查 jiǎnchá 검사하다 | 不舒服 bù shūfu (몸이) 아프다, 불편하다 | 医院 yīyuàn 병원 | 看病 kànbìng (의사가) 진찰하다 | 生病 shēngbìng 병이 나다
同事 동료	办公室 bàngōngshì 사무실 | 公司 gōngsī 회사, 직장 | 工作 gōngzuò 일하다 | 会议 huìyì 회의 | 经理 jīnglǐ 사장, 매니저
同学 학우	班 bān 반 | 年级 niánjí 학년 | 学习 xuéxí 학습하다, 공부하다 | 毕业 bìyè 졸업하다 | 初中 chūzhōng 중학교 | 高中 gāozhōng 고등학교 | 大学 dàxué 대학

09-6

第 1-8 题

1. **A** 同学　　　　　**B** 师生　　　　　**C** 夫妻

2. **A** 丈夫和妻子　　**B** 校长和老师　　**C** 客人和服务员

3. **A** 同学　　　　　**B** 邻居　　　　　**C** 同事

4. **A** 爸爸和女儿　　**B** 妈妈和儿子　　**C** 老师和学生

5. **A** 老师和学生　　**B** 同学　　　　　**C** 老师和校长

6. **A** 丈夫和妻子　　**B** 老师和学生　　**C** 司机和乘客

7. **A** 师生　　　　　**B** 同事　　　　　**C** 夫妻

8. **A** 服务员和客人　**B** 老师和学生　　**C** 丈夫和妻子

＋정답 및 해설_ 해설집 21쪽

10 day

상황에 따른 인물의 행동에 집중하라

'남자는 무엇을 하고 있습니까?', '여자는 오후에 무엇을 하려고 합니까?' 등 인물의 행동을 묻는 문제는 매번 시험에 출제된다. 따라서 일상생활, 학업, 일, 취미 생활 등 상황별로 인물의 행동을 나타내는 핵심 어휘를 먼저 익혀야 한다. 인물의 행동 관련 핵심 어휘를 반복해서 듣고, 큰 소리로 따라 읽으면서 완벽하게 마스터하자.

기초 실력 테스트

🎧 10-1

1 녹음을 듣고 중국어와 뜻을 써보세요.

❶ 중국어 _____ 뜻 _____ ❷ 중국어 _____ 뜻 _____

❸ 중국어 _____ 뜻 _____ ❹ 중국어 _____ 뜻 _____

2 녹음을 듣고 알맞은 답을 고르세요.

❶ A 出差　　　　B 考试

❷ A 看电视　　　B 休息

❸ A 打网球　　　B 散步

3급 기출문제 맛보기

맛보기 🎧 10-2 　　　　　　　　　　　　　난이도 中　공략 Key 인물의 행동 파악

듣기
제4부분

A 照顾小猫　　　　　　　B 买一只猫　　　　　　C 去出差

정답&공략

해석　女：这几天我去出差，<u>你别忘了照顾好</u>
　　　　<u>我们家的小猫</u>。
　　　男：好的，别担心。
　　　女：要记得给它吃饭和洗澡。
　　　男：好的，没问题。

　　　问：女的让男的做什么？

　　　Ⓐ 照顾小猫
　　　B 买一只猫
　　　C 去出差

여: 요 며칠 내가 출장을 가거든. <u>우리 집 고양이</u>
　　<u>잘 보살펴주는 거 잊지 마</u>.
남: 알았어. 걱정 마.
여: 고양이에게 밥을 주고 목욕시키는 거 기억해
　　야 해.
남: 알겠어. 문제없어.

질문: 여자는 남자에게 무엇을 하라고 하는가?

Ⓐ 고양이를 보살펴달라고 한다
B 고양이 한 마리를 사라고 한다
C 출장을 가라고 한다

공략　보기가 모두 행동을 나타내는 동사구로, 인물의 행동을 묻는 문제임을 알 수 있다. '잊지 마세요'라는 의미를 나
　　　타내는 '别忘了'는 상대방에게 부탁을 하거나 주의 사항을 말하고자 할 때 자주 쓴다. 핵심 문장인 '你别忘了
　　　照顾好我们家的小猫'를 통해서 여자는 남자에게 고양이를 잘 보살펴달라고 부탁하고 있음을 알 수 있다.

어휘　★出差 chūchāi 동 출장을 가다 | ★别 bié 부 ~하지 마라 | 忘 wàng 동 잊다 | ★照顾 zhàogù 동 보살피다,
　　　돌보다 | 猫 māo 명 고양이 | 担心 dānxīn 동 염려하다, 걱정하다 | ★记得 jìde 동 기억하다, 잊지 않다 | 洗澡
　　　xǐzǎo 동 목욕하다 | ★没问题 méi wèntí 문제없다

토크토크!
쌤의 한마디~

제시된 보기가 모두 '吃饭, 上课, 买衣服' 등 동사구(동사+목적어) 형태로 이루
어져 있으면, 인물의 행동을 묻는 문제예요. 상황별로 인물의 행동을 나타내는 핵심
어휘를 통해 인물의 행동을 파악하고, 남녀 중 누구의 행동을 묻는지 반드시 행동의
주체를 구분하면서 들으세요.

공략 1. 인물의 행동과 관련된 어휘에 반응하라

인물의 행동을 묻는 문제에서는 먼저 어떤 행동을 했고, 그다음에 어떤 행동을 했는지, 행동의
순서 및 시간의 흐름을 잘 파악하여 듣는 것이 무엇보다 중요하다.

< 인물의 행동 관련 핵심 어휘 >

일상생활	★做菜 zuòcài 요리하다 | 吃饭 chīfàn 식사하다 | 吃水果 chī shuǐguǒ 과일을 먹다 | 喝咖啡 hē kāfēi 커피를 마시다 | 休息 xiūxi 휴식을 취하다 | ★洗碗 xǐwǎn 설거지하다 | ★洗澡 xǐzǎo 목욕하다 | 抽烟 chōuyān 담배를 피우다 | 看书 kànshū 책을 보다 | 看电视 kàn diànshì 텔레비전을 보다 | ★打电话 dǎ diànhuà 전화를 하다 | ★打扫厨房 dǎsǎo chúfáng 주방을 치우다
학업, 일	上课 shàngkè 수업하다 | 下课 xiàkè 수업이 끝나다 | ★做作业 zuò zuòyè 숙제를 하다 | ★完成作业 wánchéng zuòyè 숙제를 마치다 | 工作 gōngzuò 일하다 | 上班 shàngbān 출근하다 | 下班 xiàbān 퇴근하다 | ★加班 jiābān 야근하다, 잔업하다 | ★出差 chūchāi 출장을 가다 | ★开会 kāihuì 회의하다
취미 생활	旅行 lǚxíng, 旅游 lǚyóu 여행하다 | ★看电影 kàn diànyǐng 영화를 보다 | 听音乐 tīng yīnyuè 음악을 듣다 | 唱歌 chànggē 노래를 부르다 | 跳舞 tiàowǔ 춤을 추다 | ★散步 sànbù 산책을 하다 | ★上网 shàngwǎng 인터넷을 하다 | ★玩儿电脑 wánr diànnǎo 컴퓨터를 하다 | 玩儿游戏 wánr yóuxì 게임을 하다
운동	★跑步 pǎobù 조깅을 하다 | 爬山 páshān 등산을 하다 | 运动 yùndòng 운동을 하다 | 打篮球 dǎ lánqiú 농구를 하다 | 打网球 dǎ wǎngqiú 테니스를 치다 | ★踢足球 tī zúqiú 축구를 하다 | 骑自行车 qí zìxíngchē 자전거를 타다 | ★锻炼身体 duànliàn shēntǐ 신체를 단련하다
쇼핑	卖衣服 mài yīfu 옷을 팔다 | 买衣服 mǎi yīfu 옷을 사다 | 买帽子 mǎi màozi 모자를 사다 | 买裙子 mǎi qúnzi 치마를 사다 | ★选衣服 xuǎn yīfu 옷을 고르다

예제 🎧 10-3

난이도 中 **공략 Key** 인물의 행동 파악

> A 跑步　　　　　　B 骑自行车　　　　　　C 买衣服

정답&공략

해석

| 男：明天会不会下雨？ | 남: 내일 비가 올까요? |

男：明天会不会下雨？

女：听天气预报说要下雨。怎么了？有事情？

男：没事，<u>我们班明天要去公园骑自行车</u>。

女：骑车的时候要小心点儿。

问：男的第二天要做什么？

A　跑步

Ⓑ　骑自行车

C　买衣服

남: 내일 비가 올까요?

여: 일기 예보를 들으니까 비가 온다고 하던대. 왜? 무슨 일 있니?

남: 아니에요. <u>우리 반이 내일 공원으로 자전거를 타러 가거든요.</u>

여: 자전거 탈 때 조심하렴.

질문: 남자는 다음날 무엇을 하려고 하는가?

A　달리기를 하려고 한다

Ⓑ　자전거를 타려고 한다

C　옷을 사려고 한다

공략　보기가 모두 행동을 나타내는 동사구로 이루어져 있으므로, 인물의 행동을 묻는 문제임을 알 수 있다. 일기 예보에서 비가 온다고 했는데 무슨 일이 있냐는 여자의 물음에 남자는 '我们班明天要去公园骑自行车'라고 대답했다. 남자의 말을 통해 B가 정답임을 알 수 있다.

어휘　★会 huì 조통 ~할 가능성이 있다 | 下雨 xiàyǔ 통 비가 오다 | ★听说 tīngshuō 통 듣자 하니 | ★天气预报 tiānqì yùbào 명 일기 예보 | 事情 shìqing 명 일 | 公园 gōngyuán 명 공원 | 骑 qí 통 타다 | 自行车 zìxíngchē 명 자전거 | ★小心 xiǎoxīn 통 조심하다

Tip 听说의 의미 및 용법

① 남의 말을 듣다 : 뒤에 동태조사 了나 过가 올 수 있으며, 명사 혹은 절이 목적어로 올 수 있다.

你听说过他明年要结婚？ 너는 그가 내년에 결혼한다는 것을 들어본 적 있니?

② 듣자 하니, 들은 바로는 : '听+구체적인 대상+说' 형태로 자주 쓰인다.

听老师说，后天有汉语考试。 선생님께서 모레 중국어 시험이 있다고 하셨어.

공략 2. 남녀 중 누구의 행동을 묻는지 제대로 파악하라

보기를 통해 인물의 행동을 묻는 문제임을 유추할 수 있지만, 남녀 중 누구의 행동을 묻는지는
알 수 없다. 따라서 남녀의 행동을 보기 옆에다 간단히 메모하면서 듣자.

예제 🎧 10-4

난이도 中 | 공략 Key 인물의 행동 파악

A 送她 　　　　　　　　B 去上海 　　　　　　　　C 坐飞机

정답&공략

해석　女：我明天去上海，下午的飞机，你能
　　　　　送我去机场吗？
　　　男：没问题，明天我在家休息。几点的
　　　　　飞机？
　　　女：下午两点半的。谢谢你!
　　　男：谢什么，我们明天见。

　　　问：女的想请男的做什么？

　　Ⓐ 送她
　　B 去上海
　　C 坐飞机

여: 나 내일 상하이에 가. 오후 비행기인데, 네가
　　공항까지 데려다줄 수 있어?
남: 문제없어. 내일 나는 집에서 쉬거든. 몇 시
　　비행기야?
여: 오후 2시 반 비행기야. 고마워.
남: 뭐가 고마워. 내일 봐.

질문: 여자는 남자에게 무엇을 부탁하는가?

Ⓐ 그녀를 배웅해달라고 한다
B 상하이에 가라고 한다
C 비행기를 타라고 한다

공략　보기가 모두 행동을 나타내는 동사구로 이루어져 있으므로 인물의 행동을 묻는 문제임을 알 수 있다. 여자의
　　　‘你能送我去机场吗?’라는 물음에 남자는 ‘没问题’라고 대답했다. 따라서 A가 정답임을 알 수 있다.

어휘　飞机 fēijī 명 비행기 | ★送 sòng 동 배웅하다 | 机场 jīchǎng 명 공항 | ★休息 xiūxi 동 휴식하다

 녹음을 듣고 빈칸을 채우세요. 🎧 10-5

❶ 听＿＿＿＿＿＿＿说要下雨。怎么了？有事情？

❷ 没事，我们班明天要去公园＿＿＿＿＿＿＿。

❸ 我明天去上海，你能＿＿＿＿我去＿＿＿＿吗？

❹ 明天我在家＿＿＿＿。几点的飞机？

정답 ❶ 天气预报 ❷ 骑自行车 ❸ 送 / 机场 ❹ 休息

🎧 10-6

第 1-8 题

1.　**A** 吃饭　　　　**B** 做菜　　　　**C** 跑步

2.　**A** 买衣服　　　**B** 选衣服　　　**C** 卖衣服

3.　**A** 旅行　　　　**B** 开会　　　　**C** 出差

4.　**A** 做作业　　　**B** 看电视　　　**C** 玩儿电脑

5.　**A** 打电话　　　**B** 休息　　　　**C** 开会

6.　**A** 洗碗　　　　**B** 看书　　　　**C** 喝茶

7.　**A** 去书店　　　**B** 去图书馆　　**C** 去朋友家

8.　**A** 找书　　　　**B** 找钱包　　　**C** 找书包

+ 정답 및 해설_ 해설집 24쪽

이건 어때? 저건 어때?
대상을 평가하라

듣기 제4부분에서는 말하는 사람, 사물, 사건에 대한 견해나 느낌이 어떤지를 묻는 문제도 출제된다. 말하는 대상에 대해 정확하게 판단하고 평가하는 것이 주요 목적이므로 주로 '怎么样'으로 묻는다. 말하는 사람의 어투에 민감하게 반응해야 하며, 평가를 나타내는 어휘를 통해 정확한 판단을 내리는 것이 관건이다.

기초 실력 테스트

🎧 11-1

1 녹음을 듣고 중국어와 뜻을 써보세요.

❶ 중국어 _____ 뜻 _____   ❷ 중국어 _____ 뜻 _____

❸ 중국어 _____ 뜻 _____   ❹ 중국어 _____ 뜻 _____

2 녹음을 듣고 알맞은 답을 고르세요.

❶ A 晴天   B 阴天

❷ A 贵   B 便宜

❸ A 忙   B 累

3급 **기출문제** 맛보기

 맛보기　🎧 11-2　　　　　　　　　난이도 下　공략 Key 비교문을 통해 날씨 파악

듣기
제4부분

A 下雪　　　　　　　B 很热　　　　　　　C 更冷

정답&공략

해석　女：后天是晴天还是阴天?

男：阴天，比今天冷。

女：那没关系，我不怕冷，我后天要穿今天新买的裙子。

男：你决定了? 好，我看你后天敢不敢穿。

问：后天天气怎么样?

A 下雪
B 很热
C 更冷

여: 모레 날씨는 맑을까 아니면 흐릴까?

남: 흐려. 오늘보다 추워.

여: 괜찮아. 나는 추위를 안 타니까. 모레 오늘 새로 산 치마를 입어야겠어.

남: 결정했어? 좋아. 네가 모레 입을 수 있는지 없는지 보겠어.

질문: 모레 날씨는 어떠한가?

A 눈이 내린다
B 매우 덥다
C 더 춥다

공략　여자의 '后天是晴天还是阴天?'이라는 물음에 남자는 직접적으로 '比今天冷'이라고 대답했다. 제시된 보기 중에 흐리거나 춥다는 의미를 나타내는 어휘가 정답이 된다. 따라서 C가 정답임을 알 수 있다.

어휘　后天 hòutiān 圀 모레 | ★晴天 qíngtiān 圀 맑은 날씨 | ★还是 háishi 젭 또는, 아니면 | ★阴天 yīntiān 圀 흐린 날씨 | 比 bǐ 깨 ~보다 | ★冷 lěng 휑 춥다 | 怕 pà 튕 무서워하다, ~에 약하다 | 裙子 qúnzi 圀 치마, 스커트 | 决定 juédìng 튕 결정하다 | 敢 gǎn 튕 감히 ~하다

토크토크!
쌤의 한마디~

제시된 보기가 '很贵, 更冷'과 같이 형용사구로 이루어져 있거나, '比超市便宜'와 같이 비교문 형식이면, 어떠한 견해나 느낌을 묻는 평가 문제예요. 평소 상황별로 평가를 나타내는 핵심 어휘를 정리하고, 비교문을 집중해서 듣는 연습을 많이 하세요!

공략 1. 사물의 성질을 파악하라

'이 옷은 어떻습니까?', '여자가 생각하기에 이 책은 어떻습니까?' 등 사물에 대한 견해나 느낌을 묻는 문제가 평가 문제에서 가장 많이 출제된다. 사물에 대해 직접적으로 평가를 내리기도 하고, 간접적으로 평가를 내리기도 한다. 녹음에서 언급한 핵심 어휘가 보기에 제시되어 있는지 자세히 살펴보고, 만약 제시되어 있지 않다면 핵심 어휘를 대체할 수 있는 어휘가 정답이 된다.

〈 평가를 묻는 질문 유형 〉

- 这件衬衫怎么样? 이 셔츠는 어떻습니까?
- 女的觉得那本书怎么样? 여자가 생각하기에 그 책은 어떻습니까?
- 男的觉得昨天的电影怎么样? 남자가 생각하기에 어제 본 영화는 어떻습니까?

 예제 🎧 11-3   난이도 中 공략 Key 很好의 동의어 찾기

| A 很不错 | B 有点儿旧 | C 不太好看 |

정답&공략

해석
女 : 这件衣服是很好，就是太贵了。
男 : 那我再给您便宜五十块，怎么样?
女 : 好的，谢谢你。
男 : 不用谢，下次再来。

问 : 这件衣服怎么样?

Ⓐ 很不错
B 有点儿旧
C 不太好看

여 : 이 옷은 정말 좋은데 너무 비싸요.
남 : 그럼 50위안을 더 싸게 드릴게요, 어떠세요?
여 : 네. 감사합니다.
남 : 아니에요. 다음에 또 오세요.

질문: 이 옷은 어떠한가?

Ⓐ 매우 좋다
B 조금 낡았다
C 별로 안 예쁘다

공략 여자의 '这件衣服是很好，就是太贵了'라는 말을 통해 정답을 짐작할 수 있다. 제시된 보기 중 '매우 좋다' 혹은 '비싸다'라는 의미를 가진 어휘가 정답이 되는데, 보기 A의 '很不错'는 '很好'의 동의어로 '매우 좋다'라는 의미다.

어휘 衣服 yīfu 몡 옷 | ★就是 jiùshì 뵘 단지, 다만 | ★太 tài 뵘 너무 | 便宜 piányi 톙 (값이) 싸다 | 下次 xiàcì 몡 다음 번 | 旧 jiù 톙 낡다

공략 2. 등장 인물의 특징을 파악하라

'이 사람은 어떻습니까?', '그녀의 언니는 어떻습니까?' 등 사람에 대한 견해나 느낌을 묻는 문제도 자주 출제된다. 인물의 특징을 직접적으로 언급하기도 하지만 인물의 어투 및 행동을 통해서 간접적으로 유추해야 하는 문제도 있다. 인물의 특징을 나타내는 다양한 핵심 어휘를 암기하여 보다 정확하게 인물의 특징을 간파하자.

〈 인물의 특징을 묻는 질문 유형 〉

· 男的觉得女的怎么样？　남자가 생각하기에 여자는 어떻습니까？

· 女的小时候怎么样？　여자는 어렸을 때 어땠습니까？

예제　🎧 11-4　　　　　　　　　　난이도 上　공략 Key 간접적인 평가 표현

A　不漂亮　　　　　　B　做妈妈了　　　　　C　没有男朋友

정답&공략 ➡

해석

男：<u>你姐姐真漂亮</u>，今年多大？
女：25岁了。
男：我给她介绍个男朋友吧。
女：<u>我姐姐的儿子都两岁了</u>。

问：她姐姐怎么样？

A　不漂亮
Ⓑ　做妈妈了
C　没有男朋友

남：<u>너희 언니 정말 예쁘다.</u> 올해 몇 살이야？
여：25살이야.
남：내가 너희 언니한테 남자 친구 소개해줄까？
여：<u>우리 언니 아들이 벌써 두 살이야.</u>

질문：그녀의 언니는 어떠한가？

A　예쁘지 않다
Ⓑ　엄마가 되었다
C　남자 친구가 없다

공략　남자가 여자에게 '你姐姐真漂亮'이라고 말하며 그녀의 언니에게 남자 친구를 소개해줘도 괜찮냐고 물어보자, 여자는 '我姐姐的儿子都两岁了'라고 말했으므로 B가 정답으로 가장 적절하다.

어휘　★真 zhēn 凰 정말 | ★漂亮 piàoliang 혱 예쁘다 | 介绍 jièshào 동 소개하다 | 儿子 érzi 몡 아들

Tip 都의 다양한 의미 및 용법

① 모두, 전부 : 주어 뒤에만 놓이며, 都가 포괄하는 대상은 반드시 둘 이상의 복수여야 한다.

他们都是韩国人。 그들은 모두 한국인이다.

② 심지어, ~조차도 : 连, 甚至와 함께 쓰여 '~조차도 ~하다'의 의미를 나타낸다.

你连这条消息都不知道。 넌 이 소식도 모르냐.

③ 이미, 벌써 : 都는 가볍게 읽으며, 구절 끝에 了를 쓴다.

都七点了，我要下班啦。 벌써 7시네. 나는 퇴근해야겠다.

공략 3. 장소의 상태를 파악하라

장소에 관한 평가 문제에서는 일반적으로 '남자가 생각하기에 여기는 어떻습니까?', '이 방은 어떻습니까?'와 같은 문제가 출제된다. 장소의 상태를 묘사할 수 있는 다양한 핵심 어휘뿐 아니라 这, 那와 같은 지시대사나 离, 到와 같은 개사에도 주의해야 한다.

예제 🎧 11-5   난이도 中 공략 Key 还行의 의미 이해

A 一般   B 非常好吃   C 不干净

정답&공략

해석 女：你觉得这家饭馆儿的菜怎么样？
男：还行，但是做得很干净。
女：这里离我家很近，很方便。
男：对啊，这里的价格也很便宜。

问：这个饭馆儿的菜怎么样？

Ⓐ 一般
B 非常好吃
C 不干净

여 네가 생각하기에 이 식당의 음식은 어때?
남: 그런대로 괜찮아. 그런데 음식이 매우 깔끔해.
여: 여기는 우리 집에서도 매우 가까워서 아주 편리해.
남: 맞아. 여기 가격도 아주 저렴해.

질문: 이 식당의 음식은 어떠한가?

Ⓐ 보통이다
B 아주 맛있다
C 깨끗하지 않다

공략 　이 식당 음식이 어떠냐는 여자의 물음에 남자는 '还行'이라고 대답하고 있다. '还行'은 좋지도 나쁘지도 않은 '그런대로 괜찮다'라는 의미를 나타내므로 '보통이다'라는 의미를 가진 A가 정답으로 적절하다.

어휘 　家 jiā 양 집·점포·공장 등을 세는 단위 | 饭馆 fànguǎn 명 식당 | 还行 hái xíng 그런대로 괜찮다 | 干净 gānjìng 형 깨끗하다 | 离 lí 개 ~에서, ~로부터 | 近 jìn 형 (공간적·시간적 거리가) 가깝다 | 方便 fāngbiàn 형 편리하다 | 价格 jiàgé 명 가격, 값

바로 Check! 체크　녹음을 듣고 빈칸을 채우세요. 🎧 11-6

---

❶ 这件衣服是_____，就是太_____了。

❷ 我_____她介绍个_____吧。

❸ 你觉得这家_____的菜怎么样？

❹ 这里离我家很近，很_____。

정답 ❶ 很好 / 贵　❷ 给 / 男朋友　❸ 饭馆儿　❹ 方便

3급 비법 노트

〈 사물 평가 관련 어휘 〉

물건	旧 jiù 헐다, 낡다 | 便宜 piányi (값이) 싸다 | 颜色很好 yánsè hěn hǎo 색이 정말 좋다 | 有点儿贵 yǒudiǎnr guì 조금 비싸다 | ★还不错 hái búcuò 꽤 괜찮다 | ★太贵了 tài guì le 너무 비싸다 | 很好 hěn hǎo 아주 좋다
책, 영화	没看懂 méi kàndǒng 이해하지 못했다 | 比较简单 bǐjiào jiǎndān 비교적 간단하다 | ★有意思 yǒuyìsi 재미있다 | 不好看 bù hǎokàn 재미없다 | ★不怎么样 bù zěnmeyàng 그리 좋지 않다 | ★一般 yìbān 보통이다
음식	好吃 hǎochī 맛있다 | 新鲜 xīnxiān 신선하다 | 坏 huài 상하다
외국어	★说得很不错 shuō de hěn búcuò 말을 잘한다 | 听和说还可以 tīng hé shuō hái kěyǐ 듣기와 말하기는 괜찮다 | 读和写不好 dú hé xiě bù hǎo 독해와 쓰기는 좋지 않다

〈 사람 평가 관련 어휘 〉

矮 ǎi (키가) 작다 \| 高 gāo (키가) 크다 \| 瘦 shòu 마르다 \| 胖 pàng 뚱뚱하다 \| 聪明 cōngming 똑똑하다 \| 害怕 hàipà 겁내다, 두려워하다 \| 可爱 kě'ài 사랑스럽다, 귀엽다 \| 漂亮 piàoliang 예쁘다, 아름답다 \| 难看 nánkàn 못생기다 \| 高兴 gāoxìng 기쁘다, 즐겁다 \| 快乐 kuàilè 즐겁다, 행복하다 \| 忙 máng 바쁘다 \| 累 lèi 지치다, 피곤하다 \| ★难过 nánguò 고통스럽다, 괴롭다 \| ★奇怪 qíguài 이상하다 \| 热情 rèqíng 친절하다 \| ★认真 rènzhēn 진지하다, 착실하다 \| 生气 shēngqì 화내다 \| ★有名 yǒumíng 유명하다

〈 장소 평가 관련 어휘 〉

★安静 ānjìng 조용하다 \| ★热闹 rènao 떠들썩하다, 시끌벅적하다 \| 吵 chǎo 시끄럽다 \| 人很多 rén hěn duō 사람이 아주 많다 \| 人不多 rén bù duō 사람이 많지 않다 \| 非常大 fēicháng dà 매우 크다 \| ★干净 gānjìng 깨끗하다 \| 脏 zāng 더럽다

〈 날씨 평가 관련 어휘 〉

刮风 guāfēng 바람이 불다 \| 冷 lěng 춥다 \| 热 rè 덥다 \| 下雨 xiàyǔ 비가 오다 \| 下雪 xiàxuě 눈이 내리다 \| 云 yún 구름 \| ★晴天 qíngtiān 맑은 날씨 \| ★阴天 yīntiān 흐린 날씨

🎧 11-7

第 1-8 题

1. **A** 人很多　　　　　　**B** 非常大　　　　　　**C** 很安静

2. **A** 非常好　　　　　　**B** 需要提高　　　　　**C** 不需要提高

3. **A** 不好看　　　　　　**B** 很有名　　　　　　**C** 很有意思

4. **A** 很好看　　　　　　**B** 一般　　　　　　　**C** 很贵

5. **A** 很好看　　　　　　**B** 非常贵　　　　　　**C** 坏了

6. **A** 天晴了　　　　　　**B** 下雨了　　　　　　**C** 下雪了

7. **A** 很冷　　　　　　　**B** 非常热　　　　　　**C** 不冷不热

8. **A** 看不懂　　　　　　**B** 比较有意思　　　　**C** 没有意思

＋정답 및 해설_ 해설집 28쪽

정확한 의미 파악이 최우선이다

의미 파악 문제에서는 남녀가 한 말의 주된 의미가 무엇인지를 묻거나, 남녀 대화를 통해 두 사람에 관해 알 수 있는 것이 무엇인지를 묻는 문제가 출제된다. 지엽적인 어휘에만 의존하여 정답을 찾기보다는 두 사람의 대화를 전반적으로 이해하면서 문제를 푸는 것이 중요하므로 공략 비법을 완벽하게 자신의 것으로 만들자.

기초 실력 테스트

🎧 12-1

1 녹음을 듣고 중국어와 뜻을 써보세요.

❶ 중국어 _____ 뜻 _____   ❷ 중국어 _____ 뜻 _____

❸ 중국어 _____ 뜻 _____   ❹ 중국어 _____ 뜻 _____

2 녹음을 듣고 알맞은 답을 고르세요.

❶ A 不想起床　　　　B 想起床

❷ A 住得不远　　　　B 不想回家

❸ A 在右边　　　　　B 还没看见

3급 기출문제 맛보기

듣기
제4부분

 맛보기 🎧 12-2   난이도 中   공략 Key 전환을 나타내는 不过

> A 喜欢打网球   B 喜欢踢足球   C 喜欢打篮球

정답&공략

해석   女: 你喜欢打网球吗?
男: <u>我不太喜欢打网球，不过我很喜欢踢足球。</u>
女: 是吗? 我喜欢看足球比赛。
男: 我们找个时间一起去看比赛吧。

问: 男的主要是什么意思?

A 喜欢打网球
Ⓑ 喜欢踢足球
C 喜欢打篮球

여: 너는 테니스 치는 걸 좋아하니?
남: <u>나는 테니스 치는 걸 별로 좋아하지 않지만, 축구하는 걸 좋아해.</u>
여: 그래? 나는 축구 시합 보는 걸 좋아하는데.
남: 우리 언제 같이 축구 시합 보러 가자.

질문: 남자의 주된 의미는?

A 테니스 치는 것을 좋아한다
Ⓑ 축구하는 것을 좋아한다
C 농구하는 것을 좋아한다

공략   테니스 치는 것을 좋아하냐는 여자의 물음에 남자는 '我不太喜欢打网球，不过我很喜欢踢足球'라고 대답했으므로 B가 정답이 된다.

어휘   喜欢 xǐhuan 동 좋아하다 | ★打网球 dǎ wǎngqiú 테니스를 치다 | ★不过 búguò 접 그러나 | ★踢足球 tī zúqiú 축구를 하다 | 找 zhǎo 동 찾다, 구하다 | 时间 shíjiān 명 시간

토크토크!
쌤의 한마디~

> 대부분 녹음 내용에 자신이 잘 모르는 어휘나 혹은 잘 이해가 되지 않는 문장이 나오면, 자칫 당황하며 그 뒤에 나오는 내용마저도 듣지 못하는 경우가 있는데요, 한 부분을 못 들었다고 절대 포기하지 마세요. 이때 당황하지 말고, 침착하게 끝까지 포기하지 않는 태도가 중요해요.
> '내가 잘 모르는 한두 가지 어휘가 전체 문맥을 파악하는 데 그다지 큰 영향을 끼치지 않는다!' 이 말 꼭 명심하세요~

공략 1. 전체적인 흐름을 통해 정확한 판단을 내려라

친구와 함께 식당에 밥을 먹으러 갔는데 그 식당 음식의 맛이 조금 이상할 때, 중국 사람들은 일반적으로 '味道真奇怪!(맛이 정말 이상해!)'라고 직접적으로 말하기보다는 '这家饭馆的菜有点儿特别。(이 식당의 음식은 조금 특이하다.)'라고 말한다. 중국 사람들은 직설적으로 말하기보다는 돌려서 말하는 습관을 가지고 있기 때문이다. 따라서 의미 파악 문제에서는 남녀의 전반적인 대화를 통해 말하고자 하는 핵심 내용을 정확하게 파악해야 한다.

예제 🎧 12-3   난이도 上 │ 공략 Key '……就行'의 의미 파악

A 不饿   B 吃什么都可以   C 不想吃饭

정답&공략 ➡

해석
女：我饿了，我们先吃点儿饭吧。
男：好的，我记得这条街上有一家有名的饭馆。
女：没关系，我们简单地吃点儿就行。
男：我找到了，你看！

问：女的是什么意思？

A 不饿
Ⓑ 吃什么都可以
C 不想吃饭

여：나 배고파. 우리 우선 밥 좀 먹자.
남：그래. 내가 기억하기로 이 거리에 유명한 식당이 하나 있었는데.
여：괜찮아. 우리 간단하게 먹기만 하면 돼.
남：찾았다. 여기 봐!

질문: 여자의 의미는?

A 배가 고프지 않다
Ⓑ 어떤 걸 먹어도 상관없다
C 밥을 먹고 싶지 않다

공략 남자가 이 거리에 유명한 식당이 하나 있다고 말하자 여자는 '我们简单地吃点儿就行'이라고 말했다. 여기서 '……就行'은 '~하기만 하면 된다'라는 의미로 여자는 유명한 식당에 가서 먹지 않아도 되며, 간단하게 먹기를 원하고 있음을 알 수 있다. 따라서 B가 정답으로 적절하다.

어휘 饿 è 혱 배고프다 │ ★先 xiān 뷔 우선, 먼저 │ 记得 jìde 통 기억하다 │ ★条 tiáo 양 줄기, 가닥, 갈래(지형·구조물과 관련된 것 등의 가늘고 긴 것을 세는 단위) │ 街 jiē 명 (양 옆에 건물이 있는) 거리 │ ★家 jiā 양 채, 개(집·점포·공장 등을 세는 단위) │ 饭馆 fànguǎn 명 식당 │ ★简单 jiǎndān 혱 간단하다

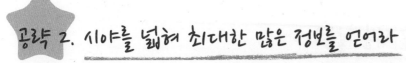
공략 2. 시야를 넓혀 최대한 많은 정보를 얻어라

전체적인 내용을 묻는 문제는 자신의 개인적인 판단에 따라 정답을 선택해서는 안 된다. 보기를 통해 최대한 많은 정보를 얻은 후, 반드시 두 사람의 대화 내용을 근거로 정확한 판단을 내려야 한다. 지엽적인 어휘에 민감하게 반응하지 말고 남녀의 전체적인 대화를 이해하면서 듣자.

예제 🎧 12-4　　　　　　　　　　　　　　　　　　　　　　**난이도** 中　**공략 Key** 동의어 활용

> A 很胖　　　　　　　　B 很瘦　　　　　　　　C 每天锻炼身体

정답&공략 ➡

해석

男：别睡了，你已经睡了三个小时了。
女：我再睡一会儿吧。
男：你总是吃完就睡，不怕变胖吗？
女：你放心，<u>我天天锻炼身体，不会变胖的</u>。

问：关于女的，可以知道什么？

A 很胖
B 很瘦
◎ 每天锻炼身体

남: 잠 좀 그만 자. 너 이미 3시간째 자고 있어.
여: 나 잠 좀 더 잘게.
남: 너는 항상 먹고 바로 자고, 살 찌는 게 걱정도 안 되니?
여: 걱정 마. <u>나는 매일 운동을 해서 살이 안 쪄</u>.

질문: 여자에 관해 알 수 있는 것은?

A 매우 뚱뚱하다
B 매우 말랐다
◎ 매일 운동을 한다

공략　항상 먹고 바로 자는데 살이 찌는 게 걱정도 안 되냐는 남자의 물음에 여자는 '我天天锻炼身体，不会变胖的'라고 말했다. 두 사람의 대화를 통해서 여자는 매일 운동을 하고 있음을 알 수 있으며, 여기서 '天天'은 '每天'의 동의어로 '매일'이라는 의미를 나타낸다. 따라서 C가 정답이 된다.

어휘　★别 bié 🈯 ～하지 마라 | ★已经 yǐjing 🈯 이미, 벌써 | 睡 shuì 🈺 (잠을) 자다 | ★再 zài 🈯 재차, 또 | ★总是 zǒngshì 🈯 늘, 줄곧 | 怕 pà 🈺 근심하다, 걱정하다 | 胖 pàng 🈵 뚱뚱하다 | 放心 fàngxīn 🈺 마음을 놓다, 안심하다 | 天天 tiāntiān 🈯 매일 | 锻炼 duànliàn 🈺 단련하다 | 身体 shēntǐ 🈵 몸, 신체

공략 3. 소거법을 십분 활용하라

남녀의 녹음 내용을 통해 보기 중 옳은 것이 무엇인지를 묻는 문제는 소거법을 십분 활용하여 정답을 찾을 수 있다. 보기를 보면서 남녀 대화 내용과 일치하지 않는 보기들을 소거하며 듣자.

예제 🎧 12-5 　　　　　　　　　　　　　　난이도 上　공략 Key 개사 向을 통한 의미 파악

A 在三层	B 已经开始了	C 没有意思

정답&공략 ➤

해석　男：小姐，请问，电影什么时候开始？
　　　女：马上就开始了。
　　　男：谢谢，现在可以进去了吗？
　　　女：快点儿吧。我先看一下您的票，好，
　　　　　您向右走，坐电梯上三层。

　　　问：关于电影，下面哪个是对的？

　　Ⓐ 在三层
　　B 已经开始了
　　C 没有意思

남：아가씨, 말 좀 물을게요. 영화는 언제 시작하죠?
여：곧 시작합니다.
남：감사합니다. 지금 들어가도 되나요?
여：빨리 들어가세요. 먼저 표를 보여주세요. 네, 오른쪽으로 가서, 엘리베이터를 타고 3층으로 올라가세요.

질문: 영화에 관해 다음 중 옳은 것은?

Ⓐ 3층에 있다
B 이미 시작했다
C 재미없다

공략　여자의 '马上就开始了'라는 말을 통해 B는 정답이 아니며, 영화가 재미있는지 없는지는 언급되지 않았으므로 C도 정답이 아니다. 여자의 '坐电梯上三层'을 통해서 영화는 3층에서 상영함을 알 수 있으므로 A가 정답이 된다.

어휘　★开始 kāishǐ 동 시작하다 | ★马上 mǎshàng 부 곧, 즉시 | ★向 xiàng 개 ~을 향하여 | 层 céng 명 층

 녹음을 듣고 빈칸을 채우세요. 🎧 12-6

> ❶ 我们_____地吃点儿就行。
>
> ❷ 你总是吃完就睡，不怕_____吗？
>
> ❸ 我天天_____身体，不会变胖的。
>
> ❹ 您_____右走，坐电梯_____三层。

정답 ❶ 简单 ❷ 变胖 ❸ 锻炼 ❹ 向 / 上

🎧 12-7

第 1-8 题

1.　**A** 经常去出差　　　**B** 喜欢吃东西　　　**C** 喜欢旅游

2.　**A** 不想工作　　　　**B** 最近没工作　　　**C** 找到工作了

3.　**A** 正在打电话　　　**B** 不喜欢看书　　　**C** 打算周末还书

4.　**A** 今天不上班　　　**B** 今天事情多　　　**C** 要穿灰色的

5.　**A** 要加班　　　　　**B** 是经理　　　　　**C** 在写报告

6.　**A** 搞活动　　　　　**B** 人不太多　　　　**C** 不太热闹

7.　**A** 在中国留学　　　**B** 去中国留学　　　**C** 姐姐影响了她

8.　**A** 不爱吃饺子　　　**B** 吃饱了　　　　　**C** 明天再吃

✦ **정답 및 해설_** 해설집 31쪽

독해

阅读

독해 학습법

1. 중요 어휘의 정확한 의미와 용법을 정리하자!

독해는 어휘 학습이 기본입니다. 하지만 단순히 단어의 품사와 뜻만 아는 것으로 그 단어를 완전히 이해했다고 할 수는 없습니다. 시험에서 자주 출제되는 주요 어휘의 정확한 의미와 용법을 알고, 함께 쓰이는 단어와 묶어서 익히는 것이 중요합니다.

2. 직독직해를 통해 보다 빨리 의미를 파악하자!

독해 영역은 정답을 기입하는 시간까지 포함해서 30분 안에 30문제를 풀어야 하기 때문에, 한 문제당 평균 40~50초 안에 문제를 해결해야 합니다. 정해진 시간 안에 모든 문제를 풀려면 정독하기보다는 직독직해를 통해 보다 빠르게 의미를 파악할 수 있도록 연습해야 합니다.

3. 눈으로 보는 것에만 그치지 말고 큰 소리로 읽자!

직독직해는 의미를 빨리 파악하고 정답을 선택하기 위한 방법입니다. 하지만 평소 문제를 다 풀고 난 후, 다시 정독하여 정확한 의미를 파악하는 것이 좋습니다. 또한 정독하여 의미를 파악했으면 반드시 큰 소리로 읽는 연습도 해보세요.

문장의 끝을 살펴라

어기조사는 문장 끝에 쓰여 평서문을 의문문으로 바꾸거나 어감을 부드럽게 해주거나, 권유 및 제안 등을 나타내는 역할을 한다. 독해 제1부분에서는 어기조사인 **吗, 吧, 呢**와 관련된 문제가 자주 출제되므로, 주요 어기조사의 다양한 의미를 정확하게 짚어보자.

기초 실력 테스트

1 〈보기〉를 보고 빈칸에 들어갈 알맞은 단어를 고르세요.

| 보기 | 吧　　　呢　　　吗 |

❶ 喂，张老师在_____?

❷ 我叫王明，你_____?

❸ 我们出去玩儿_____。

2 의미상 서로 호응되는 문장을 찾아 연결하세요.

❶ 你吃饭了吗?　　　　　　　　　　　· A 对不起，我今天晚上有事。

❷ 我们今天晚上去看电影吧。·　　　· B 我在听音乐呢。

❸ 你在做什么呢?　　　　　　·　　　· C 还没吃，你呢?

3급 기출문제 맛보기

맛보기

난이도 中   공략 Key 권유를 나타내는 吧

A 你好好检查一下，看还有没有问题。

B 学校马上就要关门了。

C 好的，时间不早了，我该睡了。

D 明天同事结婚，我穿什么衣服好呢？

E 没问题，他会帮你做的。

1. 别看了，明天还要上班，把电视关了吧。 (   )

정답&공략

해석
A 你好好检查一下，看还有没有问题。
B 学校马上就要关门了。
🔾 好的，时间不早了，我该睡了。
D 明天同事结婚，我穿什么衣服好呢？
E 没问题，他会帮你做的。

A 너는 문제가 있는지 없는지 잘 검토해봐.
B 학교는 곧 있으면 문을 닫는다.
🔾 알겠어요. 시간이 늦었으니 저도 자야겠어요.
D 내일 동료가 결혼을 하는데, 나는 무슨 옷을 입으면 좋지?
E 문제없어. 그는 너를 도와줄 거야.

别看了，明天还要上班，把电视关了吧。
(C)

그만 보렴. 내일도 출근해야 하잖니. 텔레비전을 끄도록 해라. (C)

공략   문제는 어기조사 吧를 사용하여 상대방에게 내일 출근해야 하니 텔레비전을 끄라고 권유하고 있다. 따라서 시간이 늦었으니 자야겠다는 C가 정답으로 적절하다.

어휘   ★检查 jiǎnchá 통 검사하다, 점검하다 | ★马上 mǎshàng 부 곧, 즉시, 바로 | 关门 guānmén 통 문을 닫다 | ★该 gāi 조동 (마땅히) ~해야 한다 | 同事 tóngshì 명 동료 | 结婚 jiéhūn 통 결혼하다

토크토크!
쌤의 한마디~

어기조사는 중국어로 '语气助词(yǔqì zhùcí)'라고 합니다. 중국어를 통해 알 수 있듯이 어기조사는 문장 맨 뒤에 위치하여 말의 분위기를 전환시키는 역할을 하죠. 강조, 권유, 추측, 변화 등 다양한 의미의 어기조사를 이해하고 있다면 더욱 완성도 있는 중국어 문장을 만들 수 있겠죠?

독해
제1부분

공략 1. 어기조사 吗의 질문 형태에는 긍정 혹은 부정으로 대답하라

吗는 의문형을 만드는 어기조사로, 평서문 문장의 끝에 놓여, 상대방에게 모르는 사실을 물어보거나 대답을 요구할 때 쓴다. 吗 의문문의 형태는 화자가 청자에게 긍정 혹은 부정의 대답을 요구하므로 이에 관련된 표현들을 알아두자.

你的英语作业做完了吗? 너는 영어 숙제를 다 했니?	**긍정** 马上就要做完了，就差一个题了。 거의 다 했어요. 단지 한 문제 남았어요. **부정** 还没，这些题太难了! 아직요. 이 문제들은 너무 어려워요.
这个句子的意思你懂了吗? 이 문장의 의미를 너는 이해했니?	**긍정** 完全懂了，要不要给你解释? 완전히 이해했어. 내가 너에게 설명해줄까? **부정** 我也不是很明白，你再问问其他人吧。 나도 명확하게 이해한 건 아니야. 다른 사람에게 물어봐.
哥，我的护照在你的包里吗? 형. 내 여권이 형 가방에 있어요?	**긍정** 是的，我给你吧，你自己拿着。 응. 내가 줄게. 네가 가지고 있어. **부정** 没有啊，你是不是把它放行李箱了? 아니, 네가 여행 가방에 넣어둔 거 아니야?
你告诉妈妈了吗? 너는 엄마께 말씀드렸니?	**긍정** 昨天晚上告诉妈妈了，不过妈妈不同意。 어제저녁 엄마께 말씀드렸는데, 엄마가 동의하지 않으셨어. **부정** 还没有，但我相信她会同意的。 아직요. 하지만 나는 엄마가 동의하실 거라고 믿어.
你认识那位先生吗? 너는 그분을 아니?	**긍정** 当然认识，他是我的大学同学。 당연히 알지. 그는 내 대학교 동창이야. **부정** 没有啊，不过好像在哪儿见过他。 아니, 그런데 어디선가 만난 적이 있는 것 같아.

 바로 Check! 체크 의미상 서로 호응되는 문장을 찾아 연결하세요.

❶ 天气热了，家里有西瓜吗? ・	・ A 不是，去年九月我来过一次。
❷ 您是第一次来我们这儿吗? ・	・ B 没有了，我现在出去买吧。

정답 ❶ B ❷ A

예제

A 这个手机能照相吗?

B 告诉我你想吃什么菜吧。

C 听说你对数学非常感兴趣?

D 昨天课上讲的那些题，你们会做了吗?

E 你每天都开车上下班?

1. 差不多会了，但有些题还不太清楚。　　　　　　(　　)

독해
제1부분

정답&공략

해석　A 这个手机能照相吗?
　　　B 告诉我你想吃什么菜吧。
　　　C 听说你对数学非常感兴趣?
　　　D 昨天课上讲的那些题，你们会做了吗?
　　　E 你每天都开车上下班?

　　　差不多会了，但有些题还不太清楚。
　　　(D)

A 이 휴대 전화는 사진을 찍을 수 있나요?
B 네가 무슨 음식이 먹고 싶은지 알려줘.
C 네가 수학에 아주 흥미가 있다며?
**D 어제 수업 시간에 설명한 그 문제들을 너희들
　은 다 풀 수 있니?**
E 너는 매일 운전해서 출퇴근하니?

거의 풀 수 있는데, 몇 문제는 아직 그다지 이해
가 되지 않아요. (D)

공략　거의 다 풀 수 있는데 몇 문제는 아직 이해가 되지 않는다고 했으므로, 문제는 긍정 또는 부정의 대답을 이끄는
　　　어기조사 吗를 사용한 D에 대한 대답임을 알 수 있다.

어휘　手机 shǒujī 몡 휴대 전화 | 照相 zhàoxiàng 통 사진을 찍다 | 告诉 gàosu 통 말하다, 알리다 | ★听说
　　　tīngshuō 통 듣자 하니, 듣건대 | 数学 shùxué 몡 수학 | ★感兴趣 gǎn xìngqù 관심이 있다, 흥미가 있다 | 讲
　　　jiǎng 통 설명하다, 해설하다 | 开车 kāichē 통 차를 몰다, 운전을 하다 | ★上下班 shàngxiàbān 출퇴근하다

공략 2. 어기조사 吧의 두 가지 의미를 기억하라

어기조사 吧는 크게 두 가지 의미로 쓰인다. 문장 끝에 쓰여 '~하자, ~해라' 등 권유 및 제안을 나타내거나, 문장 끝에 쓰여 '아마 ~일거야'라는 의미로 가벼운 추측을 나타낸다. 이처럼 두 가지 얼굴을 지닌 吧의 용법과 의미를 확실히 알아두자.

권유·제안	这个周末有时间吗？一起吃个饭吧。이번 주말에 시간 있니? 함께 밥 먹자. 你在家休息几天吧。너는 집에서 며칠 쉬어.
추측	你累了吧？休息一下，我来做饭。너 피곤하지? 좀 쉬어. 내가 밥을 할게. 这位就是你的男朋友吧？이분이 네 남자 친구지?

 바로 체크 의미상 서로 호응되는 문장을 찾아 연결하세요.

❶ 我们下午去看电影吧。 ·

❷ 这件毛衣很好看。 ·

· A 你喜欢？那就买它吧。

· B 我不想去，今天太累了。

정답 ❶ B ❷ A

예제

난이도 下　공략 Key 제안을 나타내는 吧

A 好的，我也有些渴了。

B 这个月26号前完成，有没有问题？

C 我不想吃了，刚才吃了几块蛋糕。

D 我看一下，现在差一刻九点。

E 这种手机很便宜，只要两千块钱。

1. 把菜单给我，我们喝杯绿茶吧。　　　　　　(　　　)

정답&공략 ➤

해석 Ⓐ 好的，我也有些渴了。
　　　B 这个月26号前完成，有没有问题？

Ⓐ 좋아. 나도 조금 갈증 났어.
　　B 이번 달 26일 전에 완성해야 하는데, 문제없나요?

C 我不想吃了，刚才吃了几块蛋糕。 D 我看一下，现在差一刻九点。 E 这种手机很便宜，只要两千块钱。	C 나는 먹고 싶지 않아, 방금 케이크 몇 조각을 먹었거든. D 내가 볼게. 지금 9시 되기 15분 전이야. E 이 휴대 전화는 아주 저렴합니다. 2,000위안 밖에 하지 않아요.

把菜单给我，我们喝杯绿茶吧。（ A ）　　　메뉴판 좀 주세요. 우리 녹차 마시자. (A)

공략 문제는 어기조사 吧를 사용하여 상대방에게 녹차를 마시자고 제안하고 있다. 나도 조금 갈증이 났다며 이 제안을 받아들이는 A가 정답으로 적절하다.

어휘 ★有些 yǒuxiē 團 조금 | 渴 kě 團 목마르다, 갈증 나다 | ★完成 wánchéng 튕 완성하다 | 刚才 gāngcái 團 방금 | 块 kuài 團 조각 | 蛋糕 dàngāo 團 케이크 | ★差 chà 튕 모자라다 | ★一刻 yíkè 團 15분

공략 3. 어기조사 呢를 통해 '在哪儿'을 연상하라

어기조사 呢는 다양한 의미를 나타내는데, 여러 가지 의미 중 특히 사람이나 물건이 없음을 발견하고 구체적으로 어디에 있는지를 묻는 경우가 시험에 자주 출제된다. 특정한 문맥 속에서는 呢 앞에 하나의 명사 성분만 올 수 있는데, 이때 呢는 '在哪儿(어디에 있는가)'의 의미임을 기억하자.

1. 呢가 의문문에 쓰일 때

❶ 어기를 부드럽게 한다.

你昨天为什么没有给我打电话呢? 너는 어제 왜 나에게 전화를 하지 않았니?
你平时怎么来学校呢? 너는 평소에 어떻게 학교에 오니?

❷ '怎么样(어떠하다)'의 의미로 상대방의 의견을 구한다.

我觉得这家宾馆还不错，你说呢?
내 생각에는 이 호텔이 괜찮은 것 같은데. 네가 보기에는 어때?
对不起，今天有个重要的会议。明天呢?
죄송합니다. 오늘 중요한 회의가 있어요. 내일은 어때요?

❸ '在哪儿(어디에 있는가)'의 의미로 사람이나 물건의 위치를 묻는다.

去洗洗手，准备碗筷，吃饭了，你妈妈呢?
가서 손 씻고 그릇이랑 젓가락을 준비해. 밥 먹자. 네 엄마는?
这本护照是老高的，我的呢? 이 여권은 라오가오 거야. 내 거는?

2. 呢가 평서문에 쓰일 때 : 동작이나 상황, 상태가 계속되고 있음을 나타낸다.

这么晚了，你在看什么呢? 이렇게 늦었는데, 너는 무엇을 보고 있는 거야?

外边下着雨呢。你把雨伞带上吧。밖에 비가 내리고 있어. 너 우산을 가지고 가.

 예제

난이도 中　공략 Key 구체적인 위치를 묻는 呢

A 当然。我们先坐公共汽车，然后换地铁。

B 你10岁了? 体育怎么样? 喜欢打网球吗?

C 不，我已经刷牙了。

D 这块手表真漂亮! 很贵吧?

E 那双鞋我穿着有点儿小，给我妹妹了。

1. 你从网上买的那双鞋呢? (　　　)

정답&공략

해석　A 当然。我们先坐公共汽车，然后换地铁。

B 你10岁了? 体育怎么样? 喜欢打网球吗?

C 不，我已经刷牙了。

D 这块手表真漂亮! 很贵吧?

Ⓔ 那双鞋我穿着有点儿小，给我妹妹了。

你从网上买的那双鞋呢? (E)

A 당연하지. 우리는 먼저 버스를 타고 그다음에 지하철로 갈아타자.

B 너는 10살이지? 운동은 잘하니? 테니스 치는 것을 좋아하니?

C 아니. 나는 이미 양치했어.

D 이 시계 진짜 예쁘다! 아주 비싸지?

Ⓔ 그 신발은 내가 신으니 조금 작아서 여동생에게 줬어.

너 인터넷에서 산 그 신발은? (E)

공략　어기조사 呢는 다양한 의미가 있지만 여기서는 인터넷에서 산 그 신발이 구체적으로 어디에 있는지를 묻고 있다. 따라서 그 신발이 작아서 여동생에게 줬다는 E가 정답으로 적절하다.

어휘　体育 tǐyù 몡 스포츠, 운동 | 打网球 dǎ wǎngqiú 테니스를 치다 | 刷牙 shuāyá 통 양치질하다 | 鞋 xié 몡 신발 | 网上 wǎngshàng 인터넷상

第 1-5 题

A 不太远，我骑自行车半个小时就到了。

B 我明天早上的飞机，今天中午有时间见个面吗?

C 他今天有点事，我叫了辆出租车，几分钟后就到楼下。

D 我中午买了两箱苹果，你开车来接我吧。

E 不是，我是南方人，但我在北京工作过。

1. 您没去火车站? 您的司机呢?　　　　　　　　　　(　　　)

2. 你的普通话说得真好，你是北京人吗?　　　　　　(　　　)

3. 你住的地儿离这儿很远吧?　　　　　　　　　　　(　　　)

4. 好，等一会儿下班后我给你打电话。　　　　　　　(　　　)

5. 好的，那我们在哪儿见呢?　　　　　　　　　　　(　　　)

14
독해
day

대사가 지칭하는 구체적 의미를 캐치하라

중국어의 대사는 인칭대사, 지시대사, 의문대사로 나뉜다. 인칭대사와 지시대사로 앞에서 언급했던 내용의 반복을 피하고 문장을 더 간결하게 만들 수 있으며, 주요 의문대사를 통해 '누구', '무엇', '왜', '얼마나'를 구체적으로 물을 수 있다.

기초 실력 테스트

1 〈보기〉를 보고 빈칸에 알맞은 단어를 써보세요.

| 보기 | 什么　　几　　谁 |

❶ 你刚才吃了_____？

❷ 你去过_____次中国？

❸ 她是_____的妹妹？

2 의미상 서로 호응되는 문장을 찾아 연결하세요.

❶ 这个药一天吃几次呢？ ·

❷ 猫今天怎么不吃东西？ ·

❸ 您想喝点儿什么？ ·

· A 一天吃两次。

· B 我要一杯咖啡，谢谢！

· C 它可能生病了。

정답_ 해설집 128쪽

3급 기출문제 맛보기

맛보기

난이도 中 | 공략 Key 의문대사 怎么

A 她已经给我打电话了，几分钟后就到。

B 你的车是什么时候买的？

C 我的车在路上坏了。

D 真对不起，这是最后一件了。

E 我的车出问题了，你们能来帮我看一下吗？

1. 你昨天下午怎么又迟到了？ ( )

정답&공략

해석
A 她已经给我打电话了，几分钟后就到。
B 你的车是什么时候买的？
C 我的车在路上坏了。
D 真对不起，这是最后一件了。
E 我的车出问题了，你们能来帮我看一下吗？

A 그녀가 이미 나에게 전화해서 몇 분 후면 도착한다고 했어.
B 너는 차를 언제 샀니？
C 내 차가 길에서 고장이 났어.
D 정말 죄송해요. 이것이 마지막 한 벌이에요.
E 내 차에 문제가 생겼어. 너희들이 와서 좀 봐 줄 수 있어？

你昨天下午怎么又迟到了？ (C)

너는 어제 오후에 왜 또 늦었니？ (C)

공략 怎么는 이유 및 원인을 묻는 의문대사이므로, 어제 늦은 이유를 설명하고 있는 내용을 보기 중에서 골라야 한다. 차가 길에서 고장이 나서 늦었다는 C가 정답으로 적절하다.

어휘 ★已经 yǐjing 뷔 이미, 벌써 | 分钟 fēnzhōng 명 분 | ★坏 huài 동 고장 나다 | 最后 zuìhòu 명 마지막 | 出问题 chū wèntí 무슨 일이 일어나다 | ★又 yòu 뷔 또, 다시 | 迟到 chídào 동 지각하다

토크토크!
쌤의 한마디~

평서문을 의문문으로 바꾸는 방법에는 크게 두 가지가 있어요. 첫 번째는 문장 맨 뒤에 의문의 어기조사 吗를 붙이는 것이고, 두 번째는 谁, 什么, 多少 등 의문대사를 활용하여 의문문을 만드는 것입니다. 만약 의문대사를 활용하여 의문문을 만들었다면, 문장 맨 뒤에 吗를 붙이면 안 된다는 사실을 꼭 기억하세요.

공략 1. 의문대사를 통해 특별히 지목하는 대상을 찾아라

의문의 뜻을 나타내는 대사를 의문대사라고 한다. 谁와 什么는 사람과 사물, 怎么는 방식과 원인, 几와 多少는 수량을 묻는 의문대사다. 의문대사를 활용하여 질문하는 형태가 나오면, 우선 그 의문대사가 구체적으로 무엇을 묻는지 파악하고 그에 대한 적절한 대답을 선택해야 한다.

1. 사람과 사물을 묻는 의문대사

谁 shéi 누구	'누구, 어느 분'의 의미를 나타내며 구체적인 사람을 묻는다.
	A: 外面谁在唱歌啊？ 밖에 누가 노래를 부르고 있니? B: 应该是邻居家的孩子吧。 이웃집 아이일 거예요.
	A: 方便给我们介绍一下吗？ 他是谁啊？ 우리에게 그가 누구인지 소개 좀 해주세요. B: 这位就是我的新男朋友。 이쪽은 저의 새로운 남자 친구예요.
什么 shénme 무엇	'무엇'의 의미를 나타내며 구체적인 사물을 묻는다.
	A: 我又饿了，有什么吃的东西吗？ 또 배가 고프네. 먹을 것 좀 있어? B: 冰箱里有几块儿蛋糕，还有早上买的香蕉。 냉장고에 케이크 몇 조각과 아침에 산 바나나가 있어.
	A: 你不是说给我带礼物了吗？ 是什么？ 너는 내게 주려고 선물을 가지고 왔다고 하지 않았니? 뭐야? B: 就是从中国带来的茶，很好喝。 바로 중국에서 가지고 온 차야. 아주 맛있어.

2. 방식 및 상태를 묻는 의문대사

怎么 zěnme 어떻게	'어떻게, 왜'라는 의미를 나타내며 수단과 방식 및 원인을 묻는다. 시험에는 원인을 묻는 의미로 자주 출제된다.
	A: 真奇怪，怎么找不到了，你看见没？ 정말 이상하다. 어째서 찾을 수가 없지. 너는 봤어? B: 我记得把护照放在桌子上了。 내가 기억하기에 여권을 책상 위에 놓은 것 같은데.
	A: 黑板上的那个字怎么读？ 칠판의 그 글자는 어떻게 읽니？ B: 我也不认识，我查一下字典，然后再告诉你。 나도 모르겠어. 내가 사전을 찾아보고 알려줄게.
怎么样 zěnmeyàng 어떠하다	'어떠하다'라는 의미를 나타내며 상황 및 상태가 어떤지를 묻는다.
	A: 你弟弟的工作怎么样了？ 네 동생 일은 어때? B: 我丈夫给他介绍了一家公司，但他还没决定去不去。 내 남편이 그에게 회사 한 곳을 소개해줬는데, 그는 아직 갈지 안 갈지 결정하지 못했어.

3. 수량을 묻는 의문대사

几 jǐ 몇	'몇'의 의미를 나타내며 주로 10 이하의 적은 수를 묻는다. A: 你看看票，电影几点开始？ 네가 표를 좀 봐봐. 영화가 몇 시에 시작하지? B: 别着急，还有一个小时呢。조급해하지 마. 아직 한 시간이나 남았어. A: 你们有几个留学生呢？ 너희 반에는 유학생이 몇 명 있니? B: 四个人左右，都是韩国人。네 명 정도예요. 모두 한국 사람이에요.
多少 duōshao 얼마	'얼마'의 의미를 나타내며 수량과 관계없이 쓰인다. A: 这双运动鞋是新买的？ 多少钱买的？ 이 운동화는 새로 산 거니? 얼마 주고 샀어? B: 800多块，虽然比较贵，但穿着很舒服。 　　800여 위안. 가격은 비교적 비싸지만, 신었을 때 아주 편해. A: 阿姨，那您买的时候花了多少钱？ 이모가 살 때 얼마 주고 샀어요? B: 这把椅子去年春天花了100块钱买的。이 의자는 작년 봄에 100위안 주고 샀어.

 의미상 서로 호응되는 문장을 찾아 연결하세요.

❶ 你看看还有什么东西没买。・　　・ A 我们是坐地铁来的。

❷ 欢迎您，请问您几位？　・　　・ B 就我们四个人。

❸ 你们是怎么来的？　　・　　・ C 还差鸡蛋和牛奶。

정답 ❶ C ❷ B ❸ A

예제

A 当然是我了，去年我就是第一。

B 还可以，有没有大一点儿的?

C 我不知道怎么做，我没听懂。

D 有时候坐公共汽车，有时候走路去。

E 你怎么九点就睡觉了?

1. 你们班谁跑得最快? (   )

정답&공략

해석 Ⓐ 当然是我了，去年我就是第一。
　　 B 还可以，有没有大一点儿的?
　　 C 我不知道怎么做，我没听懂。
　　 D 有时候坐公共汽车，有时候走路去。
　　 E 你怎么九点就睡觉了?

Ⓐ 당연히 나지. 작년에 일등을 한 사람이 바로
　 나거든.
B 괜찮네요. 좀 큰 거 있나요?
C 나는 어떻게 해야 할지 모르겠어. 알아듣지
　 못했어.
D 어떤 때는 버스를 타고, 어떤 때는 걸어서 가.
E 너는 어째서 9시인데 벌써 자는 거야?

你们班谁跑得最快? (A)

너희 반에서 누가 가장 빨리 달리니? (A)

공략 의문대사 谁를 사용해 달리기가 가장 빠른 사람이 누구인지를 묻고 있다. 그러므로 '누구'에 대해 구체적으로
대답한 A가 정답으로 적절하다.

어휘 去年 qùnián 명 작년 | 第一 dì-yī 주 첫 (번)째 | ★一点儿 yìdiǎnr 약간 | 睡觉 shuìjiào 통 (잠을) 자다 | 班
bān 명 반 | 跑 pǎo 통 달리다, 뛰다

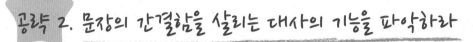
공략 2. 문장의 간결함을 살리는 대사의 기능을 파악하라

중국어의 대사는 바로 앞에서 언급한 사람 및 사물의 중복을 피하여 문장을 더 간결하게 만든다. 따라서 사람 및 사물을 받는 대사가 무엇인지 빠르게 찾는 것이 관건이다.

독해
제1부분

사람을 가리키는 경우	A: 这个小孩儿胖胖的，真可爱。이 아이는 통통한 게 진짜 귀엽다. B: 他是我姐姐的儿子，一岁了。그는 언니 아들인데, 한 살이야.
	A: 你有没有看见小黄？ 너는 샤오황을 봤니? B: 她有点儿不舒服，今天没来上班。그녀는 몸이 좋지 않아서 오늘 출근하지 않았어.
사물을 가리키는 경우	A: 我去年在北京住过一段时间。나는 작년에 베이징에서 한동안 살았어. B: 那你对那里应该很了解，你给我们简单介绍一下。 　　그럼 너는 거기에 대해서 잘 알겠구나. 네가 우리에게 간단하게 소개 좀 해줄래?
	A: 这是熊猫？ 真可爱，给我看看好吗？ 이것이 판다야? 정말 귀엽다. 내게 좀 보여줘. B: 等一下，它的鼻子还没画好呢。잠깐만. 판다의 코를 아직 잘 그리지 못했어.

 의미상 서로 호응되는 문장을 찾아 연결하세요.

❶ 请问，左小姐在吗？　・　　　・ A 当然，我还在那儿工作了两年。

❷ 你看过上海夜景吗？　・　　　・ B 这个季节的雨就是这样的。

❸ 刚才的雨下得真突然。・　　　・ C 她不在公司，可能出去了。

정답 ❶ C ❷ A ❸ B

 예제

난이도 下　공략 Key 인칭대사 她

A 我在等一个朋友，过一会儿再点吧。

B 明天是妹妹的生日，我给她买了礼物。

C 姐姐给我的，我也不太清楚。

D 刚才打你的手机，你怎么不接？

E 现在，她觉得那是一件非常快乐的事情。

1. 女儿第一次骑马的时候比较害怕。　　　　　　　（　　　）

해석

A 我在等一个朋友，过一会儿再点吧。 B 明天是妹妹的生日，我给她买了礼物。 C 姐姐给我的，我也不太清楚。 D 刚才打你的手机，你怎么不接？ 🅔 现在，她觉得那是一件非常快乐的事情。	A 제가 친구를 기다리고 있어서요. 조금 이따가 주문할게요. B 내일은 여동생의 생일이어서, 나는 그녀에게 줄 선물을 샀어. C 언니가 내게 준 거여서, 나도 잘 모르겠어. D 방금 네 휴대 전화로 전화했는데, 왜 안 받았어? 🅔 지금 그녀는 그것이 아주 즐거운 일이라고 생각해.
女儿第一次骑马的时候比较害怕。（ E ）	딸이 처음 말을 탔을 때 꽤 무서워했어. （ E ）

공략　보기 중 E의 인칭대사 她가 구체적으로 나타내는 대상은 바로 女儿이고, '一件非常快乐的事情'은 말을 탔던 일이므로 정답은 E가 된다.

어휘　朋友 péngyou 몡 친구 | 点 diǎn 동 주문하다 | 礼物 lǐwù 몡 선물 | ★清楚 qīngchu 혱 분명하다 | 手机 shǒujī 몡 휴대 전화 | ★接 jiē 동 받다 | 快乐 kuàilè 혱 즐겁다, 행복하다 | 骑马 qímǎ 동 말을 타다 | ★比较 bǐjiào 뷔 비교적, 꽤 | ★害怕 hàipà 동 겁내다, 두려워하다

Tip 동작이 발생한 때를 나타내는 '……的时候'

'~일 때, ~할 때'라는 의미로 동작이나 사건이 발생한 시간이나 때를 나타낸다.

开车的时候，注意安全。운전할 때 안전에 주의하세요.

上大学的时候，认识了很多朋友。대학교에 다닐 때 많은 친구를 알았다.

第 1–5 题

A 下面为大家唱歌的是王医生，歌的名字是《十五的月光》。

B 怎么办啊？我又胖了两公斤。

C 奶奶喜欢那个新买的照相机吗？

D 是我妈教我，可爱吧？

E 昨晚睡得特别晚，今天起晚了，对不起。

1. 喜欢，她说很好用，她很满意。 （ ）

2. 下一个节目是什么？ （ ）

3. 九点上课，你怎么现在才来？ （ ）

4. 没关系，我觉得你这样更可爱。 （ ）

5. 这小狗是你画的吗？是谁教你的啊？ （ ）

자주 출현하는 표현을 휘어잡아라

독해 제1부분에는 감사, 사과, 동의, 거절 등의 대화가 자주 출현하므로 이와 관련된 대화 상황 및 표현을 반드시 자신의 것으로 만들어야 한다. 또한 보기에 상응하는 올바른 문장을 보다 빠르고 정확하게 고르기 위해서 의미적으로 연관된 핵심 어휘를 완벽하게 정리하자.

기초 실력 테스트

1　의미상 서로 호응되는 문장을 찾아 연결하세요.

❶ 你能帮我给她电影票吗?　·　　　　　· A 没问题。

❷ 祝你生日快乐!　·　　　　　· B 对不起。

❸ 你又迟到了?　·　　　　　· C 谢谢!

2　의미상 서로 호응되는 문장을 찾아 연결하세요.

❶ 今天天气怎么样?　·　　　　　· A 肚子不舒服。

❷ 上午考得怎么样?　·　　　　　· B 很多题都不会做。

❸ 你身体怎么样?　·　　　　　· C 今天天气真冷。

3급 기출문제 맛보기

맛보기

난이도 上　공략 Key 연관 핵심 어휘

A 是吗? 我还以为她已经出国了呢。

B 外面的风刮得真大!

C 应该可以, 您放心吧。

D 是, 她身高一米七, 但只有四十五公斤。

E 然后呢? 他们去哪儿了?

1. 我上午遇到小马了, 她正要去办护照。　　　(　　)

정답&공략

해석 Ⓐ 是吗? 我还以为她已经出国了呢。
B 外面的风刮得真大!
C 应该可以, 您放心吧。
D 是, 她身高一米七, 但只有四十五公斤。
E 然后呢? 他们去哪儿了?

我上午遇到小马了, 她正要去办护照。
(A)

Ⓐ 그래? 나는 그녀가 이미 출국한 줄 알았어.
B 밖에 바람이 정말 세게 불어.
C 당연히 할 수 있어. 안심해.
D 맞아. 그녀는 키는 1미터 70인데, 몸무게는 45킬로그램밖에 안 나가.
E 그다음은? 그들은 어디에 갔어?

나는 오전에 샤오마를 만났는데, 그녀는 여권을 발급 받으러 가고 있었어. (A)

공략 샤오마가 여권을 발급 받으러 가고 있었다고 했으므로 연관 핵심 어휘 出国가 있는 A가 정답으로 적절하다.

어휘 ★以为 yǐwéi 동 여기다, 생각하다 | ★出国 chūguó 동 출국하다 | ★刮风 guāfēng 동 바람이 불다 | 身高 shēngāo 명 키 | 公斤 gōngjīn 양 킬로그램 | ★遇到 yùdào 동 만나다, 마주치다 | 办 bàn 동 처리하다, 취급하다 | 护照 hùzhào 명 여권

토크토크! 쌤의 한마디~

HSK 시험은 중국어 회화의 연장선이라고 볼 수 있어요. 평소 기본 회화를 충실히 공부했다면, 보다 수월하게 시험에 대비할 수 있답니다. 중국어를 처음 시작했을 때 마음으로 돌아가 차근차근 공부해보세요~

공략 1. 자주 출현하는 대화 상황 및 표현을 익혀라

한 사람이 말한 내용에 대한 적합한 반응을 고르는 독해 제1부분에는 감사, 사과, 동의, 거절 등의 대화가 자주 출제된다. 따라서 이와 관련된 다양한 표현들을 반드시 숙지하고 있어야 한다.

감사	A: 我买了葡萄，来吃点儿吧，特别新鲜。 내가 포도를 샀는데 와서 좀 먹어. 아주 신선해. B: 谢谢，那我就不客气了。 고마워. 그럼 사양하지 않고 먹을게.
	A: 欢迎你来公司工作。 회사에 오신 걸 환영합니다. B: 谢谢您给我这个机会，我会努力的。 제게 이런 기회를 주셔서 감사드려요. 열심히 하겠습니다.
사과	A: 你看我给你写的电子邮件了吗？ 내가 너에게 보낸 메일 봤니? B: 对不起，我最近忙着复习，很少上网。 미안해. 내가 요즘 공부하느라 바빠서 인터넷을 자주 못해.
	A: 你上午给我打电话，有什么事吗？ 오전에 나한테 전화했었네. 무슨 일이야? B: 不好意思，是我不小心打错了。 미안해. 내가 실수로 잘못 걸었어.
감탄·칭찬	A: 我终于有了自己的大房子了，明天就可以搬家了。 나는 마침내 큰 집이 생겼어. 내일 이사해. B: 太好了! 需要我帮忙吗？ 아주 잘됐다! 내 도움이 필요하니?
	A: 真不敢相信，我一个星期就瘦了两公斤。 정말 감히 믿을 수가 없어. 일주일 동안 2킬로그램이 빠졌다니. B: 真的吗？太好了! 정말이야? 아주 잘됐다!
동의·승낙	A: 我们是去爬山，所以你应该穿一双运动鞋。 우리는 산에 가니까, 너는 운동화를 신어야 해. B: 好的，我吃完面包就去换，你等我一下。 알았어. 빵 다 먹고 갈아 신을게. 조금만 기다려.
	A: 路上小心点儿，到你姐姐那儿记得打电话回来。 길 조심하고, 언니한테 도착하면 꼭 전화해. B: 知道了，我会照顾好自己的。 알았어. 내가 알아서 할게.
거절·반대	A: 你快去医院看病吧。 빨리 병원에 가서 진찰 받아. B: 没关系，吃点药，休息几天就好。 괜찮아. 약 좀 먹고 며칠 쉬면 괜찮아.
	A: 我不同意你这么做，这会影响你们的关系。 나는 네가 이렇게 하는 것에 동의하지 않아. 이러면 너희 관계에 영향을 미칠 거야. B: 没事，我们认识十年了，他了解我。 괜찮아. 우리는 십 년 동안 알았어. 그는 나를 잘 알아.

Check! 바로 체크 〈보기〉를 보고 빈칸에 들어갈 알맞은 단어를 고르세요.

|보기|	没事	太好了	对不起

❶ _____, 他考上大学了。

❷ _____, 我没有时间跟你吃饭。

❸ _____, 我一个人去也行。

정답 ❶ 太好了 ❷ 对不起 ❸ 没事

독해
제1부분

예제

난이도 中　공략 Key 동의 및 승낙 관련 표현

A 好多了，谢谢你。

B 真的吗? 我忙得爸的生日也忘了。

C 对不起，我没听懂您刚才说的问题。

D 没关系，我坐出租车半个小时就回去了。

E 没问题，你就放心吧。

1. 这几天我不在家，小狗就请你帮我照顾了。　　　　　（　　　）

정답&공략

해석
A 好多了，谢谢你。
B 真的吗? 我忙得爸的生日也忘了。
C 对不起，我没听懂您刚才说的问题。
D 没关系，我坐出租车半个小时就回去了。
E 没问题，你就放心吧。

这几天我不在家，小狗就请你帮我照顾了。(E)

A 많이 좋아졌어. 고마워.
B 정말이야? 내가 바빠서 아빠 생일도 잊었네.
C 죄송합니다. 제가 당신이 방금 말씀하셨던 문제를 이해하지 못했습니다.
D 괜찮아. 나 택시 타고 30분이면 돌아가.
E 문제없어. 안심해.

요 며칠 내가 집에 없으니, 내 대신 강아지 좀 돌봐줘. (E)

공략 집에 없는 동안 강아지를 좀 돌봐달라고 부탁하고 있으므로, 이 부탁의 수락 여부를 나타내는 보기를 골라야 한다. 따라서 문제없으니 안심하라는 E가 정답이 된다.

어휘 忙 máng 🔲 바쁘다 | ★忘 wàng 🔲 잊다 | ★刚才 gāngcái 🔲 지금 막, 방금 | 出租车 chūzūchē 🔲 택시 | 问题 wèntí 🔲 문제 | 小狗 xiǎogǒu 🔲 강아지 | ★照顾 zhàogù 🔲 보살피다, 돌보다

> **Tip** 帮의 쓰임
>
> 帮은 동사로 '돕다, 거들어주다'라는 의미를 나타내며 '帮+사람+일' 형식으로 자주 쓰인다.
>
> 我帮妈妈洗碗。 나는 엄마를 도와 설거지를 한다.
>
> 你帮我搬行李，好吗？ 너는 나를 도와서 짐을 옮겨줄 수 있니?

⭐ 공략 2. 의미적으로 연관되는 핵심 어휘를 찾아라

날씨 관련 문장과 상응하는 보기를 골라야 한다면, 문장에 冷, 热, 下雨, 刮风 등의 어휘가 있는지 살펴봐야 한다. 또한 운동 관련 문장과 상응하는 보기를 골라야 한다면, 문장에 游泳, 跑步, 踢足球 등의 어휘가 있는지 살펴봐야 한다. 이처럼 의미적으로 연관된 핵심 어휘를 묶어서 정리한다면 보다 쉽고 정확하게 보기에 상응하는 올바른 문장을 고를 수 있다.

运动 yùndòng 운동	比赛 bǐsài 시합 | 跑步 pǎobù 달리기 | 游泳 yóuyǒng 수영 | 足球 zúqiú 축구 | 篮球 lánqiú 농구 | 网球 wǎngqiú 테니스
	A: 你多久没运动了？ 너는 얼마 동안 운동을 안 했니? B: 昨天就跑了几百米，今天早上腿和脚都觉得疼。 　어제 몇 백 미터를 뛰었더니, 오늘 아침에 다리와 발이 아프더라.
	A: 今天上午的比赛你去看了？ 오늘 오전에 경기를 보러 갔니? B: 不到20分钟，就踢进两个球。 20분도 안 돼서 2골이 들어갔어.
季节 jìjié 계절/ 天气 tiānqì 날씨	春天 chūntiān 봄 | 夏天 xiàtiān 여름 | 秋天 qiūtiān 가을 | 冬天 dōngtiān 겨울 | 阴天 yīntiān 흐린 날씨 | 晴天 qíngtiān 맑은 날씨 | 冷 lěng 춥다, 차다 | 热 rè 덥다, 뜨겁다 | 下雨 xiàyǔ 비가 오다 | 下雪 xiàxuě 눈이 내리다
	A: 你喜欢什么季节？ 너는 무슨 계절을 좋아해? B: 我最喜欢春天，你呢？ 나는 봄을 가장 좋아해. 너는?
	A: 北京的秋天怎么样？ 베이징의 가을은 어때? B: 不冷也不热，是一年中最好的时候。 춥지도 않고 덥지도 않아. 일 년 중 제일 좋을 때야.
颜色 yánsè 색깔	红色 hóngsè 빨간색 | 蓝色 lánsè 파란색 | 黄色 huángsè 노란색 | 黑色 hēisè 검은색 | 白色 báisè 흰색 | 绿色 lǜsè 녹색
	A: 你打算给月亮画什么颜色呢？ 너는 달을 무슨 색으로 그릴 거니? B: 蓝色，可以吗？ 파란색. 괜찮을까?
	A: 你觉得哪个颜色的更好看？ 네가 보기에 어떤 색이 더 예뻐? B: 我觉得红色的最好看。 내가 보기에 빨간색이 가장 예뻐.

水果 shuǐguǒ 과일	苹果 píngguǒ ㅣ香蕉 xiāngjiāo 바나나 ㅣ葡萄 pútáo 포도 ㅣ西瓜 xīguā 수박
	A: 这个季节吃什么水果比较好? 이 계절에는 무슨 과일을 먹는 것이 비교적 좋을까?
	B: 天这么热，当然是西瓜啊。 날이 이렇게 더운데 당연히 수박이지.
	A: 家里还有水果吗? 집에 과일이 있니?
	B: 没有了，我明天去买些香蕉吧。 없어. 내가 내일 바나나 좀 사올게.

 바로 Check! 체크   의미상 서로 호응되는 문장을 찾아 연결하세요.

❶ 我们出去运动运动? ·

❷ 你喜欢什么颜色? ·

❸ 今天天气怎么样? ·

 · A 外边下雪了。

 · B 红色和蓝色都喜欢。

 · C 好, 打篮球怎么样?

정답 ❶ C ❷ B ❸ A

 예제

난이도 下   공략 Key 날씨 관련 표현

A 没有, 我一直在家里玩儿电子游戏。

B 夏天来了, 天气一下子就变热了。

C 刚才还是晴天, 刚一会儿就阴了, 可能要下雨。

D 电梯来了, 您小心点儿。

E 这儿的冬天就是这样, 慢慢地你就习惯了。

1. 别担心, 我包里带伞了。   (   )

정답&공략

해석   A 没有, 我一直在家里玩儿电子游戏。

B 夏天来了, 天气一下子就变热了。

🔾 刚才还是晴天, 刚一会儿就阴了, 可能要下雨。

D 电梯来了, 您小心点儿。

E 这儿的冬天就是这样, 慢慢地你就习惯了。

A 아니야. 나는 줄곧 집에서 전자 게임을 했어.

B 여름이야. 날씨가 갑자기 더워졌어.

🔾 방금까지 맑았는데. 금방 흐려졌어. 비가 올 것 같아.

D 엘리베이터가 왔어요. 조심하세요.

E 여기의 겨울은 이래. 천천히 적응될 거야.

別担心，我包里带伞了。(C) | 걱정 마. 내 가방에 우산이 있어. (C)

공략 문제에서 '우산'이라는 뜻의 伞을 통해 下雨와 관련된 문장을 골라야 한다. 따라서 곧 비가 올 것 같다는 C가 정답으로 적절하다.

어휘 ★一直 yìzhí 튄 계속, 줄곧 | 电子游戏 diànzǐ yóuxì 전자 게임 | ★一下子 yíxiàzi 갑자기 | 电梯 diàntī 몡 엘리베이터 | ★习惯 xíguàn 통 적응하다 | ★别 bié 튄 ~하지 마라 | 担心 dānxīn 통 염려하다, 걱정하다 | 包 bāo 몡 가방 | ★带 dài 통 지니다, 휴대하다 | 伞 sǎn 몡 우산

> **Tip** '일반명사+방위사'의 결합
>
> '일반명사+방위사'의 결합은 장소를 나타낸다.
>
> 桌子+上 ◐ 桌子上 책상 위
> 冰箱+里 ◐ 冰箱里 냉장고 안
>
> 桌子上有一本杂志。책상 위에 잡지 한 권이 있다.
> 冰箱里没有吃的。냉장고 안에 먹을 것이 없다.

第 1–5 题

A 对不起，来机场的路上发现没带护照。

B 同意，去年我就跟你说应该换一个新的了。

C 喂，你们上飞机了吗?

D 不用了，谢谢，我坐地铁很方便。

E 冰箱里还有不少香蕉和葡萄呢。

1. 你要去哪儿? 我让司机开车送你去吧。 (　　　)

2. 你终于来了，都八点一刻了。 (　　　)

3. 奶奶，家里是不是没有水果了? (　　　)

4. 这个洗衣机太旧了，我们买个新的吧。 (　　　)

5. 还没呢，机场这边儿下大雨，可能要晚一个小时。 (　　　)

16 day

다양한 접근법을 활용하라

독해 제2부분은 제시된 어휘를 문제마다 대입해서 푸는 것이 아니라, 다양한 접근법을 활용하면 보다 효율적으로 정답을 선택할 수 있다. 때문에 중국어의 12품사를 이해하고, 각 품사의 특징을 반드시 숙지하고 있어야 한다.

기초 실력 테스트

1 밑줄 친 단어의 뜻과 품사를 써보세요.

❶ 你们去旅游的话，谁来<u>照顾</u>猫呢?   뜻 _____ 품사 _____

❷ 你下周就要回去了? 时间过得<u>真</u>快!   뜻 _____ 품사 _____

2 〈보기〉를 보고 빈칸에 들어갈 알맞은 단어를 고르세요.

보기	有点儿 不错 结婚

❶ 我的脚_____疼。

❷ 现在他们决定要_____了。

❸ 我们那里的环境很_____。

3급 기출문제 맛보기

맛보기

난이도 中　**공략 Key** 동사의 위치 파악

독해
제2부분

A 其实　　B 舒服　　C 把　　D 打扫　　E 检查　　F 爱好

A: 终于把数学题做完了。
B: 你还是再(　　　)一下吧。

정답&공략

해석　A 其实　　B 舒服　　C 把
　　　D 打扫　　E 检查　　F 爱好

　　A 사실　　B 편안하다　　C ~을
　　D 청소하다　　E 검사하다　　F 취미

A: 终于把数学题做完了。
B: 你还是再(E 检查)一下吧。

A: 마침내 수학 문제를 다 풀었어.
B: 너는 다시 (E 검사해)보는 게 좋을 것 같아.

공략　**1단계** **품사 접근법** ◎ 부사 再와 동사 뒤에 놓여 '좀 ~하다'라는 의미를 나타내는 一下를 통해, 빈칸이 동사 자리임을 알 수 있다.
　　2단계 **의미 접근법** ◎ '终于把数学题做完了'라는 말을 통해 빈칸에 '검사하다'라는 의미의 동사 检查가 가장 적절하다.

어휘　★终于 zhōngyú 분 마침내, 결국 | 数学 shùxué 명 수학 | 再 zài 분 다시 | ★一下 yíxià 양 좀 ~하다

토크토크!
쌤의 한마디~

독해 문제를 풀 때, 시간이 부족하여 문제를 다 풀지 못한 경험은 누구나 한 번쯤 있죠? 이런 이유에서인지 대부분의 학습자들이 독해 문제를 풀 때, 무작정 해석하는 경향이 있어요. 급할수록 돌아가라는 말이 있듯이, 독해 제2부분 문제는 빈칸 앞뒤 어휘를 근거로 어떤 품사가 와야 하는지, 어떤 의미의 어휘가 와야 적합한지 차근차근 이해하면서 풀어야 한답니다.

공략 1. 품사 접근법으로 빈칸의 품사를 파악하라

중국어의 12품사를 이해하는 것은 HSK를 준비하는 데 있어 가장 기본이며, 독해 제2부분의 정답을 찾는 데 아주 중요한 역할을 한다. 따라서 중국어의 12품사를 활용하여 빈칸의 품사를 파악하는 품사 접근법을 학습해보자.

1. 중국어의 12품사

어휘를 기능, 형태, 의미 등에 따라 공통된 성질끼리 모아 구분한 것을 품사라고 하는데, 문장의 어느 위치에 놓이든 품사는 변하지 않는다. 중국어의 품사는 명사, 대사, 동사, 형용사, 수사, 양사, 부사, 개사, 접속사, 조사, 의성사, 감탄사로 구분할 수 있다.

❶ 명사(名词 míngcí) : 사람이나 사물, 공간, 방위, 시간을 나타낸다.

> 老师 lǎoshī 선생님 | 天气 tiānqì 날씨 | 中国 Zhōngguó 중국 | 现在 xiànzài 지금

天气很好。 날씨가 아주 좋다.
　명사

他是老师。 그는 선생님이다.
　　명사

❷ 대사(代词 dàicí) : 명사를 대신하는 어휘로, 인칭대사, 지시대사, 의문대사로 나뉜다.

> 我 wǒ 나 | 你 nǐ 너 | 他 tā 그 | 她 tā 그녀 | 我们 wǒmen 우리 | 这 zhè 이 | 那 nà 저 | 谁 shéi 누구 | 怎么 zěnme 어떻게

我们都是韩国人。 우리는 모두 한국 사람이다.
인칭대사

这是很好看的电影。 이것은 아주 재미있는 영화이다.
지시대사

他是谁? 그는 누구죠?
　　의문대사

❸ 동사(动词 dòngcí) : 사람 또는 사물의 동작, 존재, 행위 등을 나타낸다.

행위동사	吃 chī 먹다	看 kàn 보다	听 tīng 듣다
상태동사	喜欢 xǐhuan 좋아하다	担心 dānxīn 걱정하다	爱 ài 사랑하다

他　　听　　中国音乐。그는 중국 음악을 듣는다.
　　행위동사　목적어

我　很　喜欢　你。나는 너를 아주 좋아한다.
　정도부사　상태동사　목적어

❹ **형용사(形容词 xíngróngcí)** : 사람이나 사물의 모습 또는 성질을 나타내거나 동작, 행위 등의 상태를 나타낸다.

> 漂亮 piàoliang 예쁘다 | 可爱 kě'ài 귀엽다 | 聪明 cōngming 똑똑하다 | 忙 máng 바쁘다

她　特别　可爱。그녀는 유달리 귀엽다.
　정도부사　형용사

❺ **수사(数词 shùcí)** : 숫자를 나타낸다.

> 零 líng 0, 영 | 一 yī 1, 하나 | 两 liǎng 2, 둘 | 三 sān 3, 셋 | 十 shí 10, 열 | 百 bǎi 100, 백

十　块钱　一斤。한 근에 10위안이다.
수사　양사

❻ **양사(量词 liàngcí)** : 사람이나 사물을 세는 단위나 동작의 횟수를 나타낸다.

> 个 gè 개 | 瓶 píng 병 | 位 wèi 분 | 本 běn 권

这是　一　本　很有名的　小说。이것은 아주 유명한 소설책이다.
　　수사　양사　관형어+的　명사

❼ **부사(副词 fùcí)** : 동사나 형용사 앞에 쓰여 정도, 어기, 부정 등을 나타낸다.

> 常常 chángcháng 자주 | 已经 yǐjing 이미 | 很 hěn 매우 | 不 bù ~이 아니다

爷爷　常常　去　公园。할아버지는 자주 공원에 가신다.
　　부사　동사

我男朋友　很　帅。내 남자 친구는 아주 잘생겼다.
　　　부사　형용사

❽ **개사(介词 jiècí)** : 명사나 대사 앞에 놓여 개사구를 만들어 동사나 형용사를 수식한다.

> 在 zài ~에서 | 从 cóng ~로부터 | 给 gěi ~에게 | 为 wèi ~을 위하여

我要　在　家　休息。나는 집에서 쉬고 싶어.
　　개사　명사　동사

小王　给　她　写信。샤오왕은 그녀에게 편지를 쓴다.
　　개사　대사　동사

독해
제2부분

❾ 접속사(连词 liáncí) : 어휘와 어휘, 구, 절, 문장 등을 연결한다.

A和B A hé B | A와 B | 一边……一边…… yìbiān……yìbiān…… ~하면서 ~하다 | 因为……所以 …… yīnwèi……suǒyǐ…… ~때문에 그래서 ~하다 | 但是 dànshì 그러나

他一边吃饭一边看电视。 그는 밥을 먹으면서 텔레비전을 본다.

因为下大雨，所以我们不能出去玩儿。 비가 많이 내려서 우리는 나가 놀 수 없다.

❿ 조사(助词 zhùcí) : 개사나 구, 문장 끝에 붙어 어법 관계 또는 어기를 나타낸다. 동작의 상태를 나타내는 동태조사, 수식어와 중심어의 구조를 만드는 구조조사, 말의 분위기를 만드는 어기조사 등으로 나뉜다.

동태조사	了	他吃了一个苹果。 그는 사과 한 개를 먹었다. (완료)
	着	我们都坐着。 우리는 모두 앉아 있다. (지속)
	过	我去过上海。 나는 상하이에 가봤다. (경험)
구조조사	的 + 명사	有名的教授 유명한 교수
	地 + 동사	认真地学习 성실히 공부하다
	동사/형용사 + 得	长得很漂亮 얼굴이 매우 예쁘게 생겼다
어기조사	了	天气冷了。 날이 추워졌다. (변화)
	呢	我们正在上课呢。 우리는 지금 수업을 하고 있다. (진행)
	吧	你是中国人吧？ 너는 중국 사람이지? (추측)
	啊	天气多好啊! 날씨가 정말 좋구나! (감탄)

⓫ 의성사(象声词 xiàngshēngcí) : 사람, 사물, 자연에서 나는 소리를 나타낸다.

哈哈 hāhā 하하 | 喵喵 miāomiāo 야옹 | 哗啦 huálā 주르룩

大家哈哈大笑。 모두 하하거리며 크게 웃는다.

天突然哗啦哗啦地下起雨来。 하늘에서 갑자기 주룩주룩 비가 내리기 시작했다.

⓬ 감탄사(感叹词 gǎntàncí) : 누군가를 부르거나 대답, 감탄, 응답 등을 나타낸다.

哎呀 āiyā 아이쿠 | 哼 hēng 흥 | 喂 wèi(wéi) 여보세요, 저기요

哎呀，又迟到了! 아이쿠, 또 지각했네!

喂，你找谁啊？ 여보세요, 누굴 찾으세요?

2. 시험에 자주 나오는 품사 접근법 활용

❶ 명사가 위치하는 경우

> 주어 + 동사 + 구조조사 的 + 명사

门口那辆白色的面包车是谁的？ 입구의 그 흰색 미니버스는 누구 거니?

❷ 동사가 위치하는 경우

> 주어 + 부사 + 동사 + 목적어

张先生已经离开机场了。 장 선생님은 이미 공항을 떠나셨다.

❸ 부사가 위치하는 경우

> 주어 + 부사 + 동사/형용사

天又阴了，一会儿可能要下雨。 날이 또 흐려졌네. 곧 비가 올 것 같아.

❹ 양사가 위치하는 경우

> 지시대사 + 수사 + 양사 + 명사

这条新闻你看到了吗？ 너는 이 기사를 봤니?

❺ 개사가 위치하는 경우

> 주어 + 개사 + 대사/명사 + 동사

爸爸从小就对书法很感兴趣。 아빠는 어려서부터 서예에 많은 흥미가 있으셨다.

🏷 **바로 체크 Check!** 〈보기〉를 보고 빈칸에 들어갈 알맞은 단어를 고른 후 품사를 적으세요.

보기	题	认识

❶ 我来北京的第一天就_____他了。　　◑ 품사 _____

❷ 我要睡觉了，那些_____明天再做吧。　　◑ 품사 _____

정답 ❶ 认识 동사 ❷ 题 명사

A 班　　B 节日　　C 预习　　　D 举行　　　E 声音　　　F 关心

在儿子的(　　　), 他应该是个子最高的。

정답&공략

해석
A 班	B 节日	C 预习	A 반	B 명절	C 예습하다
D 举行	E 声音	F 关心	D 거행하다	E 소리	F 관심을 갖다

在儿子的(A 班), 他应该是个子最高的。

아들의 (A 반)에서 그는 키가 가장 클 것이다.

공략　1단계 **품사 접근법** ◐ 구조조사 的는 명사를 수식하므로 빈칸은 명사 자리이다.
　　　2단계 **의미 접근법** ◐ 아들의 반에서 그의 키가 가장 큰 것이므로 의미적으로 빈칸에 班이 오는 것이 적절하다.

어휘　★应该 yīnggāi 조동 ~할 것이다, ~해야 한다 | 个子 gèzi 명 키 | 最 zuì 부 가장 | 高 gāo 형 (키가) 크다

Tip　조동사 应该의 주요 의미

① '당연히 ~해야 한다'라는 의미로 당위를 나타낸다.
　自己的事情应该自己做。 자신의 일은 당연히 스스로 해야 한다.

② '~할 것이다'라는 의미로 추측이나 짐작을 나타낸다.
　她是今天上午的飞机，下午应该到家。
　그녀는 오늘 오전 비행기로, 오후에는 집에 도착할 것이다.

공략 2. 의미 접근법으로 빈칸에 적합한 어휘를 찾아라

의미 접근법은 AB 대화문으로 이루어진 문제를 푸는 데 많은 도움을 준다. 중국어의 품사 및 주요 어법에 대한 이해력이 다소 부족하더라도 어휘력이 풍부하고, 평소 중국어 문장을 읽는 습관을 가지고 있다면 충분히 문제를 풀 수 있다.

독해
제2부분

天冷了 (날이 추움) ➡ 你多穿点儿衣服 (옷을 많이 입어야 함) ➡ 小心(感冒) (감기)를 조심해야 함

○ 날씨가 추우니 너는 옷을 많이 입고 다녀, 감기 조심하고.

8年了 (8년이란 시간이 지남) ➡ 她(终于)同意跟我结婚了 (마침내) 동의함

○ 8년이 되어 그녀는 마침내 나와 결혼하는 것에 동의했다.

 〈보기〉를 보고 빈칸에 들어갈 알맞은 단어를 고르세요.

| 보기 | 出院 | 机票 | 下雨 |

❶ 你多穿件衣服，外面阴天，可能会＿＿＿＿。

❷ 请问，十四号到上海的＿＿＿＿还有吗?

❸ 现在身体怎么样? 什么时候＿＿＿＿?

정답 **❶** 下雨 **❷** 机票 **❸** 出院

 예제

난이도 上　공략 Key 문맥을 통한 의미 파악

　A 风景　　B 相信　　C 演出　　D 感谢　　E 几乎　　F 或者

A: 你对自己的成绩满意吗?

B: 还可以。我(　　　　)以后我一定可以跑得更快。

해석　A 风景　　　B 相信　　　C 演出　　　｜　A 풍경　　　B 믿다　　　C 연출하다
　　　D 感谢　　　E 几乎　　　F 或者　　　｜　D 감사하다　E 거의　　　F 혹은

A: 你对自己的成绩满意吗?　　　　　　　　　｜　A: 너는 네 성적에 만족하니?
B: 还可以。我(B 相信)以后我一定可　　　｜　B: 그런대로. 나는 앞으로 내가 반드시 더 빨리
　 以跑得更快。　　　　　　　　　　　　　　｜　　 달릴 수 있다고 (B 믿어).

공략　1단계 **품사 접근법** ◐ 빈칸은 주어 뒤 목적어 앞에 위치하므로 동사가 위치해야 한다.
　　　2단계 **의미 접근법** ◐ B는 자신이 나중에 더 빨리 달릴 수 있다고 확신에 차 있으므로 '믿다'라는 의미의 동사
　　　相信이 정답으로 적절하다.

어휘　对 duì 께 ~에 대해 | 成绩 chéngjì 명 성적, 성과 | ★满意 mǎnyì 형 만족하다 | ★一定 yídìng 부 반드시, 필히
　　　| 跑 pǎo 통 달리다 | 更 gèng 부 더욱

Tip　一定의 주요 의미

　　① 부사 : 반드시, 꼭

　　　我一定要完成任务。나는 반드시 임무를 완수할 것이다.

　　② 형용사 : 어느 정도의, 상당한

　　　他对中国文化有一定的了解。그는 중국 문화에 대해 어느 정도 이해하고 있다.

第 1–5 题

| A 祝 | B 久 | C 需要 | D 爱好 | E 一定 | F 附近 |

例如：**A**: 你有什么(**D**)?

　　　B: 我喜欢体育。

1. **A**: 你看看(　　　)有没有卖水果的地方?

　　B: 好像学校对面有一家超市，你去看看吧。

2. **A**: 快到新年了，我们(　　　)您在新的一年身体健康、万事如意。

　　B: 谢谢您!

3. **A**: 你明天一定要回去吗?

　　B: 不(　　　)。我星期五才有考试，后天晚上回去也可以。

4. **A**: 从这儿到机场要多长时间?

　　B: 坐出租汽车(　　　)半个小时吧。

5. **A**: 姐，你怎么去了这么(　　　)?

　　B: 银行里的人太多了。

구조조사 的와 양사의 단짝 친구
- 명사

명사는 문장에서 주로 주어나 목적어로 쓰이고, 구조조사 的와 친밀한 관계를 유지하며, 양사와 짝꿍을 이루어 관형어 역할도 톡톡히 한다. 명사의 어법적인 특징을 완벽하게 이해하여 빈칸에 적합한 명사 어휘를 선택하자.

◆ 기초 실력 테스트

1 〈보기〉를 보고 빈칸에 들어갈 알맞은 단어를 고르세요.

> | 보기 |　号　　鱼　　旁边

❶ 手机在电脑_____。

❷ 这些_____都是给猫准备的。

❸ 我今年14岁，我的生日是6月7_____。

2 빈칸에 들어갈 알맞은 단어를 고르세요.

❶ 对不起，我不能和你一起去买_____了。　　A 商店　　B 自行车

❷ _____里有人吗?　　A 房间　　B 洗衣机

3급 기출문제 맛보기

 맛보기

난이도 中　공략 Key '명사+的+명사' 구조

A 要求　　B 方向　　C 附近　　D 爱好　　E 别人　　F 问题

您可以选择机场(　　　)的宾馆，住那儿会更方便。

정답&공략 ▶

해석　A 要求　　B 方向　　C 附近　　　　A 요구　　B 방향　　C 근처
　　　D 爱好　　E 别人　　F 问题　　　　D 취미　　E 다른 사람　　F 문제

您可以选择机场(C 附近)的宾馆，住　　당신은 공항 (C 근처) 호텔을 선택하여, 그곳에
那儿会更方便。　　　　　　　　　　　　묵으시면 더 편리할 것입니다.

공략　빈칸은 구조조사 的와 함께 쓰여 호텔을 꾸밀 수 있는 관형어가 와야 한다. '住那儿会更方便'의 뒤 절 내용을
　　　통해, '부근, 근처'라는 의미를 나타내는 명사 附近이 정답임을 알 수 있다.

어휘　可以 kěyǐ 조통 ~할 가치가 있다, ~할 수 있다 | ★选择 xuǎnzé 통 고르다, 선택하다 | 机场 jīchǎng 명 공항 |
　　　宾馆 bīnguǎn 명 호텔 | ★住 zhù 통 살다, 거주하다 | 更 gèng 부 더욱 | ★方便 fāngbiàn 형 편리하다

토크토크!
쌤의 한마디~

'아주 예쁜 여자아이'라는 문장을 중국어로 '很漂亮的一个女孩子'라고 잘못 쓰는
경우가 있는데요, 이는 바로 한국어 어순으로 인해 생긴 실수라고 볼 수 있죠. 중국
어에서 수사와 양사가 명사를 꾸미는 것은 맞지만, 구조조사 的가 수사와 양사를
수식할 수는 없어요. 이때 구조조사 的가 명사를 꾸민다는 것을 기억하며 '一个很
漂亮的女孩子'라는 올바른 문장을 완성하도록 합시다!

공략 1. 구조조사 的 뒤에 명사가 온다는 사실을 명심하라

구조조사 的는 관형어를 나타내는 표지이며, '관형어+的+명사' 형태로 쓰인다. 문장에서 주어나 목적어를 꾸미는 역할을 하기 때문에, 구조조사 的 뒤에 빈칸이 있을 경우 의미적으로 적합한 명사를 선택해야 한다.

- 漂亮 的 老师   예쁜 선생님
- 你 的 词典   너의 사전
- 买 的 衣服   산 옷

 〈보기〉를 보고 빈칸에 들어갈 알맞은 단어를 고르세요.

|보기| 生活	邮件	普通话

❶ 你的_____说得很好。

❷ 你对这儿的_____满意吗?

❸ 我刚刚看了你发的_____。

정답 ❶ 普通话 ❷ 生活 ❸ 邮件

 예제

난이도 中   공략 Key '대사+的+명사' 구조

A 办公室   B 经理   C 工作   D 自行车   E 关心   F 会议

A: 那个药的效果怎么样? 感冒好点儿了吗?
B: 好多了, 谢谢您的(   )。

정답&공략

해석　A 办公室　　B 经理　　C 工作　　　　A 사무실　　B 사장님　　C 업무
　　　D 自行车　　E 关心　　F 会议　　　　D 자전거　　E 관심　　F 회의

　　　A: 那个药的效果怎么样? 感冒好点儿了　　　A: 그 약의 효과는 어떻습니까? 감기는 좋아졌습
　　　　 吗?　　　　　　　　　　　　　　　　　　 니까?
　　　B: 好多了, 谢谢您的(E 关心)。　　　　B: 많이 좋아졌습니다. (E 관심)을 가져주셔서
　　　　　　　　　　　　　　　　　　　　　　　　 감사합니다.

독해
제2부분

공략　구조조사 的는 명사를 수식하므로 빈칸에는 명사가 와야 한다. A는 B의 상태가 어떤지를 묻고 있고 B는 이에
　　　대해 감사를 표하고 있으므로 关心이 정답으로 적절하다.

어휘　药 yào 몡 약 | ★效果 xiàoguǒ 몡 효과 | 感冒 gǎnmào 몡 감기 | 谢谢 xièxie 툉 감사합니다

공략 2. '수+양+명'의 원리를 이해하라

사람이나 사물을 세는 데 사용되는 단위를 양사라고 한다. 양사는 일반적으로 문장에서 단독으
로 쓸 수 없으며, 반드시 수사와 결합하여 '수사+양사+명사' 형태로 쓰인다. 따라서 양사 뒤에 빈
칸이 있다면, 그 양사와 함께 쓸 수 있는 적합한 명사를 선택해야 하며, 빈칸이 수사 뒤 명사 앞
에 있다면 명사를 통해 적합한 양사를 선택해야 한다.

〈 시험에 자주 출제되는 양사 〉

个 gè 개	就上次我们去过的那个地方见面, 那儿附近有一家咖啡店很安静。 바로 지난번 우리가 간 거기서 보자. 거기 근처에 커피숍이 하나 있는데 아주 조용해.
★条 tiáo 개, 항목, 줄기	地图上这儿有条河, 怎么没看见啊? 지도에는 여기 강이 있는데, 왜 안 보이지?
本 běn 권	这个书包里有几本杂志和一本词典。 이 책가방 안에는 몇 권의 잡지와 한 권의 사전이 있다.
杯 bēi 잔, 컵	服务员, 请给我拿一杯咖啡。종업원, 저에게 커피 한 잔 가져다주세요.
位 wèi 분, 명(존경을 나타냄)	弟弟从小就喜欢运动, 现在他是一位体育老师。 남동생은 어려서부터 운동을 좋아했다. 현재 그는 체육 선생님이다.
座 zuò 좌, 동, 채	公园里有一条河, 上边有座桥。공원에는 강이 있는데, 위에는 다리가 있다.
★套 tào 벌, 세트	我们上个月看的那套房子怎么样? 우리가 지난번에 본 그 집은 어때?

★双 shuāng 쌍, 켤레	我昨天在这儿给孩子买了一双运动鞋。 나는 어제 여기에서 아이에게 운동화 한 켤레를 사줬다.
件 jiàn 건, 벌	一会儿陪我去商店买件毛衣，好吗？ 잠시 후에 나랑 함께 스웨터를 사러 상점에 가지 않을래?
只 zhī 마리	儿子昨天买了两只小鸟，一只红色的，一只黄色的。 아들은 어제 두 마리의 새를 사왔다. 한 마리는 빨간색이고, 한 마리는 노란색이다.

 바로 체크 빈칸에 들어갈 알맞은 양사를 고르세요.

❶ 那_____裙子是你新买的？　（条 / 杯）

❷ 这_____节目特别好玩儿，你快来看。　（双 / 个）

정답 ❶ 条 ❷ 个

예제

난이도 下　공략 Key '수사+양사+명사' 구조

> A 筷子　　B 裤子　　C 蛋糕　　D 毛衣　　E 河　　F 小鸟
>
> 服务员，请你再给我拿一双(　　　　)。

정답&공략

해석
A 筷子	B 裤子	C 蛋糕		A 젓가락	B 바지	C 케이크
D 毛衣	E 河	F 小鸟		D 스웨터	E 강	F 작은 새

服务员，请你再给我拿一双(A 筷子)。 │ 종업원, 저에게 (A 젓가락) 한 쌍만 다시 가져다주세요.

공략　'수사+양사+명사' 구조에 따라 빈칸에는 명사가 위치해야 한다. 또한 双은 양사로 쌍을 이루는 물건을 세는 단위이므로 정답은 A가 된다.

어휘　服务员 fúwùyuán 몡 종업원, 웨이터 | 请 qǐng 동 청하다, 부탁하다 | ★再 zài 뷔 다시 | ★拿 ná 동 잡다, 가지다 | 双 shuāng 양 짝, 켤레

> **Tip** 빈도부사 再
>
> 再는 '재차, 다시'라는 의미의 부사로 아직 발생하지 않은 미래에 대한 반복을 나타낼 때 쓴다.
>
> 请你再说一遍。 다시 한 번 말씀해주세요.
>
> 他现在不在，我明天再来吧。 그가 지금 자리에 없으니 제가 내일 다시 오겠습니다.

공략 3. 명사는 개사와 함께 개사구를 이룬다는 것을 기억하라

개사는 문장에서 단독으로 쓰일 수 없다. 때문에 명사나 대사와 함께 개사구를 만들어 동사나 형용사 술어를 수식하는 부사어 역할을 한다. 독해 제2부분에서는 개사가 명사와 함께 개사구를 이루는 문제가 주로 출제되므로, 개사 뒤에 빈칸이 있으면 제시된 어휘 중 적합한 명사를 선택하면 된다.

- 哥哥　在图书馆　学习。 오빠는 도서관에서 공부를 한다.
  주어　　개사+명사　술어

- 女朋友　给我　写信。 여자 친구가 나에게 편지를 썼다.
  주어　　개사+대사　술어

〈 명사와 자주 결합하는 개사 〉

对 duì ~에 대하여	弟弟从小就对音乐很感兴趣。 남동생은 어려서부터 음악에 많은 흥미를 가지고 있었다.
被 bèi ~에게 ~을 당하다	我的车被弟弟骑走了。 내 자전거는 남동생이 타고 나갔다.
把 bǎ ~을	大家把书合上，我们现在开始听写。 모두 책을 덮으세요. 우리는 지금 받아쓰기를 시작할 거예요.
离 lí ~까지	现在离比赛开始还有10分钟。 지금부터 시합이 시작하기까지 10분이 더 남았다.
和 hé ~와	高叔叔和黄阿姨结婚已经15年了。 가오 아저씨와 황 아주머니는 결혼한 지 벌써 15년이 되었다.

바로 체크 Check! 빈칸에 들어갈 알맞은 단어를 고르세요.

> ❶ 现在离＿＿＿＿只有半个小时。 （考试 / 学校）
>
> ❷ 教室里的桌子和＿＿＿＿都要擦一遍。 （作业 / 椅子）

정답 ❶ 考试 ❷ 椅子

A 学习　　B 习惯　　C 运动　　D 意见　　E 房子　　F 健康

儿子，你每天喝杯牛奶，对(　　　　)很有帮助。

정답&공략

해석　A 学习　　　B 习惯　　　C 运动　　　｜　A 공부　　　B 습관　　　C 운동
　　　D 意见　　　E 房子　　　F 健康　　　｜　D 의견　　　E 집　　　F 건강

儿子，你每天喝杯牛奶，对(F 健康)　｜　아들아, 매일 우유를 마시면 (F 건강)에 많은 도
很有帮助。　　　　　　　　　　　　　｜　움이 된단다.

공략　对는 '~에 대해서'라는 의미를 나타내는 개사이므로 빈칸에 명사가 위치해야 한다. 의미적으로 우유를 마시는
　　　것은 건강에 이로우므로 정답은 건강이 된다.

어휘　喝 hē 통 마시다 | 杯 bēi 양 잔, 컵 | 牛奶 niúnǎi 명 우유 | ★对 duì 개 ~에 대해 | ★帮助 bāngzhù 명 도움

> **Tip** '对……(没)有帮助'의 용법
>
> '对……(没)有帮助'는 '~에 도움이 된다(되지 않는다)'라는 의미를 나타낸다.
> 每天用汉语写日记对学习汉语很有帮助。
> 매일 중국어로 일기를 쓰는 것은 중국어 공부에 많은 도움을 준다.
> 你这样抽烟对身体没有帮助。
> 당신이 이렇게 담배를 피우는 것은 건강에 도움이 되지 않는다.

第 1–5 题

> **A** 山　　**B** 历史　　**C** 习惯　　**D** 要求　　**E** 声音　　**F** 年轻人

例如：她说话的(　**E**　)多好听啊！

1. 现在的(　　　)结婚越来越晚了。

2. 地图上这儿有座(　　　)，怎么没看见啊？

3. 弟弟从小就对(　　　)非常有兴趣。

4. 比赛(　　　)不太复杂，10分钟，谁踢进的球最多，谁就是第一。

5. 有不懂的地方，就去问老师，这是一个比较好的学习(　　　)。

독해
day

내가 문장의 중심이다
- 동사

동사는 문장에서 주로 술어로 쓰이며, 부사와 조동사의 수식을 받는다. 또한 동작의 완료 및 변화를 나타내는 동태조사 了와 친하다. 동사 어휘를 학습할 때, 주요 동사의 의미만 암기하는 것보다 동사와 호응되는 명사를 함께 정리하여 학습하는 것이 효과적이다.

기초 실력 테스트

1 〈보기〉를 보고 빈칸에 들어갈 알맞은 단어를 고르세요.

보기	介绍 回答 进

❶ 请_____，这就是我的房间。

❷ 别说话，听听她怎么_____这个题。

❸ 这个工作是朋友帮我_____的。

2 의미상 서로 호응되는 것을 찾아 연결하세요.

❶ 喝 ·   · A 小说

❷ 看 ·   · B 咖啡

3급 기출문제 맛보기

 맛보기

난이도 上　공략 Key '동사+得+평가/묘사' 구조

A 发现　　B 解决　　C 复习　　D 复印　　E 相信　　F 帮助

明天就要考试了，你(　　　　)得怎么样了?

정답&공략

해석　A 发现　　B 解决　　C 复习　　A 발견하다　B 해결하다　C 복습하다
　　　D 复印　　E 相信　　F 帮助　　D 복사하다　E 믿다　　F 도와주다

明天就要考试了，你(C 复习)得怎么　내일이 곧 시험인데 너 (C 복습)은 어떠니?
样了?

공략　정도보어의 기본 형식인 '동사/형용사+得+평가/묘사'를 통해 빈칸에 동사나 형용사가 와야 함을 알 수 있다.
　　　'明天就要考试了'라는 앞 절의 내용을 통해 빈칸에는 동사 复习가 정답으로 적절하다.

어휘　★就要 jiùyào 🄫 머지않아, 곧 | 考试 kǎoshì 🄫 시험을 치다 | 怎么样 zěnmeyàng 어떻다, 어떠하다

**토크토크!
쌤의 한마디~**

우리는 아침에 일어나 학교에 가거나 출근을 하고, 점심에는 맛있는 밥을 먹으며 사람들과 즐거운 이야기를 나누는 등 다양한 활동을 하죠? 또한, 누군가를 좋아하며 가슴 설레어 하거나 반대로 미워하기도 해요. 동사란 우리가 이렇게 평소에 하는 수만 가지 행동을 말합니다. 동사, 이제 확실히 이해되시죠?

공략 1. 동사가 답이 되는 위치를 파악하라

일반적으로 동사는 앞에 놓인 부사나 조동사 또는 뒤에 놓인 보어의 수식을 받는다. 때문에 동사가 답이 되는 위치를 잘 숙지하고 앞뒤 문맥을 빠르게 파악하여 빈칸에 적합한 동사를 찾자.

주어 + 동사 + 목적어

银行里有很多人，但是非常安静。 은행에 사람이 아주 많은데 무척 조용하다.

주어 + 부사 + 동사

今天下午突然停电了，不知道该怎么办。
오늘 오후에 갑자기 정전이 되었는데, 어떻게 하면 좋을지 몰랐다.

주어 + 조동사 + 동사

这儿离上海太远了，我们应该坐飞机去。
여기는 상하이에서 너무 멀다. 우리는 반드시 비행기를 타고 가야 한다.

주어 + 부사 + 조동사 + 동사

圣诞节晚会，我一定会参加。 크리스마스 파티에 나는 반드시 참가할 것이다.

주어 + 동사 + 보어

这本书很好看，我已经看了三遍。 이 책은 아주 재미있어서 나는 벌써 세 번이나 봤어.

바로 체크 Check! 제시된 단어를 알맞은 위치에 넣으세요.

❶ 我 A 一定要 B 你的 C 婚礼 D 。 (参加)

❷ 明天 A 的 B 考试 C 你 D 得怎么样? (准备)

예제

난이도 中 | 공략 Key '부사+동사' 구조

A 知道　　B 举行　　C 回答　　D 检查　　E 打扫　　F 觉得

A: 你的房间真干净!

B: 是吗? 为了欢迎你, 我已经(　　　　)一个多小时了。

정답&공략

해석　A 知道　　B 举行　　C 回答　　｜　A 알다　　B 거행하다　C 대답하다
　　　D 检查　　E 打扫　　F 觉得　　｜　D 검사하다　E 청소하다　F ~라고 여기다

　　A: 你的房间真干净!　　　　　　　　｜　A: 네 방은 정말 깨끗하다!
　　B: 是吗? 为了欢迎你, 我已经(E 打扫)　｜　B: 그래? 너를 환영하기 위해서 내가 이미 한 시
　　　 一个多小时了。　　　　　　　　　｜　　간 이상이나 (E 청소했어).

공략　已经은 '이미, 벌써'라는 의미를 나타내는 부사이다. 빈칸은 부사의 수식을 받고 있으므로 동사가 위치해야 한다. A와 B의 대화를 통해 빈칸에는 '청소하다'라는 의미를 나타내는 동사 打扫가 정답으로 적절하다.

어휘　房间 fángjiān 몡 방 | ★真 zhēn 뵘 정말 | 干净 gānjìng 혱 깨끗하다 | ★为了 wèile 꺠 ~을 하기 위하여 | 欢迎 huānyíng 똥 환영하다 | ★已经 yǐjing 뵘 이미 | 小时 xiǎoshí 몡 시간

 공략 2. 동사와 친한 동태조사 了를 잡아라

동태조사 了는 주로 동사 뒤에 놓여 동작이 완료되거나 실현되었음을 나타낸다. 또한 문장의 맨 끝에 놓여 상황에 변화가 일어났거나 곧 일어날 것임을 나타낸다. 빈칸 뒤에 동태조사 了가 있다면 빈칸에 동사가 위치해야 함을 인식하자.

> 주어 + 동사 + 了 + 목적어(완료)

他已经解决了问题，您放心吧。그는 이미 문제를 해결했으니 걱정하지 마세요.

> 주어 + 동사 + 목적어 + 了(변화)

父母同意我结婚了。 부모님께서 내가 결혼하는 것을 찬성하셨다.

주어 + 동사 + 了 + 목적어 + 了(지속)

我等了他一个小时了。 나는 그를 한 시간째 기다리고 있다.

주어 + 이합동사 + 이합동사의 동사 부분 + 了

他们昨天跳舞跳了一个晚上。 그들은 어제 밤새 춤을 추었다.

 제시된 단어를 알맞은 위치에 넣으세요.

❶ 他买 A 很多 B 中文杂志 C 。 （了）

❷ 我今天身体不舒服 A ，不去 B 旅行 C 。 （了）

정답 ❶ A ❷ C

 예제

난이도 中　공략 Key '동사+동태조사 了' 구조

　A 花　　B 存　　C 结束　　D 参观　　E 决定　　F 离开

这次出去旅游，去了不少地方，一共（　　　）了一万多块钱。

 정답&공략

해석 | A 花　　B 存　　C 结束 | A 쓰다　　B 보존하다　　C 마치다
D 参观　　E 决定　　F 离开 | D 참관하다　　E 결정하다　　F 떠나다

这次出去旅游，去了不少地方，一共（ A 花 ）了一万多块钱。

이번 여행에서 많은 곳을 갔다. 모두 다 해서 만 위안 정도를 (A 썼다).

공략 | 동태조사 了는 동사 뒤에 위치하여 동작이 이미 완료되었음을 나타낸다. 따라서 정답이 동사인 것을 알 수 있다. 빈칸 뒤에 있는 목적어 '一万多块钱'을 통해 빈칸에는 '쓰다, 소비하다'라는 의미를 나타내는 동사 花가 정답으로 적절하다.

어휘 | 旅游 lǚyóu ⑧ 여행하다 | 不少 bùshǎo ⑲ 적지 않다 | 地方 dìfang ⑲ 장소 | ★一共 yígòng ⑭ 모두

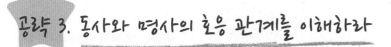

공략 3. 동사와 명사의 호응 관계를 이해하라

문장에서 동사는 주로 술어 역할을 하고, 명사는 주로 목적어 역할을 한다. 따라서 동사와 명사는 '술어+목적어' 형태로 쓰인다. 시험에 자주 출제되는 주요 동사와 이와 자주 호응하는 명사를 함께 정리하며 실전에 대비하자.

〈 시험에 자주 출제되는 동사와 명사의 호응 구조 〉

表示 biǎoshì 표시하다	★表示感谢 감사를 표하다 | ★表示祝贺 축하를 표하다 | 表示满意 만족을 표하다
	我向大家表示感谢。 나는 모두에게 감사를 표했다.
参加 cānjiā 참가하다	参加考试 시험에 참가하다 | ★参加面试 면접에 참가하다 | 参加会议 회의에 참가하다
	我明天下午参加会议。 나는 내일 오후 회의에 참석해야 한다.
发现 fāxiàn 발견하다	发现问题 문제를 발견하다 | ★发现错误 실수를 발견하다
	我到公司以后才发现忘带手机了。 나는 회사에 도착한 후, 휴대 전화를 깜빡하고 가져오지 않은 걸 발견했다.
检查 jiǎnchá 검사하다	★检查身体 신체검사를 하다 | 检查作业 숙제 검사를 하다 | ★检查行李 짐을 검사하다
	出发之前，你好好检查一下行李。 출발 전에 짐을 잘 검사해보세요.
解决 jiějué 해결하다	解决困难 어려움을 해결하다 | ★解决问题 문제를 해결하다 | 解决办法 해결 방법
	我已经找到了解决问题的方法。 나는 이미 문제 해결 방법을 찾았다.
举行 jǔxíng 개최하다, 열다	举行毕业典礼 졸업식을 거행하다 | 举行婚礼 결혼식을 하다 | ★举行比赛 시합을 열다 | 举行会议 회의를 열다
	明天我校举行毕业典礼。 내일 우리 학교에서 졸업식을 거행한다.
离开 líkāi 떠나다	离开中国 중국을 떠나다 | 离开父母 부모님 곁을 떠나다
	我离开北京已经三年了。 내가 베이징을 떠난 지 벌써 3년이 되었다.
遇到 yùdào 만나다	★遇到困难 어려움에 직면하다 | 遇到老朋友 오랜 친구를 만나다
	我在地铁里遇到了大学同学。 나는 지하철에서 대학 동창을 만났다.
照顾 zhàogù 돌보다	★照顾孩子 아이를 돌보다 | 照顾病人 환자를 돌보다 | 照顾自己 자신을 돌보다
	你一定要照顾好自己。 너는 반드시 자신을 잘 보살펴야 한다.
注意 zhùyì 주의하다	★注意身体 건강에 주의하다 | 注意感冒 감기에 조심하다 | ★注意安全 안전에 주의하다
	天越来越冷了，注意感冒。 날이 점점 추워지니 감기 조심해라.

A 遇到   B 照顾   C 参加   D 举行   E 表示   F 检查

A: 妻子上午去医院(   )身体了，医生说没什么事。

B: 那你就放心了，让她在家里休息几天。

정답&공략 →

해석
| A 遇到 | B 照顾 | C 参加 | A 만나다 | B 돌보다 | C 참가하다 |
| D 举行 | E 表示 | F 检查 | D 거행하다 | E 표시하다 | F 검사하다 |

A: 妻子上午去医院(F 检查)身体了，医生说没什么事。

B: 那你就放心了，让她在家里休息几天。

A: 아내가 오전에 건강을 (F 검사하기) 위해 병원에 갔는데, 의사가 별 이상이 없다고 했어.

B: 그럼 너도 걱정하지 마. 아내한테 집에서 며칠 쉬라고 해.

공략   빈칸은 목적어 身体를 가지고 있으므로 동사 자리임을 알 수 있다. 또한 检查는 身体와 자주 호응하여 쓰이며 '신체검사를 하다'라는 의미를 나타낸다.

어휘   医院 yīyuàn 몡 병원 | 医生 yīshēng 몡 의사 | ★放心 fàngxīn 동 안심하다 | ★休息 xiūxi 동 휴식하다

第 1–5 题

A 检查	B 教	C 结束	D 爱好	E 举行	F 还

例如：**A**: 你有什么(**D**)?

B: 我喜欢体育。

1. **A**: 那本小说你( )了?

 B: 对，不太有意思，而且很多地方没看懂。

2. **A**: 姐，这道数学题怎么做啊?

 B: 很简单，我( )你。

3. **A**: 作业写完了要好好( )一下，注意别写错字。

 B: 妈，您说了一百遍了。

4. **A**: 你最近忙什么呢?

 B: 那个会议要在我们学校( )，所以我最近特别忙。

5. **A**: 会议九点半能( )吗? 外面有人找张经理。

 B: 没问题，请稍等。

+ 정답 및 해설_ 해설집 42쪽

성질이나 상태를 이르는 말
- 형용사

형용사는 문장에서 단독으로 술어가 될 수 없기 때문에 정도부사의 수식을 받는다. 또한 문장에서 술어로만 쓰이는 것이 아니라 관형어, 보어 등 다양한 역할을 한다. 형용사의 특징을 완벽하게 정리하여 시험에 철저히 대비하자.

기초 실력 테스트

1 〈보기〉를 보고 빈칸에 들어갈 알맞은 단어를 고르세요.

보기	贵　　忙　　好

❶ 这儿的羊肉很好吃，但是也很_____。

❷ 长时间看电脑，对眼睛不_____。

❸ 我现在不太_____，我可以帮你。

2 빈칸에 들어갈 알맞은 단어를 고르세요.

❶ 今天要做的事情真_____。　（多 / 吵）

❷ 她跳得非常_____。　（难 / 好）

3급 기출문제 맛보기

맛보기

난이도 中 | 공략 Key '정도부사+형용사' 구조

A 干净　　B 高兴　　C 激动　　D 愉快　　E 舒服　　F 幸福

A: 你最近不怎么运动，下午和我去跑步吧。
B: 我昨天刚打了篮球，今天腿很不(　　　　)呢。

독해
제2부분

정답&공략

해석　A 干净　　　B 高兴　　　C 激动
　　　D 愉快　　　E 舒服　　　F 幸福

A 깨끗하다　　B 기쁘다　　C 감동하다
D 유쾌하다　　E 편안하다　　F 행복하다

A: 你最近不怎么运动，下午和我去跑步吧。

B: 我昨天刚打了篮球，今天腿很不(E 舒服)呢。

A: 너 요즘 그다지 운동하지 않던데, 오후에 나랑 조깅하러 가자.

B: 나 어제 농구를 했더니, 오늘 다리가 아주 (E 편하지) 않네.

공략　빈칸은 정도부사 很과 부정부사 不의 수식을 받고 있으므로 형용사가 위치해야 한다. 형용사 舒服는 부정부사 不와 함께 쓰여 '아프다, 불편하다'의 의미를 나타내므로 정답으로 적절하다.

어휘　最近 zuìjìn 몡 최근, 요즘 | ★不怎么 bù zěnme 그다지, 별로 | 运动 yùndòng 동 운동하다 | 跑步 pǎobù 동 달리다 | 打篮球 dǎ lánqiú 농구를 하다 | ★腿 tuǐ 몡 다리

토크토크!
쌤의 한마디~

혹시 동사와 형용사를 구별하는 게 힘드신가요? 동사와 형용사의 구별법은 의외로 간단해요~ 동사는 목적어를 가지고, 형용사는 그렇지 않거든요. 대신 형용사는 정도부사의 수식을 받을 수 있죠. 참고로 정도부사와 친한 일부 상태동사들도 있긴 하지만, 형용사와 정도부사는 아주 밀접하게 연관되어 있다는 것을 꼭 기억하세요!

공략 1. 형용사는 정도부사 뒤에 위치시켜라

형용사는 문장에서 단독으로 쓰일 수 없으며, 很, 非常, 太 등 정도부사의 수식을 받는다. 시험에 자주 나오는 주요 정도부사를 정리하고 이러한 정도부사 뒤에 빈칸이 있다면 형용사 자리임을 기억하자.

〈 시험에 자주 출제되는 정도부사 〉

★很 hěn 매우	他最近很忙，连吃饭的时间也没有。그는 요즘 매우 바빠서, 밥 먹을 시간조차 없다.
非常 fēicháng 대단히	看起来，你今天非常高兴。너 오늘 대단히 기분이 좋아 보인다.
★太 tài 너무	这里的风景太美了！여기의 풍경은 너무 아름답다.
最 zuì 가장, 제일	我是世界上最幸福的人。나는 세상에서 가장 행복한 사람이다.
★更 gèng 더욱, 더	下了场大雪，天更冷了。많은 눈이 내린 후 날이 더 추워졌다.
特别 tèbié 특히	这部电影特别好看，值得去一看。이 영화는 특히 재미있으니, 한 번 가서 볼 만하다.
比较 bǐjiào 비교적	这篇文章的内容比较复杂。이 글의 내용은 비교적 복잡하다.

예제

난이도 中　　공략 Key '정도부사+형용사' 구조

A 复杂　　B 好看　　C 难过　　D 安静　　E 流利　　F 简单

有些事情看起来很（　　　　），但要做好，其实不容易。

정답&공략

해석　A 复杂　　　B 好看　　　C 难过 ｜ A 복잡하다　B 보기 좋다　C 괴롭다
　　　D 安静　　　E 流利　　　F 简单 ｜ D 조용하다　E 유창하다　F 간단하다

有些事情看起来很(F 简单)，但要做 ｜ 어떤 일은 보기에는 아주 (F 간단하지만) 그러
好，其实不容易。 ｜ 나 잘 하려고 하면, 사실 쉽지 않다.

공략　빈칸은 정도부사 很의 수식을 받고 있으므로 상태동사 혹은 형용사가 와야 한다. 또한 접속사 但을 통해서 앞
　　　절과 뒤 절이 전환 관계임을 알 수 있다. 의미상 '일이 보기에는 간단하지만 쉽지 않다'라는 뜻이므로 정답은 형
　　　용사인 简单이 적절하다.

어휘　事情 shìqing 몡 일, 사건 ｜ 看起来 kàn qǐlai 보기에 ~하다 ｜ 但 dàn 젭 그러나 ｜ ★其实 qíshí 뷔 사실 ｜
　　　★容易 róngyì 혱 쉽다

> **Tip** 전환을 나타내는 접속사
>
> 但是, 可是, 不过 등은 전환을 나타내는 접속사로 '~하긴 하지만 ~하다'라는 의미를 나타낸다.
> 这件衣服好看是好看，但是太贵了。 이 옷은 예쁘기는 하지만, 그러나 너무 비싸다.
> 我也很想跟你们一起去旅游，不过真的没有时间。
> 나도 너희들과 함께 여행을 너무 가고 싶지만, 그러나 정말 시간이 없어.

공략 2. 술어 뒤에 위치하여 보어 역할을 하는 형용사를 이해하라

형용사는 술어 뒤에 위치하여, 동작, 행위, 상태 등을 보다 구체적으로 보충하는 보어 역할을 하기
도 한다. 형용사가 보어로 쓰인 예문을 통해 형용사의 다양한 역할을 완벽하게 학습하자.

❶ 형용사가 결과보어로 쓰인 경우

　　　　동사 + 형용사 + 了

英语作业你做完了吗? 영어 숙제는 다 했니?
我把资料都准备好了。 나는 자료를 모두 잘 준비했다.

❷ 형용사가 가능보어로 쓰인 경우

　　　　동사 + 得/不 + 형용사

这些菜，我一个人吃得完。 이 음식들은 나 혼자 다 먹을 수 있다.

这个字太小了，我看不清楚。 이 글자가 너무 작아서, 나는 잘 안 보인다.

❸ 형용사가 정도보어로 쓰인 경우

> 동사 + 得 + 형용사

慢慢吃，你吃得太快了。 천천히 먹어. 너 너무 빨리 먹는다.

她汉语说得很流利。 그녀는 중국어를 아주 유창하게 말한다.

예제

난이도 上 공략 Key '동사+得+정도보어(형용사)' 구조

> A 流利　　B 高兴　　C 简单　　D 容易　　E 聪明　　F 满意
>
> 跟以前比，我现在的普通话讲得（　　　）多了。

해석　A 流利　　　B 高兴　　　C 简单　　　　　A 유창하다　　B 기쁘다　　C 간단하다
　　　D 容易　　　E 聪明　　　F 满意　　　　　D 쉽다　　　　E 총명하다　F 만족하다

跟以前比，我现在的普通话讲得（ A 流
利 ）多了。

예전과 비교를 하면, 나의 현재 표준어는 많이
(A 유창해)졌다.

공략　빈칸에는 표준어를 말하는 정도가 어떤지를 나타내는 정도보어가 와야 한다. 또한 빈칸 뒤의 '多了'는 '훨씬 더 ~했다'라는 의미로 '형용사+多了' 형태로 쓰인다. 따라서 보기 중 말이나 문장의 유창함을 나타내는 형용사 流利가 정답이다.

어휘　以前 yǐqián 몡 과거, 이전 | ★普通话 pǔtōnghuà 몡 (현대 중국어의) 표준어 | 讲 jiǎng 툉 말하다

> Tip　비교의 의미를 나타내는 '형용사+多了'
>
> '형용사+多了'는 비교문에 많이 쓰이며, '훨씬 ~해졌다'라는 의미를 나타낸다.
>
> 你最近减肥吗？ 跟以前比瘦多了。 너 요즘 다이어트 하니? 예전에 비해 훨씬 날씬해졌다.
>
> 奶奶的病比以前好多了。 할머니의 병은 예전에 비해 많이 좋아지셨다.

第 1-5 题

A 相同　　B 精彩　　C 舒服　　D 热情　　E 声音　　F 安静

例如：她说话的（　E　）多好听啊！

1. 他个子很高，这张桌子太低，坐着很不（　　　）。

2. 虽然这两个问题有不同的地方，但是解决的办法是（　　　）的。

3. 我们家附近的环境很不错，又（　　　）又干净。

4. 这部电影太（　　　）了，值得一看。

5. 这家饭馆的服务员都很（　　　），所以很多人喜欢去那儿吃饭。

20 day
독해

내가 수식의 왕(王)이다
- 부사

부사는 중국어를 공부하는 학습자라면 누구나 반드시 정복해야 하는 중요한 관문이다. 문장에서 부사의 위치를 파악하고, 주요 부사의 종류를 확실히 암기하자.

기초 실력 테스트

1 〈보기〉를 보고 빈칸에 들어갈 알맞은 단어를 고르세요.

| 보기 | 先　　　多　　　很 |

❶ 喝牛奶前，_____吃个鸡蛋吧。

❷ 火车站离这儿_____近。

❸ 我真的要_____运动了。

2 빈칸에 들어갈 알맞은 부사를 고르세요.

❶ 我_____喜欢踢足球。　　　　　A 最　　　B 别

❷ 你这儿的东西_____多了。　　　A 不要　　B 太

❸ 我_____给妈妈打电话了。　　　A 已经　　B 多么

3급 | 기출문제 맛보기

 맛보기

〔난이도〕中 〔공략 Key〕'부사+동사' 구조

독해
제2부분

A 突然　　B 终于　　C 非常　　D 特别　　E 别　　F 常常

A: 我的飞机票呢? 怎么(　　　　)找不到了?
B: 是不是和报纸放在一起了?

정답&공략 ➡

해석　A 突然　　B 终于　　C 非常　　　｜　A 갑자기　　B 마침내　　C 대단히
　　　D 特别　　E 别　　F 常常　　　　｜　D 특별히　　E ~하지 마라　F 항상

A: 我的飞机票呢? 怎么(A 突然)找不　｜　A: 내 비행기 표는? 어째서 (A 갑자기) 보이지
　　到了?　　　　　　　　　　　　　　｜　　　않지?
B: 是不是和报纸放在一起了?　　　　　｜　B: 신문지랑 함께 둔 거 아니야?

공략　빈칸은 가능보어 형태로 이루어진 술어 '找不到'를 수식하고 있으므로 부사 자리임을 알 수 있다. 의미상 비행기 표가 갑자기 보이지 않는 것이므로 '갑자기'라는 뜻의 부사 突然이 정답으로 적절하다.

어휘　飞机票 fēijī piào 비행기 표 | 报纸 bàozhǐ 몡 신문 | ★放 fàng 통 놓다

토크토크!
쌤의 한마디~

자신이 느낀 상황이나 상태를 표현하기 위해 어떻게 해야 할까요? 정답은 바로 부사를 사용하는 것입니다. '吃饭(밥을 먹다)'이라는 상황을 부사 已经을 사용하여 '已经吃饭了(밥을 이미 먹었다)'로 표현할 수도 있고, 부사 正在를 사용하여 '正在吃饭(밥을 먹고 있는 중이다)'으로 표현할 수도 있죠. 이렇게 부사에 따라 의미가 완전히 달라지는데요, 자신이 처한 상황을 좀 더 자세히 보충하는 말이 바로 부사랍니다.

공략 1. 부사의 위치를 기억하라

부사의 가장 기본적인 특징은 동사나 형용사 앞에 위치하여 이를 수식하는 것이다. 따라서 빈칸이 동사나 형용사 앞에 있다면 일반적으로 부사가 위치해야 한다. 또한, 일반부사와 부정부사가 동시에 제시된 경우, 부사끼리의 순서는 어떻게 되는지 문장에서 부사의 위치를 정확히 이해하고 넘어가자.

주어 + 부사 + 동사/형용사

他已经结婚了。그는 이미 결혼했다.
天气越来越热了。날이 점점 더워진다.

주어 + 부사 + 개사구 + 동사/형용사

我已经把房间打扫干净了。나는 이미 방을 깨끗이 청소했다.
他常常对我很热情。그는 자주 나에게 친절하다.

일반부사 + 부정부사

我们还没结婚。우리는 아직 결혼하지 않았다.
他一直没来上课。그는 계속 수업에 오지 않는다.
我从来不喝酒。나는 여태껏 술을 마시지 않았다.

예외 马上, 一起 등 일부 일반부사는 부정부사 뒤에 위치한다.
　　他们不一起学习。그들은 함께 공부하지 않는다.

예제

난이도 中 　공략 Key '부사+동사' 구조

A 真的　　B 比较　　C 必须　　D 当然　　E 终于　　F 几乎

A: 两年了，父母(　　　　)同意我去美国留学。
B: 真的吗？太好了！我真为你高兴！

해석　A 真的　　　B 比较　　　C 必须　　｜　A 정말로　　B 비교적　　C 반드시 ~해야 한다
　　　D 当然　　　E 终于　　　F 几乎　　｜　D 당연히　　E 마침내　　F 거의

A: 两年了，父母(E 终于)同意我去美国
留学。　　　　　　　　　　　　　　　｜
B: 真的吗？太好了！我真为你高兴！

A: 2년이 지나서야 부모님께서 (E 마침내) 내
가 미국으로 유학 가는 것에 동의하셨어.
B: 정말이야? 정말 잘됐다! 내가 아주 기쁘다!

공략　빈칸은 동사 同意를 꾸미고 있으므로 부사어 역할을 할 수 있는 어휘가 위치해야 한다. 의미상 2년이 지나서야
　　　부모님께서 유학 가는 것에 동의했으므로 终于가 정답으로 적절하다.

어휘　父母 fùmǔ 몡 부모 | ★同意 tóngyì 통 동의하다 | 美国 Měiguó 고유 미국 | 留学 liúxué 통 유학하다

공략 2. 술어를 수식하는 주요 부사를 파헤쳐라

중국어를 공부하는 학습자라면, 반드시 부사의 종류를 완벽하게 학습해야 한다. 듣기, 독해, 쓰
기를 막론하고 각 영역에서 출제 비율이 매우 높기 때문이다. 우선 HSK 3급 시험에 자주 나오는
주요 부사를 완벽하게 정리하고 넘어가자.

〈 시험에 자주 출제되는 부사 〉

★必须 bìxū 반드시 ~해야 한다	我今天必须完成任务。나는 오늘 반드시 임무를 완수해야 한다.
当然 dāngrán 물론, 당연히	借的东西当然要还给人家。빌린 물건은 당연히 그 사람에게 돌려주어야 한다.
几乎 jīhū 거의, 모두	我们班几乎都是女同学。우리 반은 거의 여학생이다.
★其实 qíshí 사실	我以为他是中国人，其实是日本人。 나는 그가 중국인인 줄 알았는데, 사실은 일본인이다.
突然 tūrán 갑자기, 문득	散步的时候，突然下雨了。산책할 때 갑자기 비가 내렸다.

★一定 yídìng 필히, 반드시	明天有会议，你一定要准时到。 내일 회의가 있으니, 당신은 반드시 제시간에 도착해야 합니다.
一共 yígòng 모두, 전부	你们学校一共有多少老师？ 너희 학교에는 전부 몇 명의 선생님이 계시니?
★已经 yǐjing 이미, 벌써	我已经看过这部电影了，我们看别的吧。 나는 이미 이 영화를 봤어. 우리 다른 거 보자.
总是 zǒngshì 늘, 언제나	他这个人总是说别人的缺点。그 사람은 늘 다른 사람의 단점을 말한다.
★终于 zhōngyú 결국, 마침내	这篇报告我终于写完了。이 보고서를 나는 마침내 다 썼다.

 바로 Check! 체크 다음 의미에 알맞은 부사를 써보세요.

❶ 사실 _____   ❷ 갑자기 _____   ❸ 반드시 _____

정답 ❶ 其实 ❷ 突然 ❸ 一定

예제

난이도 上 공략 Key 전환의 의미를 나타내는 其实의 위치

A 终于   B 一共   C 突然   D 其实   E 还   F 不

对一个年轻人来说，爱情、金钱都很重要，但（　　　）更重要的是健康。

정답&공략

해석
A 终于　　　B 一共　　　C 突然
D 其实　　　E 还　　　　F 不

A 마침내　　B 전부　　　C 갑자기
D 사실은　　E 아직　　　F ~이 아니다

对一个年轻人来说，爱情、金钱都很重要，但（ D 其实 ）更重要的是健康。

젊은이에게 있어서 사랑, 돈 모두 중요하다. 하지만 (D 사실은) 더 중요한 것은 건강이다.

공략 접속사 但을 통해서 앞 절과 뒤 절이 전환 관계임을 알 수 있다. 제시된 보기 중 전환의 의미를 내포하고 있는 부사는 其实 밖에 없으므로 정답은 D가 된다.

어휘 爱情 àiqíng 몡 사랑 | 金钱 jīnqián 몡 금전 | ★重要 zhòngyào 혱 중요하다 | 健康 jiànkāng 몡 건강

第 1-5 题

> **A** 多么　　**B** 一直　　**C** 终于　　**D** 爱好　　**E** 才　　**F** 其实

例如：**A**: 你有什么(　**D**　)?

B: 我喜欢体育。

1. **A**: 你喜欢这种音乐节目?

B: (　　　　)我只想听听那些老歌。

2. **A**: 这是一个(　　　　)好的机会啊! 你必须去。

B: 一共只有两个月? 那好吧。

3. **A**: 你(　　　　)回来了, 肉买了吗?

B: 医生不让你吃肉。我买了些果汁和蔬菜。

4. **A**: 最近怎么(　　　　)没看见他?

B: 他去外地出差了, 可能下周才能回来。

5. **A**: 我都等你一个小时了, 你怎么现在(　　　　)来?

B: 对不起, 路上特别堵车。

◆ **정답 및 해설_** 해설집 45쪽

21 day

독해

함께 있어야 더욱 빛을 발한다
- 개사와 접속사

개사는 명사나 대사와 함께 개사구를 이루어 술어를 수식하는 부사어로 쓰이는 것 외에 관형어, 보어 등 다양한 역할을 한다. 문장의 고리 역할을 하는 접속사 역시 중국어에서 아주 중요한 위치를 차지하고 있으므로 개사와 접속사의 특징을 파헤쳐보자.

기초 실력 테스트

1 〈보기〉를 보고 빈칸에 들어갈 알맞은 단어를 고르세요.

| 보기 | 比　　从　　对 |

❶ 我已经＿＿＿＿＿家里出来了，10分钟后到。

❷ 您做的菜＿＿＿＿＿饭馆的还好吃。

❸ 多吃水果＿＿＿＿＿身体好。

2 다음 제시된 접속사의 뜻을 써보세요.

❶ 但是 ＿＿＿＿＿＿＿＿　　❷ 所以 ＿＿＿＿＿＿＿＿

❸ 因为 ＿＿＿＿＿＿＿＿　　❹ 然后 ＿＿＿＿＿＿＿＿

3급 기출문제 맛보기

맛보기

난이도 上 공략 Key 주요 개사 용법 이해

A 给   B 向   C 跟   D 对   E 把   F 被

您站中间就可以了，好，再(　　　)左边一点儿，非常好!

정답&공략 ➡

해석
A 给   B 向   C 跟
D 对   E 把   F 被

| A ~에게   B ~으로   C ~와
| D ~에 대하여 E ~을   F ~에 의해서

您站中间就可以了，好，再(B 向)左边一点儿，非常好!

중간에 서시면 됩니다. 좋습니다. 다시 왼쪽(B 으로) 조금만, 아주 좋습니다!

공략 빈칸은 방향을 나타내는 명사 左边과 함께 쓰일 수 있는 어휘가 와야 한다. 좀 더 왼쪽을 향해 서달라고 말하고 있으므로 방향성을 나타내는 개사 向이 정답으로 적절하다.

어휘 站 zhàn 통 서다, 바로 서다 | 中间 zhōngjiān 명 중간 | ★再 zài 부 다시 | 左边 zuǒbian 명 왼쪽 | ★一点儿 yìdiǎnr 약간 | 非常 fēicháng 부 매우, 아주

토크토크!
쌤의 한마디~

개사와 접속사의 공통점에 대해 생각해본 적 있으세요? 개사와 접속사는 혼자 쓰이기보다는 누군가와 함께 쓰여야 의미적으로 더 빛이 난다는 공통점이 있어요. 이게 무슨 소리인지 모르시겠다고요? 다시 한 번 간단히 말하자면, 개사는 혼자서 쓰일 수 없어 명사나 대사와 함께 개사구를 이루어 술어를 수식하고, 접속사는 말 그대로 어휘와 어휘, 문장과 문장을 이어주는 역할을 해요. 개사와 접속사 모두 중국어에 없어서는 안 되는 양대 산맥이니 차근차근 공부해보세요~

공략 1. 문장에서 개사의 역할을 이해하라

개사는 문장에서 단독으로 쓰이지 못한다. 개사는 명사나 대사와 함께 개사구를 이루어 술어를 수식하는 부사어, 주어나 목적어를 수식하는 관형어, 술어 뒤에 놓여 이를 보충하는 보어 역할을 한다. 문장에서 개사의 역할을 이해하고 있다면, 빈칸에 어떤 품사가 와야 하는지 한눈에 파악할 수 있으므로 개사의 특징을 파헤쳐보자.

- 我   跟朋友   聊天儿。 나는 친구와 이야기를 나눈다.
  주어   부사어(개사+명사)   술어(동사)

- 这   是   关于中国历史的   书。 이것은 중국 역사에 관한 책이다.
  주어   술어   관형어(개사+명사+的)   목적어

- 飞机   飞   往首尔。 비행기는 서울을 향해서 간다.
  주어   술어   보어(개사+명사)

 제시된 단어를 알맞은 위치에 넣으세요.

---

❶ 你 A 父母 B 商量 C 一下。 (跟)

❷ 我 A 不能 B 这件事 C 告诉大家。 (把)

정답 ❶ A ❷ B

 예제

난이도 中   공략 Key 개사구의 위치

A 比   B 从   C 被   D 关于   E 往   F 把

A: 考试马上就要开始了，（   ）手机关了吧。
B: 好的。我现在就关。

정답&공략

해석

| A 比 | B 从 | C 被 |
| D 关于 | E 往 | F 把 |

| A ~보다 | B ~로부터 | C ~에 의해서 |
| D ~에 관하여 | E ~을 향해 | F ~을 |

A: 考试马上就要开始了，(F 把)手机关
　了吧。
B: 好的。我现在就关。

A: 시험이 곧 시작합니다. 휴대 전화(F 를) 꺼
　주세요.
B: 네. 지금 바로 끄겠습니다.

공략　빈칸은 명사 手机와 함께 쓰여 동사 술어 '关了'를 수식하고 있다. 따라서 빈칸이 개사 자리이며, 문장에서 부
　　　사어 역할을 하고 있음을 알 수 있다. 빈칸은 처치 대상에 대한 결과를 강조하는 개사 把가 적절하다.

어휘　考试 kǎoshì 명 시험 | ★马上 mǎshàng 부 곧, 즉시 | ★开始 kāishǐ 동 시작하다 | 把 bǎ 개 ~을 | 手机
　　　shǒujī 명 휴대 전화 | 关 guān 동 끄다

⭐ 공략 2. 주요 개사의 의미를 주목하라

문장에서 개사의 다양한 역할을 이해했다면, 시험에 자주 출제되는 주요 개사를 내 것으로 만들
어야 한다. 무조건 암기하려고 하지 말고 예문을 통해 개사를 완벽히 파악하여 문제 해결 능력을
기르자.

〈 시험에 자주 출제되는 개사 〉

★把 bǎ ~을	你帮我把这本书还了吧。 네가 나 대신 이 책을 좀 반납해줘.
★被 bèi ~에게 ~을 당하다	盘子里的水果都被我吃光了。 접시에 담긴 과일은 모두 내가 먹었다.
比 bǐ ~보다	今天天气很好，比昨天暖和多了。 오늘 날씨가 정말 좋다. 어제보다 훨씬 따뜻해.
★对 duì ~에 대하여	刚来中国留学时，我对天气和饭菜都不习惯。 막 중국으로 유학 왔을 때, 나는 날씨와 음식에 모두 적응하지 못했다.
根据 gēnjù ~에 따라	根据您的要求，我把这篇文章改了一下。 당신의 요구에 따라, 저는 이 글을 수정했습니다.
关于 guānyú ~에 관하여	这是一本关于自然科学的书。 이것은 자연 과학에 관한 책이다.
★为了 wèile ~하기 위해서	为了考上大学，她很努力学习。 대학에 합격하기 위해서 그녀는 열심히 공부한다.

독해
제2부분

向 xiàng ~을 향하여	我向大家表示感谢。저는 모두에게 감사드립니다.

 제시된 단어를 알맞은 위치에 넣으세요.

❶ 这本 A 小说 B 我姐姐 C 借走了。 (被)

❷ 她 A 自己的成绩 B 不太 C 满意。 (对)

❸ 我 A 这篇文章 B 翻译成 C 英文了。 (把)

정답 ❶B ❷A ❸A

 예제

난이도 中 공략 Key 목적을 나타내는 개사 为了

A 把　　B 对　　C 跟　　D 为了　　E 根据　　F 向

(　　　)拿到更好的成绩，必须提高自己的水平。

정답&공략

해석
A 把　　　　B 对　　　　C 跟
D 为了　　　E 根据　　　F 向

(D 为了)拿到更好的成绩，必须提高
自己的水平。

A ~을　　　　B ~에 대하여　 C ~와
D ~하기 위해서 E ~에 의거하여 F ~을 향해

더 좋은 성적을 얻기 (D 위해서) 반드시 자신의
수준을 높여야 한다.

공략 빈칸은 문장 맨 앞에 위치하여 문장 전체를 수식하고 있으므로, 부사어 역할을 하는 어휘가 와야 한다. 더 좋은
성적을 얻기 위한 것은 목적이고, 자신의 수준을 높여야 하는 것은 목적을 이루기 위한 행위이므로, 빈칸에는
목적을 나타내는 개사 为了가 와야 한다.

어휘 拿 ná 图 얻다, 획득하다 | ★更 gèng 图 더욱, 더 | 成绩 chéngjì 图 성적 | ★必须 bìxū 图 반드시 | ★提高
tígāo 图 향상시키다 | 水平 shuǐpíng 图 수준

> **Tip** 拿의 다양한 의미 및 용법
>
> ① 동사 : (손으로) 잡다, 받다, 얻다
>
> 　　她手里拿着一把雨伞。 그녀는 손에 우산 하나를 쥐고 있다.
>
> 　　今天是拿工资的日子。 오늘은 월급을 받는 날이다.
>
> 　　她终于拿到毕业证书。 그녀는 드디어 졸업 증서를 받았다.
>
> ② 개사 : ～을
>
> 　　别拿他开玩笑。 그를 놀리지 마세요.

공략 3. 접속사의 짝꿍을 찾아라

접속사는 단어와 단어, 문장과 문장을 연결하는 고리 역할을 한다. 시험에 자주 출제되는 주요 접속사의 의미 및 접속사 호응 구조를 숙지하자.

〈 시험에 자주 나오는 주요 접속사 〉

★虽然 suīrán……但是 dànshì / 可是 kěshì…… 비록 ～이지만 그러나 ～하다
她虽然工作很忙，但是每天晚上去锻炼。 그녀는 비록 일이 매우 바쁘지만 매일 저녁 운동을 하러 간다.
如果 rúguǒ……就 jiù…… 만약 ～라면 ～하다
如果下雨的话，我们就不去旅行了。 만약 비가 온다면, 우리는 여행을 가지 않을 것이다.
因为 yīnwèi……所以 suǒyǐ…… ～이기 때문에 그래서 ～하다
她因为跟男朋友分手了，所以非常难过。 그녀는 남자 친구와 헤어져서 아주 괴롭다.
★先 xiān……，然后 ránhòu…… 먼저 ～하고, 그다음에 ～하다
我们先吃点饭，然后去看电影吧。 우리 우선 밥 좀 먹고, 그다음에 영화를 보러 가자.
★除了 chúle……(以外 yǐwài)……，都 dōu / 还(也) hái(yě)…… ～을 제외하고 모두 / ～외에 또
除了他以外，我们班都是女同学。 그를 제외하고 우리 반은 모두 여학생이다. 除了我以外，他们也去中国。 나 외에 그들도 중국에 간다.

바로 체크 빈칸에 들어갈 알맞은 접속사를 넣으세요.

> ❶ 因为今天身体不舒服，_____我没上学。
>
> ❷ 先把房间整理一下，_____去逛街。

정답 ❶ 所以 ❷ 然后

> A 虽然　　B 因为　　C 然后　　D 如果　　E 所以　　F 但是
>
> A: 你明天什么时候来?
> B: 明天早上我去趟银行, (　　　)再去找你。

정답&공략

해석
| A 虽然 | B 因为 | C 然后 | A 비록 ~이지만 | B ~이기 때문에 | C 그다음에 |
| D 如果 | E 所以 | F 但是 | D 만약 ~라면 | E 그래서 | F 그러나 |

A: 你明天什么时候来?

B: 明天早上我去趟银行, (C 然后)再 去找你。

A: 너는 내일 언제 오니?

B: 내일 아침 은행에 다녀온 (C 다음에) 너한테 갈게.

공략 '내일 아침 은행에 다녀온 다음에 당신한테 가겠다'고 했으므로 빈칸은 선후 관계를 나타내는 접속사 然后가 정답으로 적절하다. 만약 앞 절에 然后의 짝꿍인 先이 언급되어 있다면, 보다 빨리 정답을 찾을 수 있을 것이다.

어휘 ★趟 tàng 양 차례, 번(왕래한 횟수를 세는 단위) | 银行 yínháng 명 은행

Tip 왕복 횟수를 나타내는 동량사 趟

동량사 趟은 사람이나 차가 왕래하는 횟수를 나타낸다.

爸爸刚去了一趟上海。 아빠는 막 상하이를 한 차례 다녀오셨다.

为了买到这本书, 我跑了三趟书店。 이 책을 사기 위해서, 나는 서점을 세 차례나 다녀왔다.

第 1-5 题

A 除了	**B** 被	**C** 跟	**D** 爱好	**E** 离	**F** 虽然

例如：**A**: 你有什么(**D**)?

　　　B: 我喜欢体育。

1. **A**: 他们(　　　)只学半年的汉语，但是已经学得很好了。

　　B: 看来他们平时很努力学习。

2. **A**: 你的车呢?

　　B: 刚(　　　)我哥哥开走了。

3. **A**: 大使馆(　　　)这儿有多远?

　　B: 坐公共汽车大概15分钟就到了。

4. **A**: 你都去过哪些地方?

　　B: (　　　)上海，哪儿都没去过。

5. **A**: 明天我(　　　)朋友一起去看电影，你去吗?

　　B: 我也很想去，不过明天有事儿。

풀이 요령만 알면 만점 예감

숫자 관련 문제는 듣기 영역뿐 아니라 독해 영역에도 종종 출제된다. 질문의 핵심 어휘를 파악한 후, 본문에서 핵심 어휘가 이끄는 문장을 찾는 요령을 익힌다면, 문제 푸는 시간을 단축시킬 수 있다. 또한 개사 比와 离가 이끄는 문장에 간혹 정답이 숨어 있으므로 개사 比와 离가 있는 문장을 유심히 살펴보자.

🔵 기초 실력 테스트

* 다음을 읽고 맞으면 O, 틀리면 X를 표시하세요.

❶ | 现在是11点30分，他们已经游了20分钟了。

★ 他们11点10分开始游泳。(　　　)

❷ | 我上午去外面买了个新手机，900多块钱，很便宜。

★ 那个手机不到1000元。(　　　)

❸ | 今天是7月12日，再有三天就是我爸爸的生日了。我想送他一个电脑。

★ 7月15日是我的生日。(　　　)

기출문제 맛보기

맛보기

난이도 下   공략 Key   질문의 핵심 어휘 파악

독해
제3부분

你看，这上面写着1.21元，前面的1表示元，中间的2表示角，最后的1表示分。明白了吗?

★ 中间的数字表示：

A 元　　　　　　　　B 角　　　　　　　　C 分

정답&공략

해석

你看，这上面写着1.21元，前面的1表示元，<u>中间的2表示角</u>，最后的1表示分。明白了吗?

★ 中间的数字表示：

A 元　　　**B** 角　　　C 分

봐봐. 이 위에 1.21위안이라고 적혀 있지. 앞쪽의 1은 위안을 나타내고, <u>중간의 2는 자오</u>, 마지막의 1은 펀을 나타내. 이해했니?

★ 중간의 숫자가 가리키는 것은?

A 위안　　　**B** 자오　　　C 펀

공략 질문의 핵심 어휘는 바로 中间이다. 핵심 어휘가 있는 문장 '中间的2表示角'를 통해 중간의 2는 '자오'를 가리키므로 정답은 B가 된다.

어휘 上面 shàngmian 몡 위, 위쪽 | 前面 qiánmian 몡 앞부분 | ★表示 biǎoshì 동 나타내다 | 元 yuán 양 위안(중국의 화폐 단위) | 角 jiǎo 양 자오(중국의 화폐 단위, 元의 10분의 1) | 分 fēn 양 펀(중국의 화폐 단위, 角의 10분의 1) | 明白 míngbai 동 알다, 이해하다

토크토크!
쌤의 한마디~

숫자는 우리 생활과 아주 밀접하죠? 따라서 다른 나라의 언어를 학습할 때도 시간, 거리, 신장, 가격 등 숫자와 관련 있는 표현들이 중요하답니다. 회화에서는 단순히 숫자와 관련 있는 기본 표현들을 익혔다면, HSK에서는 어법적으로 접근하여 다양한 표현을 익혀보세요.

공략 1. 먼저 질문의 핵심 어휘를 본문에서 찾아라

독해 제3부분은 반드시 질문을 먼저 보고 지문을 읽어야 한다. 하지만 이보다 더 빨리 정답을 찾는 방법은 바로 질문의 핵심 어휘를 지문에서 찾아 그 핵심 어휘가 이끄는 문장을 빠르게 독해하는 것이다. 문제 풀이 요령을 여러 번 반복하여 익힌다면, 보다 빠르게 정답을 찾을 수 있다.

- 小王长得多高：샤오왕의 키는 얼마나 큰가?
  <u>핵심 어휘</u>

- 有些年轻人下午：일부 젊은이들은 오후에?
  <u>핵심 어휘</u>

예제

난이도 下 **공략 Key** 질문의 핵심 어휘 파악

超市里一瓶水如果卖2.36元，也就是2块3角6分，那可能会带来许多不方便，因为现在人们的钱包里很少有"分"这么小的零钱。

★ 人们的钱包里很少有：

  A 6分   B 3角   C 2元

정답&공략

해석 超市里一瓶水如果卖2.36元，也就是2块3角6分，那可能会带来许多不方便，<u>因为现在人们的钱包里很少有"分"这么小的零钱。</u>

마트에서 물 한 병을 만약 2.36위안, 즉 2위안 3자오 6편에 판다고 하자. 이것은 아마도 많은 불편함을 가져올 것이다. <u>왜냐하면 지금 '편'과 같이 이렇게 작은 잔돈을 지갑에 가지고 다니는 사람이 많지 않기 때문이다.</u>

★ 人们的钱包里很少有：

Ⓐ 6分   B 3角   C 2元

★ 사람들의 지갑에 많이 없는 것은?

Ⓐ 6편   B 3자오   C 2위안

공략　이 문제의 핵심 문장은 '钱包里很少有'이다. 질문의 내용이 지문에 그대로 언급되어 있기 때문에 전체 내용을 자세히 읽지 않더라도 정답을 찾을 수 있다. 지문의 맨 마지막 내용인 '人们的钱包里很少有"分"这么小的零钱'을 통해서 정답이 A임을 알 수 있다.

어휘　超市 chāoshì 몡 마트, 슈퍼마켓ㅣ瓶 píng 양 병ㅣ★如果 rúguǒ 젭 만약, 만일ㅣ卖 mài 통 팔다ㅣ★带来 dàilái 통 일으키다, 가져오다ㅣ★许多 xǔduō 혱 매우 많다ㅣ钱包 qiánbāo 몡 지갑ㅣ零钱 língqián 몡 잔돈

> **Tip**　给+대상+带来+方便/好消息/麻烦
>
> '给+대상+带来'는 '~에게 ~을 가져오다'라는 의미를 나타내며 方便, 麻烦, 好消息 등의 어휘와 호응한다.
>
> 科学技术的发展给人们的生活带来方便。
> 과학 기술의 발전은 사람들의 생활에 편리함을 가져다주었다.
>
> 我今天给你带来了好消息。내가 오늘 너에게 좋은 소식을 가지고 왔어.

독해
제3부분

공략 2. 숫자의 절친 离와 比가 있는 문장을 유심히 살펴라

개사 离는 두 지점 간의 공간적인 거리뿐만 아니라 시간적인 거리를 나타내는 데 사용되며, 개사 比는 가격, 나이, 신장 등 두 대상을 구체적으로 비교하는 데 쓰인다. 이처럼 숫자와 친한 개사 离와 比가 있는 문장을 꼼꼼히 살펴보면, 좀 더 빠르게 정답에 접근할 수 있다.

〈 개사 **离**와 **比** 〉

离 lí ~까지, ~에서부터	'~까지'라는 뜻으로 시간적인 거리를 나타낸다.
	离期末考试只有一个月。기말고사까지 한 달밖에 안 남았다.
	'~에서부터'라는 뜻으로 공간적인 거리를 나타낸다.
	我家离地铁站很近。우리 집은 지하철역에서 아주 가깝다.
比 bǐ ~보다	'A는 B보다 ~만큼 ~하다'라는 뜻으로 구체적인 수치는 술어 뒤에 위치한다.
	今天比昨天早起了半个小时。오늘은 어제보다 30분 일찍 일어났다. 苹果比上个星期贵了两块。사과가 지난주보다 2위안 비싸졌다.

🏷 **바로 체크 Check!**　빈칸에 들어갈 알맞은 단어를 고르세요.

❶ 我_____机场很远，打的需要一个多小时。 （从 / 离）

❷ 她_____我姐姐大两岁。 （比 / 像）

정답 ❶ 离　❷ 比

난이도 中　공략 Key 개사 比가 있는 핵심 문장

上个月白菜卖一块八一斤，最近因为下雪，这个星期已经变成两块五了，比上个月贵了7角钱。

★ 最近白菜：

A 上个月更贵　　　　B 白菜贵了　　　　C 买菜的人多了

정답&공략

해석
上个月白菜卖一块八一斤，最近因为下雪，这个星期已经变成两块五了，<u>比上个月贵了七角钱</u>。

지난달 배추는 한 근에 1.8위안에 판매했다. 요즘 눈이 내려서, 이번 주 배추 값은 이미 2.5위안이 되었다. <u>지난달보다 0.7위안 비싸졌다.</u>

★ 最近白菜：

A 上个月更贵
Ⓑ 白菜贵了
C 买菜的人多了

★ 요즘 배추는?

A 지난달이 더 비싸다
Ⓑ 배추가 비싸졌다
C 채소를 사는 사람이 많아졌다

공략　비교를 나타내는 개사 比가 있는 문장인 '比上个月贵了七角钱'을 통해 배추가 지난달보다 더 비싸졌음을 알 수 있으므로 정답은 B가 된다.

어휘　白菜 báicài 명 배추 | 斤 jīn 양 근 | ★因为 yīnwèi 접 왜냐하면 | 下雪 xiàxuě 동 눈이 내리다 | ★已经 yǐjing 부 이미, 벌써 | ★变成 biànchéng 동 ~로 변하다, ~로 되다 | 贵 guì 형 비싸다

172

第 1-5 题

1. 张先生，您到饭店以后，先休息一下。中午我们一起吃午饭，下午三点我们经理和您见面，晚上经理请您吃晚饭。

   ★ 张先生三点做什么？

   　　A 和经理一起吃饭　　　　B 到外面去看看　　　　C 和经理见面

2. 昨天晚上看球赛，睡得太晚了，今天起床时已经八点多了，我刷了牙，洗了脸，就出来了。

   ★ 他今天有可能几点起床？

   　　A 8:20　　　　　　　　B 8:00　　　　　　　　C 9:00

3. 爸，您知道吗？13号地铁经过我们家附近，而且地铁站离我们家很近。以后，你上班就方便多了，从我家到你公司只要花30分钟，比坐公共汽车快多了。

   ★ 13号地铁：

   　　A 离他家不远　　　　　B 比坐公共汽车慢　　　　C 旁边有火车站

4. 6月18号晚上，她正要去下班的时候，突然看到男朋友拿着鲜花站在办公室门口。她这才明白今天是自己的生日。

   ★ 6月18号：

   　　A 男朋友的生日　　　　B 他们的节日　　　　　C 她的生日

5. 您是来参加今天的面试的吗？面试十点开始，您来早了一点儿，离面试还有二十分钟。请您在外面等一下。

   ★ 现在几点？

   　　A 10:00　　　　　　　B 10:20　　　　　　　　C 9:40

◆정답 및 해설_ 해설집 49쪽

23 독해 day

접속사와 지시대사가 이끄는 문장을 스캔하라

원인 및 목적을 묻는 문제는 대부분 '为什么'로 질문하고 '因为'로 대답한다. 따라서 먼저 질문을 통해 원인 및 목적을 묻는 문제 유형임을 파악해야 한다. 또한 지시대사가 있는 문장을 통해서도 문제 해결의 실마리를 찾을 수 있으므로 지시대사의 쓰임에 주목하자.

기초 실력 테스트

1 다음을 읽고 내용이 맞으면 O, 틀리면 X를 표시하세요.

> 不要在公共汽车上看书、看报纸，因为那样对眼睛不好。

★ 坐公共汽车对眼睛不好。(　　　)

2 다음을 읽고 알맞은 답을 고르세요.

> 人太多了，还是别等公共汽车了，我们坐出租车吧。

★ 他们为什么要打的去？

　A 怕迟到　　　　　　　　B 人很多

3급 기출문제 맛보기

 맛보기

난이도 上 | 공략 Key 목적을 나타내는 접속사 为了

会议7号结束，我准备开完会后，为了看看我的一个老同学去河南，然后才回来。

★ 他为什么要去河南?

A 看学生　　　　　B 看朋友　　　　　C 看月亮

📌 **정답&공략**

해석　会议7号结束，我准备开完会后，为了看看我的一个老同学去河南，然后才回来。

★ 他为什么要去河南?

A 看学生
Ⓑ **看朋友**
C 看月亮

회의가 7일에 끝난다. 나는 회의가 끝나면, 오랜 동창을 보러 허난에 갔다온 후, 돌아온다.

★ 그는 왜 허난을 가려고 하는가?

A 학생을 보려고
Ⓑ **친구를 보려고**
C 달을 보려고

공략　목적을 나타내는 접속사 为了가 있는 문장을 통해, 회의가 끝난 후 오랜 동창을 보기 위해 허난에 가려고 함을 알 수 있다. 따라서 B가 정답으로 적절하다.

어휘　会议 huìyì 圆 회의 | ★结束 jiéshù 동 끝나다, 마치다 | ★准备 zhǔnbèi 동 준비하다 | 同学 tóngxué 圆 동창, 학우 | 河南 Hénán 고유 허난 | ★然后 ránhòu 줩 그런 후에, 연후에

토크토크!
쌤의 한마디~

你为什么这么说? (너는 왜 이렇게 말하는 거야?)
他为什么昨天没来? (그는 어제 왜 안 왔니?)
여기서 为什么는 '왜, 어째서'라는 의미를 나타내는 의문대사로, 어떠한 일에 대한 원인 및 목적을 물을 때 자주 사용해요. 또한 为什么로 물으면 '왜냐하면'이라는 뜻의 因为로 대답할 수 있다는 것도 꼭 기억하세요~

공략 1. 원인 및 목적을 나타내는 접속사가 있는 문장을 유심히 살펴라

为什么와 개사 为了가 제시되면 원인 및 목적에 관한 문제임을 알 수 있다. 그러므로 인과 관계 및 목적 관계를 나타내는 접속사의 의미와 용법에 대해 정확히 이해해야 한다.

〈 원인 및 목적을 나타내는 대표 접속사 〉

因为 yīnwèi……，所以 suǒyǐ…… ~이기 때문에 그래서 ~하다
因为快考试了，小高这几天没有休息好。곧 시험이기 때문에 샤오가오는 요 며칠간 잘 쉬지 못했다. 我从小就南方长大，所以一直没见过雪。나는 어려서부터 남방에서 자라서, 줄곧 눈을 본 적이 없다.
为了 wèile A, B A하기 위해서 B하다
为了使自己更瘦一点儿，她每天晚上只吃一个香蕉。 더 날씬해지기 위해서 그녀는 매일 저녁 바나나 하나만 먹는다. 为了让自己更健康，他每天都花一个小时去锻炼身体。 더 건강해지기 위해서 그는 매일 한 시간씩 운동을 하러 간다.

바로 체크! 빈칸에 들어갈 알맞은 단어를 고르세요.

❶ _____路上堵车，他今天又迟到了。（因为 / 为了）

❷ _____考上名牌儿大学，我很努力学习。（因为 / 为了）

정답 ❶ 因为 ❷ 为了

예제

난이도 上 **공략 Key** 원인을 나타내는 접속사 因为

> 为了健康，我们应该每年都去医院做一次身体检查，特别是那些40
> 岁以上的人们，<u>因为</u>这样可以早一些发现问题。
>
> ★ 每年检查一次身体主要是为了：
>
> A 长得更好看　　　　B 早发现问题　　　　C 使自己变年轻

해석

为了健康，我们应该每年都去医院做一次身体检查，特别是那些40岁以上的人们，<u>因为这样可以早一些发现问题。</u>

★ 每年检查一次身体主要是为了：

A 长得更好看
Ⓑ 早发现问题
C 使自己变年轻

건강을 위해, 우리는 매년 병원에 가서 한 번씩 건강 검진을 받아야 한다. 특히 40세 이상인 사람들은 그렇다. <u>이렇게 해야 조기에 문제를 발견할 수 있기 때문이다.</u>

★ 매년 한 번씩 건강 검진을 하는 주된 목적은?

A 더 예뻐지려고
Ⓑ 조기에 문제를 발견하려고
C 더 젊어지려고

공략 원인을 나타내는 접속사 因为가 이끄는 문장을 통해, 매년 한 번씩 병원에 가서 건강 검진을 받으면 조기에 문제를 발견할 수 있음을 알 수 있으므로 정답은 B가 된다.

어휘 ★为了 wèile 洲 ~하기 위해서 | 应该 yīnggāi 조롱 ~해야 한다 | 医院 yīyuàn 몡 병원 | ★检查 jiǎnchá 동 검사하다 | ★特别 tèbié 閉 특히, 더욱 | ★发现 fāxiàn 동 발견하다 | 问题 wèntí 몡 문제

> **Tip** 동량사 次와 遍
>
> 次와 遍은 모두 동작의 횟수를 세는 동량사이다. 次는 동작의 횟수를 강조하며, 遍은 동작의 시작에서 끝까지의 전 과정을 강조한다.
>
> 这个电影我看了三次也没看完一遍。 나는 이 영화를 세 번 봤는데 한 번도 다 보지 못했다.
>
> 这本书很好，我已经看过两遍了。 이 책은 아주 재미있어서 나는 이미 두 번이나 봤다.

독해 제3부분

공략 2. 지시대사 这样이 이끄는 문장에 답이 숨어 있다

'这个字应该这样写。(이 글자는 이렇게 써야 한다.)'라는 문장에서 지시대사 这样은 동사 写를 수식하여 방식을 나타내고, '这样的事情经常发生。(이런 일은 자주 발생한다.)'이라는 문장에서 这样은 구조조사 的와 함께 주어를 꾸미는 관형어 역할을 한다. 이 밖에 지시대사 这样은 두 번째 절 이상에 쓰여 앞 절의 어떤 동작이나 상황을 대신하는 역할도 한다. 독해 제3부분 '이유 및 원인'을 묻는 문제에서 지시대사 这样이 받는 문장을 유심히 살펴보면 답이 되는 힌트를 발견할 수 있다.

예제

난이도 中 | 공략 Key 동작이나 상황을 나타내는 지시대사 这样

姐姐很喜欢把头发放在耳朵前面，她觉得这样可以使她的脸看上去小一些，但是我没看出来和以前有什么不一样。

★ 姐姐为什么把头发放在耳朵前面？

　　A 为了脸小　　　　　B 为了头发好看　　　　　C 为了好好上课

정답&공략

해석　姐姐很喜欢把头发放在耳朵前面，她觉得这样可以使她的脸看上去小一些，但是我没看出来和以前有什么不一样。

★ 姐姐为什么把头发放在耳朵前面？

Ⓐ 为了脸小
B 为了头发好看
C 为了好好上课

언니는 머리를 귀 앞으로 내는 것을 매우 좋아한다. 언니는 그렇게 하면 그녀의 얼굴이 좀 작아 보인다고 생각한다. 그러나 나는 예전과 뭐가 다른지 모르겠다.

★ 언니는 왜 머리를 귀 앞으로 내는가?

Ⓐ 얼굴이 작아 보이려고
B 머리를 예쁘게 하려고
C 수업을 열심히 하려고

공략　어떤 동작이나 상황을 대신하는 지시대사 这样이 이끄는 문장을 통해 언니는 얼굴을 좀 작아 보이게 하려고 머리를 귀 앞으로 내는 것을 좋아함을 알 수 있다. 따라서 정답은 A가 된다.

어휘　头发 tóufa 명 머리카락 | ★放 fàng 동 놓다 | 耳朵 ěrduo 명 귀 | 前面 qiánmian 명 앞, 전면 | ★使 shǐ 동 ～을 시키다, ～하게 하다 | 脸 liǎn 명 얼굴 | ★看上去 kàn shàngqu 보아하니 | 以前 yǐqián 명 과거, 이전

第 1-5 题

1. 到了学校，因为他发现学生证不见了，在书包里找了半天，也没找到，很着急。

   ★ 他为什么着急？

      A 迟到了　　　　　　B 忘记拿了书包了　　C 找不到学生证了

2. 心情不好的时候，你不要自己坐在房间里，也不要躺在床上睡觉，你应该找朋友一起聊天儿，这样你的心情会好起来的。

   ★ 为什么找朋友聊天儿？

      A 心情会好的　　　　B 很喜欢朋友　　　　C 不想睡觉

3. 听说你下个星期就要回国了。因为我下星期不在上海，没办法去机场送你了，这本小说送给你，希望你明年再来中国玩儿。

   ★ 他为什么现在送礼物？

      A 下星期回国　　　　B 这本小说很好看　　C 下星期不在上海

4. 没关系，她哭是因为刚才看了一部电影《父母之爱》，这使她突然想起了很多过去的事情。

   ★ 她为什么哭？

      A 想起了过去　　　　B 眼睛不舒服　　　　C 跟男朋友分手了

5. 小张是一位小学老师，教三年级的科学，他虽然很年轻，但是因为课讲得很好，所以同学们都很喜欢他。

   ★ 学生为什么喜欢张老师？

      A 不太年轻　　　　　B 课讲得好　　　　　C 很关心学生

24 day 독해

핵심 어휘로 장소에 대한
객관적인 평가를 내려라

독해 제3부분 장소 관련 문제에서는 장소를 평가하는 유형이 주로 출제되므로 장소 관련 핵심 어휘를 먼저 이해하는 것이 필수이다.

기초 실력 테스트

1 다음을 읽고 내용이 맞으면 O, 틀리면 X를 표시하세요.

> 今天太累了，我不想做饭了，我们去外面吃吧，你想吃什么？

★ 他们想在家吃饭。(   )

2 다음을 읽고 알맞은 답을 고르세요.

> 喂，姐，我的飞机是十点七分的，再有二十分钟我就到机场了。我们下午见。

★ 她最可能在哪儿？

A 机场   B 路上

3급 기출문제 맛보기

맛보기

난이도 下   공략 Key 장소를 나타내는 대사 这里

> 这里的香蕉非常有名，每年8月这里会举行一个香蕉节，所以，夏季有很多人来这里玩儿。
>
> ★ 这个地方：
>
> A 常下雪   B 很有名   C 有很多外国人

정답&공략

해석

这里的香蕉非常有名，每年8月这里会举行一个香蕉节，所以，夏季有很多人来这里玩儿。

★ 这个地方：

A 常下雪
B 很有名
C 有很多外国人

이곳의 바나나는 굉장히 유명하다. 매년 8월이 되면, 여기서 바나나 축제를 개최한다. 그래서 여름에 많은 사람들이 이곳으로 놀러 온다.

★ 이곳은?

A 눈이 자주 내린다
B 매우 유명하다
C 외국 사람이 많다

공략 문제에서 언급한 '这个地方'은 바로 '这里'를 가르킨다. 따라서 장소 어휘가 있는 문장인 '这里的香蕉非常有名'을 통해서 B가 정답임을 알 수 있다.

어휘 香蕉 xiāngjiāo 몡 바나나 | ★有名 yǒumíng 혱 유명하다 | ★举行 jǔxíng 동 개최하다 | 夏季 xiàjì 몡 여름

토크토크!
쌤의 한마디~

> 처음 여행을 가본 곳의 관광 명소, 식당, 상점 등이 여러분한테 어떤 인상을 주었나요? 어떤 식당은 음식은 맛있지만 종업원의 서비스가 별로고, 어떤 상점은 옷은 예쁘지만 비쌌을 수도 있죠. 이처럼 어느 곳에 가든 우리는 그 장소에 대한 평가를 하기 마련인데요, 장소에 대한 평가 관련 핵심 표현을 익혀볼까요?

공략 1. 문제에서 언급한 장소의 앞뒤 문장을 눈여겨봐라

독해 제3부분에 장소 관련 문제가 출제될 경우 장소 어휘를 지문에서 찾아 동그라미를 친 후, 앞뒤 문장을 그대로 스캔하여 정답을 찾자. 혹시 보기에 모르는 어휘가 있더라도 방금 스캔한 문장과 대조하여 찾는다면 충분히 정답을 맞힐 수 있다.

예제

난이도 中 · 공략 Key 장소를 나타내는 대사 那

那家宾馆的周围环境还可以，而且就在市中心，交通很方便。怎么样？我们就住那儿吧。

★ 那家宾馆：

A 交通不方便 　　　B 环境不好 　　　C 环境不错

정답&공략

해석　　那家宾馆的周围环境还可以，而且就在市中心，交通很方便。怎么样？我们就住那儿吧。

★ 那家宾馆：

A 交通不方便
B 环境不好
Ⓒ 环境不错

그 호텔의 주변 환경이 제법 괜찮아. 게다가 바로 시내 중심에 있어서, 교통이 아주 편리해. 어때? 우리 거기서 묵자.

★ 그 호텔은?

A 교통이 불편하다
B 환경이 좋지 않다
Ⓒ 환경이 좋다

공략　보기에 제시된 장소 어휘가 있는 문장 '那家宾馆的周围环境还可以'를 통해 그 호텔의 주변 환경이 좋음을 알 수 있으므로 C가 정답이 된다.

어휘　家 jiā 양 집·점포·공장 등을 세는 단위 | 宾馆 bīnguǎn 명 호텔 | 周围 zhōuwéi 명 주위, 주변 | ★环境 huánjìng 명 환경 | 市中心 shìzhōngxīn 명 시내 중심 | 交通 jiāotōng 명 교통 | ★方便 fāngbiàn 형 편리하다

공략 2. 장소에 대한 평가를 나타내는 어휘를 정복하라

장소에 대한 평가 문제는 일반적으로 怎么样으로 묻는다. 문제에서 언급한 장소 어휘를 머릿속에 입력한 후, 장소에 대한 평가를 나타내는 핵심 어휘들을 체크하면서 문제를 풀자. 대부분 장소에 대한 긍정적인 평가를 나타내는 어휘들이 많이 출제되므로 평소에 암기해둔다면 문제 푸는 시간을 단축시킬 수 있다.

독해
제3부분

〈 장소에 대한 긍정적인 평가 관련 어휘 〉

★新鲜 xīnxiān 신선하다	这里的空气很新鲜，周围有很多树和花。 여기의 공기는 아주 신선하다. 주변에 많은 나무와 꽃이 있다.
★有名 yǒumíng 유명하다	那家饭馆的四川菜很有名。 여기의 쓰촨 요리는 아주 유명하다.
热情 rèqíng 친절하다	这里的人都很热情。 여기 사람들은 모두 친절하다.
安静 ānjìng 조용하다	城市没有农村那么安静。 도시는 농촌만큼 그렇게 조용하지 않다.
★舒服 shūfu 편안하다	这里有山有水，住着很舒服。 여기에는 산과 물이 있어서 살기에 아주 편안하다.
干净 gānjìng 깨끗하다	这条街很干净。 이 거리는 아주 깨끗하다.
★方便 fāngbiàn 편리하다	我家附近的环境很不错，而且交通也非常方便。 우리 집 근처의 환경은 아주 좋다. 게다가 교통도 매우 편리하다.
满意 mǎnyì 만족하다	我对这儿很满意，虽然没有花园，但是离河边很近。 나는 이곳에 아주 만족한다. 비록 화원은 없지만 강가와 아주 가깝다.

바로 체크 Check! 다음 문장을 해석하세요.

❶ 空气新鲜。 _____

❷ 对客人很热情。 _____

❸ 附近很安静。 _____

정답 ❶ 공기가 신선하다 ❷ 손님에게 아주 친절하다 ❸ 근처가 아주 조용하다

我妻子对现在住的地方比较满意：房子虽然不大，但很干净，还有，附近很安静，住着很舒服。

★ 妻子觉得房子怎么样?

A 还不错　　　　　B 有些旧　　　　　C 附近很吵

정답&공략

해석　我妻子对现在住的地方比较<u>满意</u>：房子虽然不大，<u>但很干净</u>，还有，附近<u>很安静</u>，住着很<u>舒服</u>。

★ 妻子觉得房子怎么样?

Ⓐ 还不错
B 有些旧
C 附近很吵

내 아내는 지금 사는 곳에 비교적 <u>만족한다</u>. 집이 비록 크지는 않지만, 아주 <u>깨끗하다</u>. 그리고 근처가 아주 조용해서, 살기 매우 <u>편안하다</u>.

★ 아내가 생각하기에 집은 어떠한가?

Ⓐ <u>제법</u> 괜찮다
B 약간 낡았다
C 근처가 아주 시끄럽다

공략　아내는 지금 살고 있는 곳이 깨끗하고 조용해서 살기 좋다고 생각하고 있으므로 부정적인 의미를 나타내는 B와 C는 정답과 거리가 멀다. 따라서 A가 정답으로 적절하다.

어휘　对 duì 깨 ~에 대해 | 比较 bǐjiào 뷔 비교적 | ★满意 mǎnyì 혱 만족하다 | 房子 fángzi 몡 집 | ★干净 gānjìng 혱 깨끗하다 | 附近 fùjìn 몡 근처 | ★安静 ānjìng 혱 조용하다 | ★舒服 shūfu 혱 편안하다

> **Tip** 동태조사 着의 다양한 용법
>
> ① ~하고 있다 : 동작의 지속을 나타낸다.
>
> 他们正吃着饭呢。 그들은 밥을 먹고 있다.
>
> ② ~해 있다 : 정지 상태의 지속을 나타낸다.
>
> 桌子上放着一本书。 책상 위에 책 한 권이 놓여 있다.
>
> ③ ~하면서 : 동작의 수단 및 방식을 나타낸다.
>
> 老师站着讲课，我们坐着上课。 선생님은 서서 수업을 하고, 우리는 앉아서 수업을 받는다.

第 1–5 题

1. 过去这儿有很多低矮的旧房子，但是现在都不见了，出现在我们眼前的是干净的街道和漂亮的花园，这个城市的变化真大。

   ★ 这个城市以前：

   A 很干净 　　　　　　 **B** 特别漂亮 　　　　　　 **C** 有不少老房子

2. 那个地方很有名，蓝天，白云，绿草，很多人喜欢去那里旅游。奶奶家就住在那儿，她家旁边有一条小河，河边有小小的水草，河里有着一种黄色的小鱼。

   ★ 那个地方怎么样？

   A 经常下雪 　　　　　　 **B** 环境很好 　　　　　　 **C** 空气不好

3. 我们家附近有一家超市，走路十分钟就到了，去那儿买东西非常方便。

   ★ 那个超市：

   A 有两层 　　　　　　 **B** 买东西很方便 　　　　　　 **C** 离他家很远

4. 那条街上以前有一家饭馆儿，他们家的火锅特别有名。每次去那儿吃饭，饭馆儿里总是有很多客人。

   ★ 那家饭馆儿：

   A 客人不多 　　　　　　 **B** 在超市旁边 　　　　　　 **C** 火锅很好吃

5. 下班后我们一起去喝茶吧，就在公司旁边，30元一位，除了茶水，还送一些吃的。你那个朋友姓什么？我忘了，把他也叫上？

   ★ 那个茶馆儿怎么样？

   A 椅子很矮 　　　　　　 **B** 在花园里 　　　　　　 **C** 送吃的东西

✦ **정답 및 해설** 해설집 53쪽

인물의 행동을 통해
모든 것을 파헤쳐라

인물의 행동, 직업, 평가 관련 문제는 인물의 행동을 통해 그 사람을 평가하거나 직업을 유추하는 문제가 주로 출제된다. 따라서 행동과 관련된 어휘뿐 아니라 직업이나 평가를 나타내는 각종 어휘를 정리해야 한다.

○ 기초 실력 테스트

1 다음을 읽고 내용이 맞으면 O, 틀리면 X를 표시하세요.

> 我喜欢猫，但是丈夫不喜欢，所以到现在家里也没有猫。我希望有一天能有一个小猫。

★ 我丈夫想要一个小猫。(　　　)

2 다음을 읽고 알맞은 답을 고르세요.

> 从她家到北京，坐火车就5个小时，比坐飞机便宜很多。所以，明天她准备坐火车去。

★ 她打算：

　A 去北京　　　　　　　　　B 坐飞机

3급 기출문제 맛보기

맛보기

난이도 上　공략 Key 인물의 평가를 나타내는 핵심 문장

> 一般来说，女孩子都喜欢穿裙子，爱唱歌、跳舞。但我哥的女儿不是这样，她从小就像个男孩子一样，喜欢体育，喜欢玩儿电子游戏，我几乎没见她穿过裙子。
>
> ★ 哥哥的女儿：
>
> A 喜欢数学　　　　B 头发很长　　　　C 很少穿裙子

독해
제3부분

정답&공략

해석　一般来说，女孩子都喜欢穿裙子，爱唱歌、跳舞。但我哥的女儿不是这样，她从小就像个男孩子一样，喜欢体育，喜欢玩儿电子游戏，我几乎没见她穿过裙子。

일반적으로 여자아이는 모두 치마를 입는 것을 좋아하고, 노래 부르고 춤추는 것을 좋아한다. 하지만 우리 오빠의 딸은 그렇지 않다. 그 애는 어려서부터 남자아이처럼 스포츠와 전자 게임 하는 것을 좋아했다. 나는 거의 그녀가 치마 입은 것을 본 적이 없다.

★ 哥哥的女儿：

A 喜欢数学
B 头发很长
◎ 很少穿裙子

★ 오빠의 딸은?

A 수학을 좋아한다
B 머리가 아주 길다
◎ 치마를 자주 입지 않는다

공략　인물의 평가를 나타내는 핵심 문장인 '我几乎没见她穿过裙子'를 통해 오빠의 딸이 치마를 자주 입지 않음을 알 수 있으므로 정답은 C가 된다.

어휘　裙子 qúnzi 명 치마 | 跳舞 tiàowǔ 통 춤을 추다 | ★从小 cóngxiǎo 부 어릴 때부터 | ★像 xiàng 통 마치 ~인 것 같다 | 体育 tǐyù 명 스포츠 | 电子游戏 diànzǐ yóuxì 전자 게임 | ★几乎 jīhū 부 거의

토크토크!
쌤의 한마디~

> 일상생활에서 우리는 가족, 친구, 선생님, 심지어 잘 모르는 사람에게 평가를 받죠? 시험 문제에서조차 인물을 평가하는 문제가 종종 출제되는데요, 다행히도 시험에서는 인물을 부정적으로 평가하기보다는 주로 긍정적으로 평가해요. 사람을 평가하는 긍정적 어휘에 촉각을 곤두세우고 마스터한다면, 문제를 푸는 데 도움이 되겠죠?

⭐ **공략 1. 인물의 행동과 평가를 나타내는 어휘에 집중하라**

1. 인물의 행동과 관련된 문제의 질문 형태 : 인물의 행동을 묻는 문제가 출제되면 이와 관련된 핵심 어휘를 중심으로 정답을 찾으면 된다.

- 她打算：그녀의 계획은?
- 妈妈让儿子做什么？엄마는 아들에게 무엇을 하라고 하는가?

〈 인물의 행동 관련 어휘 〉

打 dǎ 하다	**결합 명사** ★电话 diànhuà 전화｜手机 shǒujī 휴대 전화｜篮球 lánqiú 농구｜网球 wǎngqiú 테니스
	以后有什么事情可以给我打电话。나중에 무슨 일이 있으면 나에게 전화해.
写 xiě 쓰다	**결합 명사** ★电子邮件 diànzǐ yóujiàn 이메일｜故事 gùshi 이야기｜短信 duǎnxìn 문자 메시지
	这不是写电子邮件就能解决的问题。이것은 메일을 써서 해결할 문제가 아니다.
看 kàn 보다	**결합 명사** 报纸 bàozhǐ 신문｜书 shū 책｜★新闻 xīnwén 뉴스｜球赛 qiúsài 축구 시합
	越来越多的人喜欢在电脑上看新闻。 점점 더 많은 사람들이 컴퓨터로 뉴스 보는 것을 좋아한다.
去 qù 가다	**결합 명사** ★电影院 diànyǐngyuàn 영화관｜医院 yīyuàn 병원｜商场 shāngchǎng 상가, 백화점｜超市 chāoshì 슈퍼마켓
	我很少去电影院看电影。나는 가끔 영화관에 가서 영화를 본다.
送 sòng 주다	**결합 명사** ★礼物 lǐwù 선물｜鲜花 xiānhuā 생화
	我姐送我生日礼物。우리 누나가 생일 선물을 줬다.
洗 xǐ 씻다, 빨다	洗衣服 xǐ yīfu 세탁하다｜洗澡 xǐzǎo 샤워하다｜★洗脸 xǐliǎn 세수하다
	我刷了牙，洗了脸，就出来了。나는 양치와 세수를 하고 바로 나갔다.
拿 ná 가지다	**결합 명사** 雨伞 yǔsǎn 우산｜铅笔 qiānbǐ 연필｜钱包 qiánbāo 지갑
	每次上课时，总会有学生忘了拿铅笔。 매번 수업을 할 때, 연필을 깜박 잊고 가져오지 않는 학생이 항상 있다.
做 zuò 하다, 만들다	**결합 명사** 米饭 mǐfàn 쌀밥｜蛋糕 dàngāo 케이크｜★工作 gōngzuò 일｜★运动 yùndòng 운동
	每天都做着相同的工作。매일 같은 일을 하고 있다.

穿 chuān 입다, 신다	결합 명사 ★衣服 yīfu 옷 │ 裙子 qúnzi 치마 │ 裤子 kùzi 바지 │ 袜子 wàzi 양말 │ 鞋 xié 신발
	你看我穿哪件衣服更好? 네가 보기에 내가 어떤 옷을 입는 것이 더 좋을까?
找 zhǎo 찾다	결합 명사 宾馆 bīnguǎn 호텔 │ 眼镜 yǎnjìng 안경 │ 杂志 zázhì 잡지
	我找了半天也没有找到那本杂志。 나는 한참을 찾았는데, 그 잡지를 찾지 못했다.
玩儿 wánr 놀다	결합 명사 电脑 diànnǎo 컴퓨터 │ ★游戏 yóuxì 게임
	我不会玩儿这个游戏。 나는 이 게임을 할 줄 모른다.

독해
제3부분

2. 인물의 평가와 관련된 문제의 질문 형태 : 인물을 평가하는 문제가 출제되면 우선 문제를 통해 누구에 관해 묻는지 대상을 파악하고, 인물의 평가를 나타내는 핵심 문장을 중심으로 정답을 찾으면 된다.

· 女儿 : 딸은?
· 他认为，老师 : 그가 생각하기에 선생님은?

〈 인물의 평가 관련 어휘 〉

★有名 yǒumíng 유명하다	她在我们学校很有名。 그녀는 우리 학교에서 아주 유명하다.
★努力 nǔlì 노력하다	他学习一直很努力，成绩很好。 그는 공부를 줄곧 열심히 해서 성적이 아주 좋다.
聪明 cōngming 똑똑하다	我女儿又聪明又漂亮。 내 딸은 똑똑하기도 하고 예쁘기도 하다.
胖 pàng 뚱뚱하다	她长大后变胖了。 그녀는 자라면서 뚱뚱해졌다.
关心 guānxīn 관심을 가지다	老师很关心学生。 선생님은 학생들에게 관심을 기울인다.
★好 hǎo 좋다, 훌륭하다	他普通话说得真好。 그는 표준어를 진짜 잘한다.
★提高 tígāo 향상시키다	我的成绩比过去提高了很多。 내 성적은 예전보다 많이 향상되었다.

바로 체크 Check! 다음 단어의 의미를 써보세요.

❶ 有名 _____	❷ 聪明 _____	❸ 提高 _____

정답 ❶ 유명하다 ❷ 똑똑하다 ❸ 향상시키다

난이도 中 공략 Key 인물의 행동을 나타내는 핵심 문장

> 小刘，你过来帮帮爷爷好吗？爷爷的眼镜找不到了，你看看在哪儿呢？我记得刚才放到桌子上了，不知道是不是谁拿走了？
>
> ★ 爷爷找小刘做什么？
>
> A 找眼镜　　　　　　B 找奶奶　　　　　　C 搬桌子

해석
　　小刘，你过来帮帮爷爷好吗？爷爷的眼镜找不到了，你看看在哪儿呢？我记得刚才放到桌子上了，不知道是不是谁拿走了？

★ 爷爷找小刘做什么？

Ⓐ 找眼镜
B 找奶奶
C 搬桌子

샤오류, 이리 와서 할아버지 좀 도와줄래? 할아버지 안경을 못 찾겠다. 네가 어디에 있는지 좀 봐줄래? 내가 방금 테이블 위에 올려놓은 것 같은데, 누가 가져갔는지 모르겠다.

★ 할아버지는 샤오류에게 무엇을 하라고 하는가?

Ⓐ 안경을 찾으라고 하신다
B 할머니를 찾으라고 하신다
C 테이블을 옮기라고 하신다

공략　인물의 행동에 관해 묻고 있으므로 행동 관련 어휘를 중심으로 읽는다. '爷爷的眼镜找不到了，你看看在哪儿呢?'라는 문장을 통해 A가 정답임을 알 수 있다.

어휘　帮 bāng 图 돕다, 거들다 | 眼镜 yǎnjìng 圐 안경 | ★记得 jìde 图 기억하다 | ★刚才 gāngcái 圐 방금

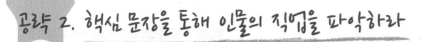

공략 2. 핵심 문장을 통해 인물의 직업을 파악하라

인물의 직업과 관련된 문제는 주로 '说话人最可能是做什么的?(화자는 무엇을 하는 사람일 가능성이 큰가?)', '她丈夫是最可能是:(그녀의 남편은 ~할 가능성이 크다)' 형태로 질문한다. 독해 제3부분에서 직업 관련 문제는 그다지 출제 비율이 높지 않지만, 선생님, 학생, 의사 등 시험에 자주 출제되는 직업 관련 핵심 문장은 반드시 알아두자.

〈 시험에 자주 출제되는 직업 관련 핵심 문장 〉

老师 lǎoshī 선생님	请大家用黑板上的这五个词，写一个故事。 모두들 칠판에 있는 이 5개의 어휘를 사용하여, 이야기를 한 편 쓰세요. 下次考试的时候，要认真些，看清楚试题的要求。 다음 시험에서는 좀 더 열심히 하고, 문제의 요구를 정확히 파악하세요. ★他虽然很年轻，但是对学生很关心。 그는 비록 아주 젊지만, 학생들에게 많은 관심을 기울인다.
学生 xuésheng 학생	我的练习题还没做完，你有铅笔吗？借我用一下？ 나는 연습 문제를 아직 다 못 풀었어. 너는 연필이 있니? 나 좀 빌려줄래? ★我喜欢历史课、体育课，不喜欢数学课。 나는 역사 수업과 체육 수업을 좋아하고, 수학 수업을 좋아하지 않는다. 她在我们学校很有名，她英语水平非常高。 그녀는 우리 학교에서 매우 유명하다. 그녀의 영어 수준은 아주 높다.
医生 yīshēng 의사	★我给你开点儿药，休息几天就好了。 제가 약을 처방해드리겠습니다. 며칠 쉬면 좋아집니다. 你一直说耳朵疼，但我看你的耳朵没问题。 계속 귀가 아프다고 하시는데, 제가 보기에 귀에는 문제가 없습니다. ★换季的时候，天气变化很大，人们容易感冒。 환절기에는 날씨 변화가 커서 사람들이 감기에 걸리기 쉽다.
经理 jīnglǐ 사장/ 职员 zhíyuán 직원	他每天到办公室的第一件事就是打开电脑，看电子邮件。 그는 매일 사무실에 도착하면, 제일 처음 하는 일이 바로 컴퓨터를 켜서 메일을 확인하는 것이다. 今天下午有个很重要的会议，大家别迟到。 오늘 오후에 매우 중요한 회의가 있으니, 모두들 지각하지 마세요.

바로 체크 Check! 다음 문장을 읽고 연관되는 단어를 고르세요.

|보기| 经理　　　　医生　　　　老师

❶ 我给你开点儿药，休息几天就好了。　　_____

❷ 我明天下午有个会议。　　_____

❸ 她是我们班成绩最好的。　　_____

정답 ❶ 医生 ❷ 经理 ❸ 老师

난이도 中 공략 Key 인물의 직업을 나타내는 핵심 문장

　　请大家把黑板上的这些词写在本子上，回家后用这些词语写一篇文章，别忘了，最少写100字。

★ 说话人最可能是做什么的?

A 老师　　　　　　B 学生　　　　　　C 医生

정답&공략

해석　请大家把黑板上的这些词写在本子上，回家后用这些词语写一篇文章，别忘了，最少写100字。

★ 说话人最可能是做什么的?

Ⓐ 老师　　　B 学生　　　C 医生

모두들 칠판에 있는 이 단어들을 노트에 적으세요. 집에 가서 이 단어를 이용하여, 한 편의 글을 쓰세요. 최소한 100자로 쓰는 것을 잊지 마세요.

★ 화자는 무엇을 하는 사람일 가능성이 가장 큰가?

Ⓐ 선생님　　　B 학생　　　C 의사

공략　인물의 직업을 나타내는 핵심 문장인 '请大家把黑板上的这些词写在本子上'을 통해서 화자의 직업이 선생님임을 알 수 있으므로 정답은 A가 된다.

어휘　黑板 hēibǎn 몡 칠판 | 本子 běnzi 몡 노트, 필기장 | ★篇 piān 양 편, 장(문장·종이 등을 세는 단위) | 文章 wénzhāng 몡 한 편의 글, 문장 | ★别 bié 閉 ~하지 마라 | 忘 wàng 동 잊다

第 1–5 题

1. 我特别希望丈夫能早一些下班，多一些休息，可以经常和我在一起，不要周末的时候还要去公司上班。

   ★ 她丈夫最可能是：

   A 校长 **B** 护士 **C** 经理

2. 女儿从小就喜欢短头发，喜欢像男孩子一样打篮球。长大后，她慢慢地开始像个女孩子了。她学习一直很努力，成绩很好。

   ★ 女儿：

   A 学习很认真 **B** 成为运动员 **C** 喜欢踢足球

3. 丈夫最近比较忙，很少去运动，又胖了两公斤。他打算等忙完这段时间，就去跑步和游泳。

   ★ 丈夫最近：

   A 变胖了 **B** 吃得很多 **C** 经常锻炼

4. 这个暑假我跟朋友一起去游泳，把我累坏了，到现在我的全身还在疼。看来我是应该多锻炼锻炼了。

   ★ 他打算：

   A 去旅行 **B** 锻炼身体 **C** 去医院

5. 最近，我发现三岁的女儿对音乐很有兴趣。她哭的时候，如果唱歌给她听，她马上就不哭了，或者让她听音乐，她高兴地跳起舞来了。

   ★ 她认为，女儿：

   A 喜欢音乐 **B** 喜欢唱歌 **C** 喜欢哭

+정답 및 해설_ 해설집 55쪽

26 day
독해

문장 속 숨은 의미를
정확히 간파하라

추측 및 판단을 묻는 문제는 등장인물의 말이나 행동을 파악하는 것이 무엇보다 중요하다. 문제를 정확히 풀기 위해서는 반드시 보기를 먼저 살펴보고, 본문과 일치하지 않는 보기들은 소거하면서 푸는 것이 좋다. 또한 속담 및 관용 표현을 통해 정답을 찾는 문제가 출제되므로, 시험에 자주 출제되는 속담 및 관용 표현을 반드시 익혀두자.

◆ 기초 실력 테스트

1 다음을 읽고 내용이 맞으면 O, 틀리면 X를 표시하세요.

> 你看，这就是我家的猫，眼睛漂亮不？它是我妹送给我们的。

★ 猫是弟弟家的。（   ）

2 다음을 읽고 알맞은 답을 고르세요.

> 我爸爸不爱喝咖啡，他喜欢喝茶，每天上午都会喝几杯热茶。

★ 关于爸爸，可以知道什么？

　A 爱喝茶 　　　　　　　　　　B 喜欢喝咖啡

3급 기출문제 맛보기

 맛보기

난이도 中 | 공략 Key 관용 표현 이해

太阳从西边出来了吗? 他今天怎么这么早就起床了? 他一般都要睡到8点以后才起床。

★ 根据这段话, 可以知道今天:

A 他起得早　　　　B 天气不错　　　　C 他工作很认真

정답&공략

해석

太阳从西边出来了吗? 他今天怎么这么早就起床了? 他一般都要睡到8点以后才起床。

★ 根据这段话, 可以知道今天:

Ⓐ 他起得早
B 天气不错
C 他工作很认真

해가 서쪽에서 뜨겠네? 그가 오늘 어쩜 이렇게 일찍 일어났지? 그는 보통 8시까지 자고서야 일어나는데 말이야.

★ 이 글을 통해 오늘에 대해 알 수 있는 것은?

Ⓐ 그는 일찍 일어났다
B 날씨가 좋다
C 그는 열심히 일을 한다

공략 관용 표현이 있는 핵심 문장인 '太阳从西边出来了吗? 他今天怎么这么早就起床了?'를 통해서 그가 오늘 일찍 일어났음을 알 수 있으므로 정답은 A가 된다.

어휘 太阳 tàiyáng 몡 태양, 해 | 从 cóng 개 ~부터 | 西边 xībian 몡 서쪽 | 起床 qǐchuáng 통 (잠자리에서) 일어나다 | ★一般 yìbān 혱 보통이다, 일반적이다

토크토크!
쌤의 한마디~

중국어로 된 속담을 외우기란 정말 쉽지 않답니다. 한국어로 직역하여 그 뜻을 금방 알 수 있는 경우도 많지만, 그렇지 않은 경우도 적지 않기 때문이죠. 왜 이런 속담이 생겨났는지, 왜 이런 뜻으로 해석되는지를 생각하면서 공부한다면, 중국어 속담을 쉽게 이해할 수 있겠죠?

공략 1. [" "] 안에 있는 속담 및 관용 표현의 의미를 이해하라

중국어의 속담 및 관용 표현은 짧은 하나의 문장으로 말하고자 하는 핵심을 전달하는 특징이 있다. 예를 들어 매일 늦게 일어나는 아들이 오늘 아주 일찍 일어나서 공부하고 있는 모습을 보고 엄마가 '太阳从西边出来了?(해가 서쪽에서 떴어?)'라고 말했다면, 여기서 '太阳从西边出来了'는 기대하지 않은 일이 발생했을 때 쓰는 관용 표현이다. 이처럼 [" "] 안의 속담 및 관용 표현의 의미를 파악한다면 문제에서 요구하는 정답을 쉽게 찾을 수 있다.

〈 시험에 자주 출제되는 속담 및 관용 표현 〉

★日久不见人 rì jiǔ bú jiàn rén	함께 있는 시간이 길어야만 비로소 이 사람이 어떤 사람인지 알 수 있다.
老小孩儿 lǎoxiǎoháir	사람이 나이가 들면 어린아이처럼 쉽게 기뻤다가 쉽게 화를 낸다.
6月的天，孩子的脸，说变就变 liù yuè de tiān, háizi de liǎn, shuō biàn jiù biàn	6월의 날씨는 아이 얼굴처럼 자주 변한다.
★笑一笑，十年少 xiào yi xiào, shí nián shào	웃으면 10년이 젊어진다. 자주 웃으면 자신을 더 젊게 만들고 쉽게 늙지 않는다.
有借有还，再借不难 yǒu jiè yǒu huán, zài jiè bù nán	빌리고 갚으면 다시 빌리기 어렵지 않다.
★女大十八变，越变越好看 nǚ dà shíbā biàn, yuè biàn yuè hǎokàn	여자는 자라면서 여러 번 모습이 바뀌는데, 점점 예뻐진다.
好好学习，天天向上 hǎohǎo xuéxí, tiāntiān xiàng shàng	열심히 공부하면 나날이 발전한다.
★时间就是金钱 shíjiān jiùshì jīnqián	시간은 금이다.

○ 바로 Check! 체크 다음 관용어의 뜻을 써보세요.

❶ 日久不见人。	_____
❷ 时间就是金钱。	_____
❸ 笑一笑，十年少。	_____

정답 ❶ 함께 있는 시간이 길어야만 비로소 이 사람이 어떤 사람인지 알 수 있다.
❷ 시간은 금이다. ❸ 웃으면 10년이 젊어진다.

예제

난이도 上 ｜ 공략 Key 관용 표현 이해

> 这张照片是我妹妹十一岁那年照的，那时她正在读三年级，照片上的妹妹又黑又瘦，谁也没想到她现在这么漂亮，变化这么大。大家都说是"女大十八变，越变越好看"。
>
> ★ 关于妹妹，可以知道什么？
>
> A 以前很胖　　　　B 过去爱笑　　　　C 变漂亮了

정답&공략

해석　这张照片是我妹妹十一岁那年照的，那时她正在读三年级，照片上的妹妹又黑又瘦，谁也没想到她现在这么漂亮，变化这么大。<u>大家都说是"女大十八变，越变越好看"</u>。

★ 关于妹妹，可以知道什么？

A 以前很胖
B 过去爱笑
◎ 变漂亮了

이 사진은 내 여동생이 11살 때 찍은 것이다. 그때 그녀는 3학년이었고, 사진 속 여동생은 까맣고 말랐다. 어느 누구도 그녀가 지금 이렇게 예쁘고, 변화가 이렇게 클 줄은 생각지도 못했다. <u>모두들 '여자는 자라면서 여러 번 모습이 바뀌는데, 점점 예뻐진다'고 말한다.</u>

★ 여동생에 관해 알 수 있는 것은?

A 예전에는 뚱뚱했다
B 과거에는 웃는 걸 좋아했다
◎ 예쁘게 변했다

공략　'女大十八变，越变越好看'은 '여자는 자라면서 여러 번 모습이 바뀌는데 점점 예뻐진다'라는 의미를 나타낸다. 따라서 여동생이 예뻐졌음을 알 수 있으므로 C가 정답으로 적절하다.

어휘　照片 zhàopiàn 몡 사진 ｜ 照 zhào 통 (사진을) 찍다 ｜ ★正在 zhèngzài 뷔 지금 ~하고 있다 ｜ 年级 niánjí 몡 학년 ｜ 黑 hēi 혱 검다, 까맣다 ｜ 瘦 shòu 혱 마르다, 여위다 ｜ ★变化 biànhuà 몡 변화

> **Tip** 부사 越의 변신
>
> '점점 더'라는 뜻의 越가 '越……越……'의 형식으로 쓰여 '~할수록 점점 ~하다'라는 의미를 나타낸다.
> 中国菜越吃越好吃。중국 음식은 먹을수록 맛있다.
> 这本小说越看越有意思。이 소설은 보면 볼수록 재미있다.

공략 2. 문제와 보기를 꼼꼼하게 살펴라

추측 및 판단을 묻는 문제는 먼저 문제 유형을 파악하고, 보기를 자세히 살펴봐야 한다. 자신이 방금 봤던 보기의 내용을 상기하며, 보기와 일치하지 않는 내용들은 소거하면서 문제를 푸는 것이 좋다. 또한 평소 추측 및 판단을 묻는 질문 유형을 미리 정리한다면, 훨씬 정확하게 문제의 의도를 파악할 수 있다.

〈 추측 및 판단을 묻는 주요 질문 유형 〉
- 根据这段话，可以知道：이 글을 통해 알 수 있는 것은?
- 关于他，下面哪个是对的? 그에 관해, 다음 중 옳은 것은?

예제

난이도 上 공략 Key 전반적인 이해를 통한 판단

下班后，在路上遇到一个老同学。好久没见面，我们就在公司旁边那个咖啡馆里坐了坐，一边喝咖啡一边说了些过去的事，所以回来晚了。

★ 根据这段话，可以知道：

A 他回到家了　　　B 他正在喝咖啡　　　C 咖啡馆在公园旁边

정답&공략

해석　　下班后，在路上遇到一个老同学。好久没见面，我们就在公司旁边那个咖啡馆里坐了坐，一边喝咖啡一边说了些过去的事，所以回来晚了。

★ 根据这段话，可以知道：

Ⓐ 他回到家了
B 他正在喝咖啡
C 咖啡馆在公园旁边

퇴근 후, 길에서 오랜 동창을 만났어. 오랫동안 만나지 못해서, 우리는 회사 옆 그 커피숍에 앉아, 커피를 마시며 예전에 있었던 이야기를 나누었지. 그래서 늦게 왔어.

★ 이 글을 통해 알 수 있는 것은?

Ⓐ 그가 집에 왔다
B 그는 커피를 마시고 있다
C 커피숍은 공원 옆에 있다

공략　'我们就在公司旁边那个咖啡馆里坐了坐'라는 문장을 통해 C는 정답에서 제외되며, '所以回来晚了'를 통해 A가 정답임을 알 수 있다.

어휘　下班 xiàbān 동 퇴근하다 | 路上 lùshang 명 도중 | ★遇到 yùdào 동 만나다, 마주치다 | 公司 gōngsī 명 회사, 직장 | 旁边 pángbiān 명 옆, 부근 | ★过去 guòqù 명 과거

第 1-5 题

1. 我去年夏天去过一次香港，今年再去的时候，发现那里的变化非常大。经过那条街道时，我几乎不认识了。

   ★ 根据这段话，可以知道：

   A 现在是夏天　　　　**B** 香港变化很大　　　　**C** 香港人特别热情

2. "笑一笑，十年少"这是中国人常说的一句话，意思是笑的好处很多，笑一笑会让人年轻10岁。我们应该常笑，这样才能使自己更年轻，不容易变老。

   ★ 根据这段话，可以知道：

   A 人应该常笑　　　　**B** 笑能使人美　　　　**C** 爱笑的人更聪明

3. 每天睡觉前，女儿总会要求爸爸给她讲故事，开始的时候她听得很认真，慢慢地就睡着了。

   ★ 根据这段话，女儿：

   A 爱听故事　　　　**B** 不喜欢妈妈　　　　**C** 总是睡不着觉

4. 有人问我长得像谁，这个问题很难回答。家里人一般觉得我的鼻子和耳朵像我妈妈，眼睛像我爸爸。

   ★ 关于他，下面哪个是对的?

   A 头发很短　　　　**B** 不像妈妈　　　　**C** 眼睛像爸爸

5. 老人和小孩子有些地方是相同的，所以有个词语叫"老小孩子"，它的意思是，人老了就越来越像小孩子，容易生气，也容易高兴。

   ★ 根据这段话，老人：

   A 经常生病　　　　**B** 身体不太好　　　　**C** 有时像小孩子

+정답 및 해설_ 해설집 57쪽

27 day

독해

글의 주제를 찾아라

지문을 읽을 때, 이 글이 말하고자 하는 핵심이 과연 무엇인지 파악해야 한다. 대부분의 주제는 글의 맨 앞이나 맨 뒤에 등장하므로 글의 처음과 끝을 꼼꼼히 살펴볼 필요가 있다. 특히 중국의 풍습이나 명절에 관한 지문이 자주 등장하므로 이와 관련된 어휘를 미리 익혀두자.

● **기초 실력** 테스트

1 다음을 읽고 내용이 맞으면 O, 틀리면 X를 표시하세요.

> 昨天和朋友们在外面玩儿了一个晚上，很累，但是很高兴。

★ 昨天玩得不高兴。(   )

2 다음을 읽고 알맞은 답을 고르세요.

> 刚才天气多好啊，突然就刮起大风了。

★ 这段话主要讲：

A 习惯   B 天气

기출문제 맛보기

맛보기

난이도 **中** 　공략 Key 첫 번째 문장을 통한 주제 찾기

人们为什么喜欢春天呢？因为天气不那么冷了，草和树绿了，花开了，大家也不用像冬天那样穿很多衣服了。

★ 这段话主要讲：

A 春天不冷 　　　　 B 喜欢春天的原因 　　 C 花开得很美

정답&공략

해석　人们为什么喜欢春天呢？因为天气不那么冷了，草和树绿了，花开了，大家也不用像冬天那样穿很多衣服了。

　　사람들은 왜 봄을 좋아할까? 왜냐하면 날씨가 그렇게 춥지 않고, 풀과 나무가 푸르고 꽃이 피며, 모두들 겨울처럼 많은 옷을 입을 필요가 없기 때문이다.

★ 这段话主要讲：

A 春天不冷
Ⓑ 喜欢春天的原因
C 花开得很美

★ 이 글이 주로 이야기하는 것은?

A 봄은 춥지 않다
Ⓑ 봄을 좋아하는 이유
C 꽃이 매우 아름답게 폈다

공략　첫 번째 문장인 '人们为什么喜欢春天呢?'를 통해 이 글은 사람들이 봄을 좋아하는 이유에 대해 말하고자 함을 알 수 있다. 따라서 B가 정답으로 적절하다.

어휘　春天 chūntiān 몡 봄 | ★因为 yīnwèi 젭 왜냐하면, ~때문에 | 天气 tiānqì 몡 날씨 | 草 cǎo 몡 풀 | 树 shù 몡 나무 | ★像 xiàng 동 마치 ~인 것 같다 | 穿 chuān 동 (옷·신발·양말 등을) 입다, 신다

토크토크!
쌤의 한마디~

중국어 독해가 어렵게 느껴진다면, 그냥 말 그대로 직독직해를 해보는 건 어떨까요? 직독직해는 읽으면서 바로바로 해석한다는 의미로, 문장 단위로 끊어서, 알기 쉽게 주어와 목적어를 찾아 독해하는 방법을 말해요. 이런 방법을 통해 지문을 쭉쭉 읽으면서 문장의 구조와 틀을 파악한다면, 막힘없이 해석할 수 있어요. 또한 독해 시간을 많이 단축시킬 수 있다는 장점도 있답니다.

공략 1. 글의 처음과 끝을 주목하라

중심 내용이나 글의 주제를 찾는 문제를 가만히 살펴보면, 가장 핵심이 되는 문장은 주로 글의 맨 앞이나 맨 뒤에 등장한다. 따라서 지문의 처음과 마지막 문장만 꼼꼼하게 읽어도 바로 정답을 찾을 수 있다.

- 不同的国家有不同的文化。有些国家的人名是姓在前面，名字在后面。还有些国家

  <small>핵심 주제　　　　핵심 주제</small>

  是名字在前面，姓在后面。

  나라마다 다른 문화를 가지고 있다. 어떤 나라는 사람의 이름을 쓸 때, 성은 앞에 이름은 뒤에 쓴다. 또 어떤 나라는 이름은 앞에 성은 뒤에 쓴다.

- 有些年轻人说现在工作越来越难找，问我怎样才能找到满意的工作。我想，最重要的是

  一定要根据自己的兴趣去找。

  <small>핵심 주제</small>

  일부 젊은이들은 요즘 일자리를 구하는 것이 점점 어렵다며, 어떻게 하면 만족스러운 일자리를 구할 수 있는지 물어본다. 내가 보기에 가장 중요한 것은 반드시 자신의 흥미에 맞게 찾아야 한다는 것이다.

예제　　　　　　　　　　　　　난이도 上　공략 Key 마지막 문장을 통한 주제 찾기

其实，明白做什么比怎么做更重要。因为在解决问题以前，必须先发现问题是什么。只有先找到问题，然后才能解决问题。

★ 这段话主要告诉我们：

　　A 别害怕问题　　　　B 要先了解问题　　　　C 做事情不能着急

정답&공략

해석

其实，明白做什么比怎么做更重要。因为在解决问题以前，必须先发现问题是什么。只有先找到问题，然后才能解决问题。

사실, 무엇을 하는지 아는 것이 어떻게 하는지 아는 것보다 더 중요하다. 왜냐하면 문제를 해결하기 전에, 반드시 먼저 문제가 무엇인지 알아야 하기 때문이다. 우선 문제를 찾아야만 비로소 문제를 해결할 수 있다.

★ 这段话主要告诉我们：

A　别害怕问题
Ⓑ　要先了解问题
C　做事情不能着急

★ 이 글이 주로 우리에게 알려주고자 하는 것은?

A　문제를 두려워하지 마라
Ⓑ　우선 문제를 이해해야 한다
C　일을 할 때 조급해하지 마라

공략　'只有……才……'는 '반드시 ~해야만, 비로소 ~하다'라는 의미를 나타내는 접속사이다. 접속사가 있는 마지막 핵심 문장인 '只有先找到问题，然后才能解决问题'를 통해 우선 문제를 찾아야만 비로소 문제를 해결할 수 있음을 알 수 있으므로 정답은 B가 된다.

어휘　★其实 qíshí 图 사실 | 明白 míngbai 图 알다, 이해하다 | ★怎么 zěnme 떼 어떻게, 어째서 | 重要 zhòngyào 톙 중요하다 | ★解决 jiějué 图 해결하다 | 问题 wèntí 뎽 (해답·해석 등을 요구하는) 문제 | ★必须 bìxū 图 반드시 | 发现 fāxiàn 图 발견하다, 알아차리다

공략 2. 중국에 대한 배경 지식을 쌓아라

주제 파악을 묻는 문제에는 문화, 교통, 풍속, 인터넷 등 다양한 소재의 지문이 등장한다. 그중에서 중국의 풍습이나 명절에 관한 지문이 출제 비율이 가장 높다. 따라서 이와 관련된 어휘 및 배경 지식을 미리 알고 있다면 보다 자신감을 가지고 문제를 풀 수 있다.

〈 중국의 풍습이나 명절에 관한 어휘 〉

중국의 풍습	★风俗 fēngsú 풍속	★习惯 xíguàn 습관	★传统 chuántǒng 전통	团聚 tuánjù 한자리에 모이다	节日 jiérì 명절	★历史 lìshǐ 역사	月亮 yuèliang 달	月饼 yuèbing 월병	饺子 jiǎozi 만두, 교자
중국의 명절·기념일	★春节 Chūnjié 춘절, 설날(음력 1.1)	★中秋节 Zhōngqiūjié 중추절, 추석(음력 8.15)	端午节 Duānwǔjié 단오(음력 5.5)	★母亲节 Mǔqīnjié 어머니날	父亲节 Fùqīnjié 아버지의 날	儿童节 Értóngjié 어린이날	★国庆节 Guóqìngjié 국경절	劳动节 Láodòngjié 노동절

除了春节，中秋节也是中国人很重要的一个节日。中秋节的那天，人们习惯晚上和家人一起吃饭、看月亮。

★ 这段话主要讲：

A 中秋节的习惯　　　B 春节的风俗　　　C 中国的节日

정답&공략

해석

除了春节，中秋节也是中国人很重要的一个节日。中秋节的那天，人们习惯晚上和家人一起吃饭、看月亮。

★ 这段话主要讲：

A 中秋节的习惯
B 春节的风俗
C 中国的节日

춘절 외에, 중추절 역시 중국인에게 아주 중요한 명절이다. 중추절 당일, 사람들은 저녁에 가족과 함께 밥을 먹고, 달을 보는 습관이 있다.

★ 이 글이 주로 이야기하는 것은?

A 중추절의 습관
B 춘절의 풍속
C 중국의 명절

공략 '人们习惯晚上和家人一起吃饭、看月亮'이라는 마지막 문장을 통해, 이 단락은 중추절의 습관에 대해 이야기함을 알 수 있다. 따라서 A가 정답이 된다.

어휘 ★除了 chúle 젭 ~외에, ~을 제외하고 | ★春节 Chūnjié 뎽 설날, 춘절 | ★中秋节 Zhōngqiūjié 뎽 추석, 중추절 | 重要 zhòngyào 혱 중요하다 | 节日 jiérì 뎽 명절, 기념일 | ★习惯 xíguàn 동 습관이 되다 | 月亮 yuèliang 뎽 달

第 1-5 题

1. 饿了就吃饭，渴了就喝水，累了就睡觉，高兴了就笑，难过了就哭。其实，别人怎么想真的没有多大关系，做你自己喜欢的事情就好。

   ★ 这段话主要想告诉我们：

   A 别想得太多　　　**B** 要关心别人　　　**C** 做自己想做的事

2. 多吃新鲜水果对身体好，但是不能饭后马上吃水果，吃水果的时间应该是饭后两小时或饭前一小时。

   ★ 这段话主要告诉我们：

   A 吃水果的时间　　　**B** 吃水果的好处　　　**C** 吃水果的作用

3. 春节是中国最重要的节日，这一节日在中国有很长的历史了。以前，春节那天，大家都在家里，和家人在一起。近年来，人们在春节里有了新的选择——出门旅游。

   ★ 这段话主要讲：

   A 春节的变化　　　**B** 习惯的作用　　　**C** 文化的影响

4. 手机使我们学习、工作越来越方便，除了打电话、写短信外，很多手机还可以照相，有时候真的方便极了。

   ★ 这段话主要告诉我们：

   A 手机的使用方法　　　**B** 手机的作用　　　**C** 手机的价格

5. 遇到难题时，着急和伤心是没有用的，我们应该努力地想办法，去解决问题。等事情过去后，你会发现，那个问题没有你想的那么难。

   ★ 这段话主要讲：

   A 别伤心难过　　　**B** 人人都会遇到难题　　　**C** 怎么解决难题

쓰기

书写

쓰기 학습법

1. 중국어의 기본 어순을 완벽하게 이해하자!

중국어의 기본 어순을 이해하는 것은 쓰기 제1부분 학습의 시작이라고 해도 과언이 아닙니다. 우선 '주어+술어+목적어' 순서로 문장의 큰 뼈대를 만들고, 관형어, 부사어, 보어 등의 문장 성분으로 뼈에 살을 붙여줍니다. 주어나 목적어를 수식하는 관형어는 주어와 목적어 앞에, 술어를 수식하는 부사어는 술어 앞에, 술어를 보충하는 보어는 술어 뒤에 위치시키면 됩니다.

2. 중요한 어법을 꾸준히 공부하자!

HSK에서 어법 영역은 없지만, 어법을 모르면 쓰기 영역에서 문제를 풀기 어렵습니다. 따라서 중국어 문장의 기본 어순과 어법은 확실히 짚고 넘어가야 합니다.

3. 평소 한자 쓰는 연습을 게을리하지 말자!

HSK 3급에서는 어려운 한자를 쓰는 것을 요구하지 않습니다. 하지만 시험장에 가면 평소 잘 알던 한자도 긴장해서 기억이 나지 않는 경우가 많습니다. 따라서 평소 한자 쓰는 연습을 게을리하지 마세요. 또한 IBT로 시험에 응시할 경우, 컴퓨터로 한자를 입력하는 방법도 충분히 연습하세요.

28

문장의 뼈대를 만들어라

'나는 당신을 사랑합니다'는 중국어로 '我爱你'이다. 한국어 어순은 '주어+목적어+술어'이지만, 중국어 어순은 '주어+술어+목적어'이다. 가장 기본이 되는 중국어 어순을 숙지하여 시험에 완벽히 대비하자.

○ 기초 실력 테스트

1 중국어 품사를 써보세요.

❶ 我　喜欢　踢　足球。

❷ 我　有　两　个　孩子。

❸ 老师　今天　很　高兴。

2 다음 단어를 어순에 맞게 배열하여 완전한 문장을 만드세요.

❶ 漂亮　哪个　最　　→ _____

❷ 我妈妈　中学老师　是　　→ _____

❸ 北京　明天　去　我姐姐　　→ _____

3급 기출문제 맛보기

맛보기

난이도 中 공략 Key '동사 술어+목적어' 구조

参加了　　　书法比赛　　　我弟弟　　　学校的

정답&공략

공략 **1단계** **술어를 찾자** ➡ 参加了

→ 동태조사 了는 동사 뒤에 위치하여 동작의 완료를 나타내므로 '参加了'가 문장의 술어가 된다.

2단계 **목적어를 찾자** ➡ 书法比赛

→ 동사는 일반적으로 목적어를 가진다. 의미적으로 서예 대회에 참가한 것이므로 '参加了+书法比赛'가 된다.

3단계 **'구조조사 的+명사' 구조를 만들자** ➡ 学校的+书法比赛

→ 구조조사 的는 명사를 꾸며주므로 '学校的+书法比赛'가 된다.

∴ 我弟弟参加了学校的书法比赛。 내 남동생은 학교 서예 대회에 참가했다.

어휘 ★参加 cānjiā 툉 참가하다 | 书法 shūfǎ 몡 서예 | ★比赛 bǐsài 몡 대회 | 弟弟 dìdi 몡 남동생 | 学校 xuéxiào 몡 학교

쓰기
제1부분

만약 '나는 물었다'라는 말을 들으면, 한국 사람은 우선 무엇(what)을 물었는가를 궁금해합니다. 하지만 중국 사람은 누구에게(who) 물었는가를 더 궁금해하고, 그다음에 무엇(what)을 물었는가를 궁금해하죠. 이처럼 중국 사람의 사고 방식을 이해하고 있다면, 보다 올바른 중국어 문장을 만들 수 있답니다.

★중국식 사고 구조

我　　问　　老师　　一个问题。
나는　물었다　선생님께　문제 하나를

토크토크!
쌤의 한마디~

공략 1. 중국어의 기본 어순 '주+술+목'을 기억하라

중국어 문장은 기본적으로 '주어+술어+목적어' 어순이다. 술어를 꾸미는 부사어, 주어나 목적어를 꾸미는 관형어, 술어 뒤에 위치하여 술어를 보충 설명하는 보어 등의 문장 성분이 더해져 보다 완벽한 문장을 이룬다. 우선 중국어 문장의 뼈대인 '주+술+목' 구조를 만드는 것이 중요하다.

> 주어 + 술어 + 목적어

妹妹买衣服。여동생은 옷을 산다.

- 주어(主语 zhǔyǔ) : 동작이나 행위의 주체를 가리키며, '~은(는), ~이(가)'로 해석된다. 주로 명사나 대사가 주어로 쓰인다.

- 술어(谓语 wèiyǔ) : 제시된 주어에 대하여 설명하거나 서술하는 역할을 하며, 주로 동사나 형용사가 술어로 쓰인다.

- 목적어(宾语 bīnyǔ) : 술어 뒤에 놓여 동작이나 행동의 대상을 나타내며, '~을(를)'로 해석된다. 주로 명사나 대사가 목적어로 쓰이며, 형용사는 목적어로 쓸 수 없다.

○ 바로 체크 **Check!** 다음 문장을 중작하세요.

❶ 그는 일기를 쓴다. → _____

❷ 엄마는 과일을 드신다. → _____

정답 ❶ 他写日记。 ❷ 妈妈吃水果。

 예제

난이도 中 | 공략 Key '주+술+목' 구조 파악

> 机场了   张先生   到   已经

정답&공략

공략　1단계　**술어를 찾자** ○ 到

→ 일반적으로 동사나 형용사가 술어 역할을 하므로 '도착하다'라는 의미를 나타내는 동사 到가 술어가 된다.

　　　2단계　**목적어를 찾자** ○ 机场了

→ 到는 어떤 장소에 도착함을 나타내는 동사이므로 장소를 나타내는 명사 机场이 목적어가 된다. 따라서 '到
+机场了'가 된다.

　　　3단계　**'부사＋동사' 구조를 만들자** ○ 已经＋到

→ 부사는 동사나 형용사 앞에 놓여 술어를 수식하므로 '已经＋到'가 된다.

　　　4단계　**주어를 찾자** ○ 张先生

→ 공항에 도착한 주체가 바로 장 선생님이므로, 张先生이 문장 맨 앞에 놓인다.

∴　张先生已经到机场了。 장 선생님은 이미 공항에 도착하셨다.

어휘　机场 jīchǎng 몡 공항 | ★到 dào 통 도달하다, 도착하다 | ★已经 yǐjing 튀 이미, 벌써

공략 2. 동사 술어의 목적어를 감지하라

동사와 형용사는 문장에서 주로 술어로 쓰인다. 동사와 형용사의 가장 큰 차이점은 바로 동사는 목적어를 가지고, 형용사는 목적어를 가지지 못한다는 점이다. 따라서 문제에서 무엇이 술어 역할을 하고 있는지 빠르게 파악하고, 만약 동사가 술어로 쓰이고 있다면 목적어를 찾는 것이 관건이다.

1. 동사(动词)의 정의

동사는 동작, 행위, 존재, 심리 활동 등을 나타내는 품사이다.

2. 동사의 종류

❶ 일반동사 : 동작이나 행위를 나타낸다.

일반동사	看 kàn 보다 | 吃 chī 먹다 | 听 tīng 듣다 | 说 shuō 말하다 | 喝 hē 마시다 | 穿 chuān 입다, 신다 | 读 dú 보다, 읽다 | 买 mǎi 사다 | 卖 mài 팔다, 판매하다 | 写 xiě 짓다, 쓰다 | 找 zhǎo 찾다, 구하다 | 坐 zuò 앉다

❷ 심리동사 : 사람의 심리 상태를 나타낸다.

심리동사	爱 ài 사랑하다	喜欢 xǐhuan 좋아하다	担心 dānxīn 염려하다, 걱정하다	关心 guānxīn 관심을 갖다	相信 xiāngxìn 믿다, 신임하다

3. 동사의 특징

❶ 문장에서 술어로 쓰이며 목적어를 가진다.

대부분의 동사가 목적어를 가질 수 있으며, 명사나 대사가 목적어로 쓰인다.

她说汉语。 그녀는 중국어를 한다.

老师每天留作业。 선생님은 매일 숙제를 내주신다.

예외 단, 다음 동사 형식에는 주의해야 한다.

• 자동사 : 명사나 대사를 목적어로 가지지 않으며, 동사나 형용사가 목적어 역할을 한다.

继续作业 (X) → 继续上课 (O) 계속 수업을 한다

进行会议 (X) → 进行讨论 (O) 토론을 진행한다

자동사	开始 kāishǐ 시작하다	感觉 gǎnjué 여기다, 생각하다	希望 xīwàng 희망하다, 바라다	觉得 juéde ~라고 여기다	准备 zhǔnbèi 준비하다	进行 jìnxíng 진행하다	继续 jìxù 계속하다

• 쌍빈동사 : 두 개의 목적어를 가지는 동사로, 앞의 목적어는 대상을 표시하는 간접 목적어, 뒤의 목적어는 구체적인 객체를 표시하는 직접목적어를 나타낸다.

男朋友　　送　　我　　礼物。 남자 친구가 나에게 선물을 줬다.
　　　　　간접목적어　직접목적어

쌍빈동사	送 sòng 주다, 선물하다	教 jiāo 전수하다, 가르치다	给 gěi 주다	还 huán 돌려주다, 갚다	借 jiè 빌려주다	告诉 gàosu 말하다, 알리다	通知 tōngzhī 통지하다, 알리다

• 이합동사 : '동사+목적어'의 구조로 이루어져 있으며, 동사 자체에 목적어가 있으므 로 이합동사 뒤에는 또 다른 목적어가 올 수 없다.

帮忙老师 (X) → 给老师　帮忙 (O) 선생님을 도와드린다
　　　　　　　개사+명사(개사구)　이합동사

이합동사	帮忙 bāngmáng 도움을 주다	放心 fàngxīn 마음을 놓다	见面 jiànmiàn 만나다	结婚 jiéhūn 결혼하다	跑步 pǎobù 달리다	生气 shēngqì 화내다	说话 shuōhuà 이야기하다	跳舞 tiàowǔ 춤을 추다	洗澡 xǐzǎo 목욕하다	毕业 bìyè 졸업하다	睡觉 shuìjiào 잠자다

예외 시량보어나 동량보어, 동태조사가 이합동사와 쓰일 때는 위치와 활용에 주의해야 한다.

> 주어 + A + **시량보어/동량보어** + B

我睡了两个小时觉。나는 두 시간 동안 잤다.

我跟她见过一次面。나는 그녀와 한 번 만난 적이 있다.

> 주어 + AB + A + **시량보어/동량보어**

他们昨天跳舞跳了两个小时。그들은 어제 두 시간 동안 춤을 췄다.

> 주어 + A + **동태조사** + B

他结过婚。그는 결혼한 적이 있다.

❷ 동태조사 了, 着, 过를 동반한다.

她刚吃了一个面包。그녀는 방금 빵 하나를 먹었다. (완료)

我弟弟总是躺着看书。내 남동생은 늘 누워서 책을 본다. (지속)

我们都去过中国。우리는 모두 중국에 가봤다. (경험)

❸ 정도부사의 수식을 받을 수 없다.

일반동사는 不나 都와 같은 부사의 수식은 받을 수 있지만, 很, 非常, 太와 같은 정도부사의 수식은 받을 수 없다.

我的同屋不学习。내 룸메이트는 공부를 하지 않는다.

太走 (X)　　　很学习 (X)　　　非常吃 (X)

예외 단, 심리 활동을 나타내는 동사는 정도부사의 수식을 받을 수 있다.

我很爱你。나는 너를 아주 사랑한다.

妈妈非常担心我。엄마는 나를 무척 걱정하신다.

 다음 단어를 어순에 맞게 배열하여 완전한 문장을 만드세요.

❶ 两次面　我跟　见过　夏小姐　→ _____

❷ 礼物　谢谢您　我　送　→ _____

정답 ❶ 我跟夏小姐见过两次面。 ❷ 谢谢您送我礼物。

예제

妹妹的 　　 花了 　　 200块钱 　　 毛衣

공략 [1단계] **술어를 찾자** ○ 花了

→ 동태조사 了는 동사 뒤에 위치하여 동작의 완료를 나타내므로 '花了'가 문장의 술어가 된다.

[2단계] **목적어를 찾자** ○ 200块钱

→ 동사는 일반적으로 목적어를 가지며, 의미적으로 200위안을 쓴 것이므로 '花了+200块钱'이 된다.

[3단계] **'구조조사 的＋명사' 구조를 만들자** ○ 妹妹的+毛衣

→ 구조조사 的는 명사를 꾸며주므로 '妹妹的+毛衣'가 된다.

∴ **妹妹的毛衣花了200块钱。** 여동생의 스웨터는 200위안을 주고 샀다.

어휘　妹妹 mèimei 몡 여동생 | ★花 huā 동 쓰다, 소비하다 | ★钱 qián 몡 돈 | 毛衣 máoyī 몡 스웨터

> **Tip** 품사에 따라 의미가 변하는 花
>
> 这朵花开得很漂亮。 이 꽃은 아주 예쁘게 폈다. (명사 → 꽃)
> 花钱很容易，赚钱很难。 돈을 쓰는 것은 쉬우나 버는 것은 어렵다. (동사 → 쓰다, 소비하다)

공략 3. 형용사 술어는 정도부사로 수식하라

'他帅', '天气好' 이 두 문장은 과연 옳은 표현인가? 어법적으로 전혀 문제가 없어 보이지만, 엄연하게 말하면 어법적인 오류가 있는 문장이다. 왜냐하면 帅와 好 같은 형용사는 단독으로 술어가 될 수 없기 때문이다. 그럼 어떻게 하면 올바른 문장이 될까? 바로 很과 같은 정도부사가 형용사 술어를 수식하면 된다. 이처럼 형용사 술어는 목적어를 갖지 않는 대신 정도부사의 수식을 받는 혜택을 누린다.

1. 형용사(形容词)의 정의

형용사는 성질이나 상태를 나타내는 품사이다.

2. 형용사의 특징

❶ 일반적으로 목적어를 가지지 못한다.

热天气。(X) → 天气很热。(O) 날씨가 매우 덥다.
高他的汉语水平。(X) → 他的汉语水平很高。(O) 그의 중국어 수준은 아주 높다.

❷ 형용사는 단독으로 술어가 될 수 없으므로, 정도부사의 수식을 받아야 한다.

今天天气冷。(X) → 今天天气非常冷。(O) 오늘 날씨가 너무 춥다.
她跑得快。(X) → 她跑得比较快。(O) 그녀는 비교적 빨리 달린다.

예외 단, 비교와 대조의 의미를 가질 때는 단독으로 술어가 될 수 있다.

我年纪大，他年纪小。 나는 나이가 많고, 그는 나이가 어리다.

❸ 보통 부정부사 不로 부정을 나타낸다.

他回答得不清楚。 그는 정확하게 대답하지 않았다.

예외 단, 변화를 나타낼 때는 没를 쓸 수 있다.

天还没亮呢。 날이 아직 밝지 않았다.

 **바로체크** 제시된 단어를 알맞은 위치에 넣으세요.

---

❶ 这个 A 城市的 B 变化 C 大。　(真)

❷ 那些 A 菜 B 新鲜 C 了。　(不)

정답 ❶ C ❷ B

 예제

　난이도 中　　공략 Key '정도부사+형용사 술어' 구조

容易　　　昨天的　　　比较　　　考试

정답&공략

공략　**1단계 술어를 찾자 ○ 容易**
　　→ 일반적으로 동사나 형용사가 술어 역할을 하므로 '쉽다'라는 의미를 나타내는 형용사 容易가 술어가 된다.

2단계 '정도부사+형용사' 구조를 만들자 ○ 比较+容易
→ 형용사는 단독으로 술어가 될 수 없으므로 정도부사 比较의 수식을 받아 '比较+容易'가 된다.

3단계 **'구조조사 的＋명사' 구조를 만들자** ◐ 昨天的＋考试

→ 구조조사 的는 명사를 꾸며주므로 '昨天的＋考试'가 된다.

∴ 昨天的考试比较容易。 어제 시험은 비교적 쉬웠다.

어휘 ★容易 róngyì 휑 쉽다 | 昨天 zuótiān 뎽 어제 | ★比较 bǐjiào 훼 비교적 | 考试 kǎoshì 뎽 시험

공략 4. 명사나 대사는 주로 주어나 목적어 역할을 한다는 것을 기억하라

'나는 바나나를 먹는다'라는 문장인 '我吃香蕉'를 보자. 바나나를 먹은 주체자가 바로 '나'이므로 我가 주어가 되고, 동작 및 행위에 대한 결과가 바로 '바나나'이므로 香蕉가 목적어가 된다. 또 '선생님께서 너를 보고 싶어 해'라는 문장인 '老师要见你'에서는 老师가 주어, 你가 목적어가 된다. 이처럼 명사나 대사는 문장에서 주로 주어나 목적어 역할을 한다. 그럼 술어를 중심으로 올바른 주어와 목적어를 찾아보자.

1. 명사(名词)의 정의

명사는 사람, 사물, 시간, 장소 등의 명칭이나 추상적인 개념을 나타내는 품사이다.

2. 명사의 특징

❶ 주어와 목적어로 쓰인다.

同学们都认真学习。 학생들은 모두 열심히 공부를 한다. (주어)

她给我写了一封信。 그녀는 나에게 편지 한 통을 썼다. (목적어)

❷ 수량사구의 수식을 받는다.

一书 (X) → 一本书 (O) 책 한 권　　　　　两人 (X) → 两个人 (O) 두 사람

❸ 일반적으로 부사의 수식을 받을 수 없다.

也学生 (X)　　　　很本子 (X)

참고 시간, 날짜, 출신을 나타내는 명사는 술어로 쓸 수 있으며, 부사의 수식도 받을 수 있다. 또한 시간명사는 부사어 역할을 할 수 있다.

现在十二点了。 지금은 12시다. (명사 술어)

已经星期五了。 벌써 금요일이다.

我明年去中国留学。 나는 내년에 중국으로 유학을 간다. (부사어)

참고 '단지'의 의미를 나타내는 일부 부사 就, 只, 仅은 명사를 수식할 수 있다.

就你不知道。 단지 너만 모른다.

商店里只人。 상점에는 사람뿐이다.

3. 대사(代词)의 정의

대사는 다른 것을 가리키거나 명사를 대신 지칭하는 품사이다.

4. 대사의 종류

❶ 인칭대사

인칭	단수	복수
1인칭	我 wǒ 나	我们 wǒmen 우리 | 咱们 zánmen 우리
2인칭	你 nǐ 너	你们 nǐmen 너희들
3인칭	他 tā 그 | 她 tā 그녀 | 它 tā 그것	他们 tāmen 그들 | 她们 tāmen 그녀들 | 它们 tāmen 그것들

주의 · 我们 : 말을 듣는 상대방을 포함할 수도 있고, 포함하지 않을 수도 있다.

我们(≠咱们)去中国旅行，你去不去? 우리 중국 여행 가는데, 너도 갈래? (상대방 불포함)

听说小王去中国旅行，我们(=咱们)也去吧。
샤오왕이 중국 여행을 간다고 하는데 우리도 가자. (상대방 포함)

· 咱们 : 항상 말을 듣는 상대방을 포함한다.

听说小张学弹钢琴，咱们(=我们)也学吧。
듣자 하니 샤오장이 피아노를 배운다고 하던대, 우리도 배우자.

❷ 지시대사

가까운 것	这 zhè 이	这个 zhège 이것	这么 zhème 이렇게	这些 zhèxiē 이것들	这儿/这里 zhèr / zhèlǐ 이곳
먼 것	那 nà 그, 저	那个 nàge 그것, 저것	那么 nàme 그렇게	那些 nàxiē 그것들	那儿/那里 nàr / nàlǐ 그곳, 저곳

这(那)孩子挺聪明的。 이(그) 아이는 매우 똑똑하다.

这儿(那儿)的风景太漂亮了。 여기(그곳) 풍경은 아주 아름답다.

❸ 의문대사

什么 shénme 무엇	주로 명사를 수식하며 사물의 성질이나 종류, 신분이나 직업, 시간이나 장소 등을 묻는다.
	这是什么花? 이것은 무슨 꽃이니? (종류)
	你做什么工作? 당신은 무슨 일을 합니까? (직업)
	老师什么时候下课? 선생님 언제 수업이 끝나요? (시간)
哪儿 nǎr 어디	주로 장소를 묻는다.
	我们在哪儿见面? 우리 어디에서 만나지?
	你现在去哪儿呢? 너는 지금 어디 가는 거야?
怎么 zěnme 어떻게	원인 및 동작의 수단이나 방식을 묻는다.
	你昨天怎么没来上课? 너는 어제 왜 수업에 오지 않았니? (원인)
	这个菜怎么吃? 이 음식은 어떻게 먹니? (방식)
几/多少 jǐ/duōshao 몇/얼마	几는 10 이하의 숫자에 쓰이고, 多少는 모든 수에 쓸 수 있다.
	你家有几口人? 네 가족은 몇 명이니?
	你们学校有多少个老师? 너희 학교에는 몇 명의 선생님이 계시니?

 예제　　　　　　　　　　　　　　[난이도] 上　[공략 Key] 명사의 병렬 접속사 和

> 喜欢　　　爸爸和妈妈　　　爬山　　　都

공략　[1단계] **술어를 찾자 ▸ 喜欢**

→ 일반적으로 동사나 형용사가 술어 역할을 하므로 '좋아하다'라는 의미를 나타내는 동사 喜欢이 술어가 된다.

[2단계] **주어와 목적어를 찾자 ▸ 주어 爸爸和妈妈, 목적어 爬山**

→ 아빠와 엄마가 등산을 좋아하는 것이므로 '爸爸和妈妈'가 주어가 되고 爬山은 목적어가 된다.

[3단계] **부사어를 찾자 ▸ 都**

→ '모두'라는 의미를 나타내는 부사 都는 술어를 꾸며주는 역할을 하므로 '都+喜欢'이 된다.

∴ 爸爸和妈妈都喜欢爬山。 아빠와 엄마는 모두 등산을 좋아하신다.

어휘　★喜欢 xǐhuan [동] 좋아하다 | 爬山 páshān [동] 등산하다 | ★都 dōu [부] 모두

第 1-5 题

1. 一件　　　妈妈　　　告诉我　　　事

2. 我　　　跟男朋友　　　见面　　　要

3. 今天的　　　暖和　　　天气　　　真

4. 写日记的　　　我弟弟　　　习惯　　　有

5. 集合　　　明天　　　呢　　　什么时候

29 day 쓰기

주어와 목적어를 꾸며라
- 관형어

관형어란 주어나 목적어 앞에 놓여, 이들을 꾸며주는 성분을 말한다. 중국어 문장의 뼈대인 '주+술+목' 구조를 만들었다면, 주어나 목적어 앞에 보다 다양한 살(관형어 성분)을 붙여 문장을 풍부하게 만들어 보자. 또한 관형어는 구조조사 的이나 수량사구(수사+양사)와 매우 밀접하므로, 구조조사 的와 양사를 완벽하게 학습해야 한다.

◆ 기초 실력 테스트

1 다음 문장에서 관형어를 찾아보세요.

    ❶ 这个房间怎么样?   → _____

    ❷ 桌子上的那本书是谁的?   → _____

    ❸ 我在门外看到他的自行车了。   → _____

2 다음 단어를 어순에 맞게 배열하여 완전한 문장을 만드세요.

    ❶ 几个   这里   水果   有   → _____

    ❷ 王老师的   这   电影票   是   → _____

    ❸ 请   一杯   给我   茶   → _____

3급 기출문제 맛보기

맛보기   난이도 中   공략 Key '구조조사 的+명사' 구조

腿脚   老年人   自己的   关心

정답&공략

공략   **1단계 술어를 찾자 ● 关心**

→ 일반적으로 동사나 형용사가 술어 역할을 하므로 '관심을 갖다'라는 의미의 동사 关心이 술어가 된다.

2단계 '구조조사 的+명사' 구조를 만들자 ● 自己的+腿脚

→ 구조조사 的는 명사를 꾸며주므로 '自己的+腿脚'가 된다.

3단계 주어를 찾자 ● 老年人

→ 일반적으로 명사나 대사가 주어 역할을 하며, 관심을 갖는 주체가 '노인'이므로 老年人이 문장의 주어가 된다.

∴ 老年人关心自己的腿脚。 노인은 자신의 다리에 관심을 갖는다.

어휘   腿脚 tuǐjiǎo 몡 다리 | 自己 zìjǐ 때 자기, 자신 | ★关心 guānxīn 통 관심을 갖다

쓰기
제1부분

형용사는 단독으로 술어가 될 수 없기 때문에 정도부사의 수식을 받아야 한다고 배우셨죠? 하지만 비교와 대조의 의미가 있을 때는 단독으로 술어가 될 수 있답니다. 또한 명사는 부사의 수식을 받지 못하지만, 시간, 날짜, 출신을 나타내는 명사는 부사의 수식을 받을 수 있죠. 이렇듯 중국어를 공부하다 보면, 일반적인 이론에 어긋나는 예외적인 상황들로 인해 '아~ 역시 중국어는 어려워!'라며 중국어를 포기하고 싶을 때가 있을 텐데요. 모든 일은 마음가짐이 가장 중요한 법! 어법을 공부하다가 예외적인 상황이 출현하면, 무조건 암기하려고 하지 말고 자연스럽게 이해하려고 노력하는 자세를 가져보는 것은 어떨까요?

토크토크!
쌤의 한마디~

공략 1. '구조조사 的+명사'의 원리를 이해하라

우리말의 '~의'를 뜻하는 구조조사 的는 '구조조사 的+명사'의 형태로 쓰여, 문장에서 주어나 목적어를 수식하는 관형어 역할을 한다. 따라서 제시된 어휘에 구조조사 的가 있다면, 동그라미로 표시하고 명사와 짝꿍을 만들어주자. 반면 구조조사 的를 동반하지 않거나 혹은 的를 생략 가능한 관형어도 있으므로, 구조조사 的의 용법을 꼼꼼히 정리해야 한다.

1. 관형어와 구조조사 的

❶ 형용사(구)가 관형어인 경우 : 일반적으로 的를 붙이며, 형용사 중첩이 관형어가 될 경우 역시 的를 써야 한다.

> 형용사 + 的 + 명사

漂亮的老师 예쁜 선생님   新鲜的水果 신선한 과일

> **예외** 1음절 형용사가 관형어가 되는 경우 일반적으로 的를 붙이지 않는다.

> 1음절 형용사 + ~~的~~ + 명사

小的孩子 (X) → 小孩子 (O) 어린 아이
大的公司 (X) → 大公司 (O) 큰 회사

> 형용사구 + 的 + 명사

很可爱的孩子 아주 귀여운 아이   非常聪明的学生 매우 똑똑한 학생

> 형용사 중첩(AA/AABB) + 的 + 명사

高高的个子 큰 키   高高兴兴的心情 기쁜 마음

❷ 명사(구)가 관형어인 경우 : 1음절 명사가 관형어가 될 때는 일반적으로 的를 붙인다.

> 명사 + 的 + 명사

人的生命 사람의 생명   酒的坏处 술의 해로운 점

예외 지역이나 국적, 혈연 관계, 소속을 나타내는 경우 的를 붙이지 않는다.

> 명사 + ~~的~~ + 명사

汉语的老师 (X) → 汉语老师 (O) 중국어 선생님

中国的人 (X) → 中国人 (O) 중국 사람

❸ 대사가 관형어인 경우 : 소유 관계를 나타낼 때 대사는 구조조사 的와 함께 쓰여 명사를 수식한다.

> 대사 + 的 + 명사

你的词典 너의 사전   我的手表 나의 시계

예외 ・국가, 친족, 집단 등을 나타내는 명사를 수식할 때는 보통 的를 쓰지 않는다.

我们班 우리 반 | 你们公司 너희 회사 | 我姐姐 우리 언니

・방위를 나타내는 명사를 수식할 때는 보통 的를 쓰지 않는다.

他旁边 그 옆 | 你下边 너의 아래

❹ 동사(구)가 관형어인 경우 : 동사가 관형어가 되는 경우에는 일반적으로 的를 쓴다.

> 동사 + 的 + 명사

买的衣服 산 옷   做的菜 만든 음식

2. 多/少와 관형어

多, 少는 1음절 형용사이지만 단독으로 관형어가 될 수 없다. 부사 很이나 不 등의 수식을 받아 '很多, 不少'의 형태가 되면, 구조조사 的를 쓰지 않고도 직접적으로 명사를 꾸며 관형어 역할을 할 수 있다.

> 부사 + 多/少

多人 (X) → 很多人 매우 많은 사람 / 好多人 꽤 많은 사람 / 许多人 대단히 많은 사람 (O)

这里有很多人。 여기에는 매우 많은 사람들이 있다.

我看过许多中国电影。 나는 많은 중국 영화를 본 적 있다.

少学生 (X) → 不少学生 (O) 적지 않은 학생

我们学校有不少学生。 우리 학교에는 적지 않은 학생들이 있다.

她有不少中国朋友。 그녀는 적지 않은 중국 친구가 있다.

예제 1

经常　　　这个城市的　　　下雪　　　冬天

 정답&공략

공략 **1단계 술어를 찾자 ◎ 下雪**

→ 일반적으로 동사나 형용사가 술어 역할을 하므로 下雪가 술어가 된다.

2단계 '구조조사 的+명사' 구조를 만들자 ◎ 这个城市的+冬天

→ 구조조사 的는 명사를 꾸며주므로 '这个城市的+冬天'이 된다.

3단계 '부사+술어' 구조를 만들자 ◎ 经常+下雪

→ '자주, 종종'이라는 의미를 나타내는 부사는 술어 下雪를 수식하므로 '经常+下雪'가 된다.

∴ **这个城市的冬天经常下雪。** 이 도시의 겨울은 항상 눈이 내린다.

어휘 ★经常 jīngcháng 🖫 자주, 항상 | ★城市 chéngshì 🖲 도시 | 下雪 xiàxuě 🖲 눈이 내리다

 예제 2

留学生　　　我们学校　　　许多　　　有

 정답&공략

공략 **1단계 술어를 찾자 ◎ 有**

→ 일반적으로 동사나 형용사가 술어 역할을 하므로 '있다'의 의미를 나타내는 동사 有가 술어가 된다.

2단계 '许多+명사' 구조를 만들자 ◎ 许多+留学生

→ 1음절 형용사 多는 단독으로 명사를 수식할 수 없으므로 很多, 许多, 好多 형태로 명사를 수식한다. 따라서 '许多+留学生'이 된다.

3단계 주어를 찾자 ◎ 我们学校

→ 마지막으로 남은 '我们学校'가 문장의 주어가 된다.

∴ **我们学校有许多留学生。** 우리 학교에는 매우 많은 유학생이 있다.

어휘 留学生 liúxuéshēng 🖲 유학생 | 学校 xuéxiào 🖲 학교 | ★许多 xǔduō 🖲 매우 많다

공략 2. 수량사구는 명사를 수식한다는 것을 기억하라

우리말로 '책 한 권', '학생 두 명'을 중국어로 '书一本', '学生两个'라고 말한다면, 이 문장은 어법적으로 맞을까? 중국어의 수사는 일반적으로 양사와 결합하여 명사를 수식하는 형태로 쓰이기 때문에 '一本书', '两个学生'이 맞는 표현이다. 또한 这, 那와 같은 지시대사는 '수사+양사+명사' 앞에 놓여야 하며, 만약 수사가 一라면 생략이 가능하여, '지시대사(+수사)+양사+명사' 형태로 쓰여 관형어 역할을 한다.

1. 양사(量词)의 정의

양사는 사람이나 사물의 수, 또는 동작 행위의 횟수를 세는 데 사용되는 품사이다.

2. 양사의 특징

양사는 일반적으로 문장에서 단독으로 쓰이지 않으며, 수사와 결합하여 수량사구 형태로 관형어 또는 보어 역할을 한다.

妈妈买了一斤苹果。 엄마는 사과 한 근을 사셨다. (관형어)

这本书我看了两遍。 이 책을 나는 두 번 봤다. (보어)

〈 시험에 자주 출제되는 양사 〉

양사	결합 명사
把 bǎ 자루	손잡이가 있는 물건을 세는 데 쓰인다.
	椅子 yǐzi 의자 | 雨伞 yǔsǎn 우산 | 钥匙 yàoshi 열쇠 | 刀 dāo 칼
本 běn 권	책, 서적을 세는 데 쓰인다.
	书 shū 책 | 词典 cídiǎn 사전 | 杂志 zázhì 잡지 | 本子 běnzi 노트, 필기장
★段 duàn 얼마간, 단락	일정한 시간, 공간의 거리나 구간을 세는 데 쓰인다.
	时间 shíjiān 시간 | 日子 rìzi 날, 날짜 | 路 lù 길, 도로
个 gè 개	사람, 사물 및 추상적인 것을 세는 데 쓰인다.
	人 rén 사람 | 苹果 píngguǒ 사과 | 问题 wèntí 문제
件 jiàn 건, 벌	일, 사건, 사물을 세는 데 쓰인다.
	事 shì 일 | 衣服 yīfu 옷 | 行李 xíngli 짐, 여행짐
条 tiáo 개, 항목, 줄기	가늘고 긴 물건을 세는 데 쓰인다.
	裤子 kùzi 바지 | 裙子 qúnzi 치마 | 河 hé 강, 하천 | 路 lù 도로 | 鱼 yú 물고기
★位 wèi 분, 명	사람을 세는 데 쓰인다. *존경을 나타냄
	老师 lǎoshī 선생님 | 客人 kèrén 손님 | 游客 yóukè 관광객

张 zhāng 장, 개	평면이나 혹은 펼칠 수 있는 물건을 세는 데 쓰인다.
	照片 zhàopiàn 사진 | 报纸 bàozhǐ 신문 | 地图 dìtú 지도 | 床 chuáng 침대 | 桌子 zhuōzi 탁자, 테이블
杯 bēi 잔, 컵	컵, 잔을 세는 데 쓰인다.
	茶 chá 차 | 咖啡 kāfēi 커피 | 牛奶 niúnǎi 우유
块 kuài 조각, 덩어리	덩어리, 조각 모양의 물건을 세는 데 쓰인다.
	肉 ròu 고기 | 蛋糕 dàngāo 케이크 | 面包 miànbāo 빵 | 香皂 xiāngzào 비누
★双 shuāng 쌍, 매, 켤레	쌍을 이루어 사용하는 물건을 세는 데 쓰인다.
	鞋 xié 신발, 구두 | 袜子 wàzi 양말 | 筷子 kuàizi 젓가락 | 手 shǒu 손 | 眼镜 yǎnjìng 안경

 바로 체크! Check! 다음 단어를 어순에 맞게 배열하여 완전한 문장을 만드세요.

❶ 一条   小鱼   河里   有   → _____

❷ 多少   这双   钱   鞋   → _____

정답 ❶ 河里有一条小鱼。❷ 这双鞋多少钱?

 예제

난이도 中   공략 Key '지시대사(+수사)+양사+명사' 구조

很   小说   有意思   这本

정답&공략 ➡

공략 [1단계] **술어를 찾자** ◐ 有意思

→ 일반적으로 동사나 형용사가 술어 역할을 하므로 有意思가 술어가 된다.

[2단계] **'지시대사(+수사)+양사+명사' 구조를 만들자** ◐ 这本+小说

→ '지시대사(+수사)+양사+명사'의 구조에 따라 '这本+小说'가 된다.

[3단계] **'정도부사+술어' 구조를 만들자** ◐ 很+有意思

→ 정도부사는 술어를 수식하므로 '很+有意思'가 된다.

∴ 这本小说很有意思。이 소설책은 아주 재미있다.

어휘 小说 xiǎoshuō 명 소설 \| ★有意思 yǒuyìsi 형 재미있다 \| 本 běn 양 권(책을 세는 단위)

第 1-5 题

1. 弟弟   牛仔裤   一条   买了

2. 住在   老师   城市   哪个

3. 都   公园里的   开了   花

4. 服务员   很   这个   饭店的   热情

5. 这本书的   有名   非常   作者

술어를 수식하는 어법의 꽃

- 부사어 I

부사는 동사나 형용사 앞에 위치하여 술어를 꾸며주는 부사어 역할을 하는데, 부사어를 쓰면 다소 평이한 문장을 보다 풍부하고 알찬 문장으로 바꿀 수 있다. 그러기 위해서는 부사어와 구조조사 地의 관계를 파악하고, 주요 부사의 의미 및 용법 또한 완벽하게 이해하고 있어야 한다.

기초 실력 테스트

1 다음 문장에서 부사어를 찾아보세요.

❶ 我们别去小张家了。 　　　　→ _____

❷ 我妈妈正在洗衣服呢。 　　　　→ _____

❸ 这个椅子有点儿贵。 　　　　→ _____

2 다음 단어를 어순에 맞게 배열하여 완전한 문장을 만드세요.

❶ 去　我们　那个饭馆　经常 　→ _____

❷ 天气　冷　不　今天 　　　　→ _____

❸ 非常　这个菜　好吃 　　　　→ _____

3급 기출문제 맛보기

 맛보기　　　　　　난이도 上　　공략 Key '구조조사 地+동사' 구조

问题　　她　　回答　　认真地

정답&공략

공략　1단계 **술어를 찾자** ● 回答

→ 일반적으로 동사나 형용사가 술어로 쓰이므로 '대답하다'의 의미를 나타내는 동사 回答가 술어가 된다.

2단계 **'구조조사 地+동사' 구조를 만들자** ● 认真地+回答

→ 구조조사 地는 동사를 수식하는 부사어 역할을 하므로 '认真地+回答'가 된다.

3단계 **주어와 목적어를 찾자** ● 주어 她, 목적어 问题

→ 대답을 하는 주체는 그녀이므로 她는 주어, 问题는 목적어가 된다.

∴ 她认真地回答问题。 그녀는 착실하게 문제에 대답한다.

어휘　问题 wèntí 명 문제 | 回答 huídá 동 대답하다 | ★认真 rènzhēn 형 진지하다, 착실하다

토크토크!
쌤의 한마디~

많은 학습자들이 부사와 부사어를 헷갈려 하는데요. 그렇다면 부사와 부사어는 다른 걸까요? 간단히 예를 들면, '我要看书。(나는 책을 읽으려고 한다.)'라는 문장에서 我는 명사, 要는 조동사, 看은 동사, 书는 명사입니다. 하지만 이것을 문장 성분으로 보자면, 我는 주어, 看은 술어, 书는 목적어 역할을 하며, 조동사 要는 술어를 수식하므로 부사어 역할을 한답니다. 따라서 부사는 품사의 한 종류를 말하고, 부사어는 동사나 형용사 술어를 수식하는 문장 성분을 말하죠. 그럼 부사를 제외하고 시간명사, 조동사 등 다른 품사들도 부사어 역할을 할 수 있겠죠?

공략 1. 부사의 다양한 위치를 파악하라

부사는 보통 주어 뒤, 술어 앞에 위치한다. 일부 부사들은 주어 앞에 오기도 하지만 HSK 3급에서는 부사의 기본적인 위치를 이해하고 있는지를 묻는 문제가 출제된다. 제시된 어휘 중에서 술어가 될 수 있는 동사나 형용사를 빠르게 찾고, 이를 수식하는 부사를 체크해 문장을 정확하게 배열하는 연습을 해보자.

> **주어 + 부사 + 동사/형용사**

昨天公共汽车上人很多，她一直站着。
어제 버스에 사람이 너무 많아서 그녀는 계속 서 있었다.
这个会议非常重要，你还是去听听吧。
이 회의는 아주 중요하니, 너는 가서 들어보는 것이 좋을 것 같아.

> **주어 + 일반부사 + 부정부사 + 형용사**

这些香蕉已经不新鲜了。 이 바나나는 이미 신선하지 않다.

> **주어 + 부사 + 조동사 + 개사구 + 동사**

我一定要把这篇文章翻译完。 나는 반드시 이 글을 다 번역해야 한다.

> **주어 + 부사 + 동사1 + 목적어1 + 동사2 + 목적어2**

叔叔，冬天您也用冷水洗脸吗？ 아저씨, 겨울에도 찬물로 세수하세요?

예제　　　　　　　　　　　　　　　　　　　**난이도** 中　**공략 Key** '정도부사+형용사' 구조

> 简单　　考试　　上午的　　比较

공략　[1단계] **술어를 찾자 ◐ 简单**

→ 일반적으로 동사나 형용사가 술어 역할을 하므로 '간단하다'의 의미를 나타내는 형용사 简单이 술어가 된다.

[2단계] **'정도부사+형용사' 구조를 만들자 ◐ 比较+简单**

→ 형용사는 단독으로 술어가 될 수 없으므로 정도부사의 수식을 받는다. 따라서 '比较+简单'이 된다.

[3단계] **'구조조사 的+명사' 구조를 만들자 ◐ 上午的+考试**

→ 구조조사 的는 명사를 수식하므로 '上午的+考试'가 된다.

∴　上午的考试比较简单。오전 시험은 비교적 간단했다.

어휘　★简单 jiǎndān 혱 간단하다 | 考试 kǎoshì 몡 시험 | 上午 shàngwǔ 몡 오전 | ★比较 bǐjiào 閉 비교적

공략 2. 부사의 용법과 종류를 마스터하라

부사의 위치가 주어 뒤, 술어 앞이라는 것을 알더라도, 제시된 어휘 중 어느 것이 부사인지 모른다면 아무 소용이 없다. 따라서 주요 부사의 용법 및 종류를 익히고 주요 부사를 써서 간단하게 문장을 만들어보자. 주요 부사의 의미 및 용법, 두 마리 토끼를 한 번에 잡을 수 있을 것이다.

1. 부사(副词)의 정의

부사는 동사나 형용사를 수식하여 정도, 시간, 범위 등의 의미를 나타내는 품사이다.

2. 부사의 특징

❶ 동사나 형용사를 수식한다.

부사는 동사나 형용사 앞에 위치하여 이를 수식하고, 문장에서 부사어 역할을 한다.

我们正在上课。우리는 수업을 하고 있다.　　　这个蛋糕非常好吃。이 케이크는 아주 맛있다.

❷ 부사는 일반적으로 명사를 수식할 수 없다.

也学生 (X)　　　不汉语 (X)　　　很房间 (X)

❸ 단독으로 사용할 수 없다.

일반적으로 부사는 단독으로 사용할 수 없다. 하지만 일부 부사는 대화문에서 단독으로 사용할 수 있다.

A: 她是什么时候来的? 그녀는 언제 왔어?

B: 刚刚。방금.

❹ 일부 부사는 문장을 연결하는 역할을 한다.

这件衣服又好看又便宜。 이 옷은 예쁘기도 하고 저렴하기도 하다.

这部电影越看越有意思。 이 영화는 보면 볼수록 재미있다.

3. 부사의 종류

❶ 시간부사

★已经 yǐjing 이미, 벌써	주로 문장 끝에 了와 함께 쓰인다.
	他已经做完作业了。 그는 이미 숙제를 다 했다.
	我已经吃过晚饭了。 나는 이미 저녁을 먹었다.
马上 mǎshàng 곧, 즉시	어떤 일이 곧 일어날 것임을 나타내며 就와 함께 쓰인다.
	马上就开始上课了。 곧 있으면 수업이 시작한다.
	妈妈马上就回来了。 엄마께서 곧 있으면 오신다.
正在 zhèngzài 지금 ~하고 있다	동작의 진행을 나타낸다.
	他们正在开会。 그들은 지금 회의를 하고 있다.
	我妈妈正在做饭。 우리 엄마는 지금 음식을 만드신다.
★一直 yìzhí 계속, 줄곧	동작이 계속되거나 상태가 지속됨을 나타낸다.
	周末他一直在家看电视。 주말에 그는 줄곧 집에서 텔레비전을 본다.
	她一直在玩游戏。 그녀는 계속 게임을 한다.
★就 jiù 이미, 곧	'시간사+就'는 동작 행위의 실현이 이르거나 빠름을 나타낸다.
	老师讲了一遍, 我就明白了。 선생님께서 한 번 설명하셨는데, 나는 바로 이해했다.
	'马上+就'는 어떤 일이 곧 발생할 것임을 나타낸다.
	你等等, 我马上就到。 조금만 기다려 줘. 곧 있으면 도착해.
	선후 관계를 나타낸다.
	我下了课就去看电影。 나는 수업이 끝나자마자 바로 영화를 보러 갔다.
★才 cái ~이 되어서야, 겨우	'시간사+才'는 동작 행위의 실현이 늦거나 느림을 나타낸다.
	九点开会, 他十点才来。 9시에 회의가 있는데, 그는 10시에서야 왔다.
	刚才는 어떤 일이 직전에 발생했음을 나타낸다.
	她刚才从中国回来了。 그녀는 막 중국에서 돌아왔다.
	'才+수량사구'는 수량이 적음을 나타낸다.
	你才二十岁, 结什么婚啊。 너는 겨우 20살인데, 결혼은 무슨.

❷ 부정부사

★别 bié ~하지 마라	말리거나 금지를 나타낸다.
	你别走，帮帮我嘛。 가지 말고, 나 좀 도와줘.
★不 bù ~이 아니다, ~하지 않다	주관적인 바람이나 의지에 대한 부정을 나타낸다.
	她最近减肥，不吃饭。 그녀는 요즘 다이어트를 해서 밥을 먹지 않는다.
	주로 현재나 미래에 대한 부정을 나타낸다.
	我今天身体不舒服，不去旅游了。 나는 오늘 몸이 좋지 않아서 여행을 못 간다.
★没 méi ~하지 않다	객관적인 사실에 대한 부정을 나타낸다.
	她今天太忙了，没吃饭。 그녀는 오늘 너무 바빠서 밥을 못 먹었다.
	주로 과거에 대한 부정을 나타낸다.
	我昨天有事，没去上课。 나는 어제 일이 있어서 수업에 못 갔다.

❸ 정도부사

很 hěn/ 非常 fēicháng 매우, 대단히	很을 쓸 수 있는 곳에는 대개 非常도 쓸 수 있다. 다만 非常이 나타내는 정도가 很 보다 강하다.
	这儿的风景很美。 여기의 경치는 대단히 아름답다. 她笑的样子非常好看。 그녀의 웃는 모습은 매우 예쁘다.
★太 tài 아주, 매우	감탄의 어기를 가지며, 문장 끝에 了와 함께 쓰인다.
	这本小说太有意思了！ 이 소설책은 아주 재미있어.
★特别 tèbié 특히, 더욱	특출함을 강조한다.
	我今天特别累，要回家休息。 나는 오늘 유달리 피곤해서 집에 가서 쉬고 싶어.
比较 bǐjiào 비교적	그다지 높지 않은 정도를 나타낸다.
	我们俩的关系比较好。 우리 둘의 관계는 비교적 좋다.
最 zuì 가장, 제일	정도가 극단에 도달하였음을 강조한다.
	咱们班谁的成绩最好？ 우리 반에서 누구의 성적이 제일 좋지? 我爸爸是最有能力的人。 우리 아빠는 가장 능력이 있는 사람이다.

❹ 빈도부사

常常 chángcháng 언제나, 늘	동작이 자주 출현함을 강조한다.
	我的男朋友常常开玩笑。 내 남자 친구는 언제나 농담을 한다.
也 yě ~도	두 일이 같음을 나타낸다.
	我们学汉语，也学英语。 우리는 중국어도 배우고, 영어도 배운다.

★又 yòu 또, 다시	과거의 동작을 반복함을 나타낸다.
	她昨天没来上课，今天又没来上课。 그녀는 어제 수업에 오지 않았고, 오늘 또 오지 않았다.
	'又+조동사' 순서로 쓰인다.
	这本书很好看，我又想看了。 이 책은 아주 재미있어서, 나는 또 보고 싶다.
	명령문에 쓸 수 없다.
	请你又说一遍吧。(X)
★再 zài 재차, 다시	미래에 반복될 동작을 나타낸다.
	他现在不在，你明天再来吧。 그는 지금 자리에 없으니 내일 다시 오세요.
	'조동사+再' 순서로 쓰인다.
	这本书很好看，我想再看一遍。 이 책은 아주 재미있어서, 나는 다시 한 번 보고 싶다.
	명령문이나 가정문에 쓸 수 있다.
	请你再说一遍吧。 다시 한 번 말씀해주세요.
★还 hái 아직, 아직도	미래에 반복될 동작을 나타낸다.
	他现在不在，我明天还要来。 그가 지금 자리에 없으니, 제가 내일 다시 오겠습니다.
	'还+조동사' 순서로 쓰인다.
	这本书很好看，我还想看一遍。 이 책은 아주 재미있어서, 나는 한 번 더 보고 싶다.
	명령문에 쓸 수 없다.
	请你还说一遍吧。(X)

❺ 어기부사

可能 kěnéng 아마도	추측을 나타낸다.
	她可能不知道今天开会。 그녀는 아마 오늘 회의를 모르고 있을 거야.
★其实 qíshí 사실	앞 문장과 상반된 의미를 받아, 앞의 내용을 바로잡는 역할을 한다.
	我以为他是中国人，其实是韩国人。 나는 그가 중국 사람인 줄 알았는데, 사실은 한국 사람이다.
一定 yídìng 반드시	의지가 결연함을 나타낸다.
	她听完这个消息，一定会很高兴。 그녀가 이 소식을 들으면, 반드시 기뻐할 거야.

 다음 단어를 어순에 맞게 배열하여 완전한 문장을 만드세요.

❶ 了　表演　结束　已经　　→ ＿＿＿＿＿＿＿＿＿＿＿＿＿

❷ 重要　这个　非常　会议　　→ ＿＿＿＿＿＿＿＿＿＿＿＿＿

정답 ❶ 表演已经结束了。 ❷ 这个会议非常重要。

예제

난이도 上 공략 Key '부사+동사' 구조

了　　同意　　终于　　张经理

 정답&공략

공략 [1단계] **술어를 찾자 ▶ 同意**

→ 일반적으로 동사나 형용사가 술어로 쓰이므로 '동의하다'의 의미를 나타내는 동사 同意가 술어가 된다.

[2단계] **'부사+동사' 구조를 만들자 ▶ 终于+同意**

→ 终于는 '마침내'라는 의미를 나타내는 부사로, 동사 술어를 수식한다. 따라서 '终于+同意'의 순서가 된다.

[3단계] **주어를 찾자 ▶ 张经理**

→ 장 사장님이 동의한 것이므로 张经理가 문장의 주어가 되고, 동작 또는 변화의 완료를 나타내는 了가 문장 맨 뒤에 위치한다.

∴ **张经理终于同意了。** 장 사장님께서 마침내 동의하셨다.

어휘 ★同意 tóngyì 통 동의하다 | ★终于 zhōngyú 부 마침내, 결국 | 经理 jīnglǐ 명 사장

공략 3. '구조조사 地+동사'의 구조를 이해하라

일반적으로 부사가 동사 술어를 수식하지만 부사 외에 동사나 형용사도 구조조사 地의 도움을 받는다면, 부사처럼 동사 술어를 수식할 수 있다. 예외적인 상황들이 존재하므로 부사어와 구조조사 地의 관계를 꼼꼼히 파악하자.

> 동사 + 地 + 동사

小孩子不停地哭。아이가 쉬지 않고 운다.

她怀疑地看着我们。그녀는 의심스러운 듯 우리를 쳐다보고 있다.

> 형용사 + 地 + 동사

他高兴地笑了。그녀는 기쁘게 웃었다.

老师热情地帮助我们。선생님께서 친절하게 우리를 도와주신다.

예외 1음절 형용사가 동사를 수식할 때는 地를 붙이지 않는다.

> 1음절 형용사 + ~~地~~ + 동사

天冷了，你多地穿衣服。(X) → 天冷了，你多穿衣服。(O)
날씨가 추우니 옷을 많이 입어라.

예외 1음절 형용사의 중첩형이 동사를 수식할 때는 地를 붙여도 되고, 안 붙여도 된다.

> 1음절 형용사 중첩 (+ 地) + 동사

别着急，慢慢(地)吃。 서두르지 말고 천천히 먹어.

○ 바로 체크 다음 단어를 어순에 맞게 배열하여 완전한 문장을 만드세요.

❶ 考试　　他们　　准备　　认真地　　→ _____

❷ 请　　说一下　　再　　详细地　　→ _____

정답 ❶ 他们认真地准备考试。 ❷ 请再详细地说一下。

예제

난이도 中　**공략 Key** '구조조사 地+동사' 구조

> 画画　　　我的　　　高高兴兴地　　　朋友

정답&공략

공략 **1단계** **술어를 찾자 ○** 画画
→ 일반적으로 동사나 형용사가 술어로 쓰이므로 画画가 술어가 된다.

2단계 **'구조조사 地+동사' 구조를 만들자 ○** 高高兴兴地+画画
→ 구조조사 地는 동사 술어를 수식하여 문장에서 부사어 역할을 하므로 '高高兴兴地+画画'가 된다.

3단계 **'구조조사 的+명사' 구조를 만들자 ○** 我的+朋友
→ 구조조사 的는 명사를 직접 수식하여 문장에서 관형어 역할을 하므로 '我的+朋友'가 된다.

∴ 我的朋友高高兴兴地画画。 내 친구는 즐겁게 그림을 그리고 있다.

어휘 画画 huàhuà 동 그림을 그리다 | 高兴 gāoxìng 형 기쁘다, 즐겁다 | 朋友 péngyou 명 친구

第 1-5 题

1. 介绍　　　　她　　　　自己　　　　认真地

2. 有点儿　　　　他　　　　不舒服　　　　身体

3. 你　　　　开玩笑　　　　别　　　　了

4. 这儿的　　　　太　　　　风景　　　　美了

5. 终于　　　　那台　　　　修好了　　　　电脑

31day

술어를 수식하는 어법의 꽃
- 부사어Ⅱ

문장에서 부사 외에 조동사와 개사구 또한 동사나 형용사 술어 앞에 위치하여 이들 술어를 수식하는 부사어 역할을 톡톡히 한다. 이런 부사어들의 기본적인 용법을 이해한다면, 문장을 보다 풍부하게 만들 수 있다. 주요 조동사와 개사구의 의미 및 용법을 마스터해 자신 있게 문장 만들기에 도전해보자.

● 기초 실력 테스트

1 다음 문장에서 부사어를 찾아보세요.

❶ 这里不能打电话。　　　　　→ ＿＿＿＿＿＿＿＿

❷ 你要多休息。　　　　　　　→ ＿＿＿＿＿＿＿＿

❸ 他在房间里看书。　　　　　→ ＿＿＿＿＿＿＿＿

2 다음 단어를 어순에 맞게 배열하여 완전한 문장을 만드세요.

❶ 说英语　　他　　会　　不　　→ ＿＿＿＿＿＿＿＿＿＿

❷ 买　　她　　电脑　　在商店　　→ ＿＿＿＿＿＿＿＿＿＿

❸ 要　　我爸爸　　上海　　去　　→ ＿＿＿＿＿＿＿＿＿＿

3급 기출문제 맛보기

 맛보기

난이도 中 　공략 Key '조동사+동사' 구조

房间	打扫	你	愿意	吗

정답&공략

공략　**1단계 술어를 찾자 ◎ 打扫**

→ 일반적으로 동사나 형용사가 술어 역할을 하므로 '청소하다'의 의미를 나타내는 동사 打扫가 술어가 된다.

2단계 주어와 목적어를 찾자 ◎ 주어 你, 목적어 房间

→ 일반적으로 명사나 대사가 주어 또는 목적어 역할을 한다. 방을 청소하는 것이므로 房间이 목적어가 되고 대사 你가 주어가 된다.

3단계 '조동사+동사' 구조를 만들자 ◎ 愿意+打扫

→ 愿意는 '바라다, 희망하다'의 의미를 나타내는 조동사로, 동사 앞에 위치하여 동작의 바람을 나타내므로 '愿意+打扫+房间'이 된다. 吗는 문장 끝에 쓰여 의문의 어기를 나타낸다.

∴ **你愿意打扫房间吗?** 너는 방을 청소하기를 원하니?

어휘　房间 fángjiān 명 방 ┃ 打扫 dǎsǎo 동 청소하다 ┃ ★愿意 yuànyì 조동 (무엇을 하기를) 바라다, 희망하다

쓰기 제1부분에서 문제를 풀고 해설을 통해 정답만 체크했다면, 100% 완벽하게 내 것으로 만들었다고 보기는 힘들어요~ 정답을 다시 한 번 적고, 반드시 문장 성분을 분석해야 합니다. 문장의 가장 큰 뼈대인 '주+술+목'구조를 찾고, 주어와 목적어를 수식하는 관형어, 술어를 수식하는 부사어를 찾아 표시해보세요. 평소 문장 성분을 분석하는 습관을 기른다면, 쓰기뿐만 아니라 독해력이 향상된 자신을 발견하게 될 거예요~

토크토크!
쌤의 한마디~

공략 I. 조동사의 의미를 통한 위치 및 용법을 파악하라

조동사(助动词)는 능원동사(能愿动词)라고도 하는데, 이름을 통해 의미 및 위치를 대략적으로 파악할 수 있다. '助动词'를 통해 동사 앞에 위치하여 동사 술어를 수식하는 부사어 역할을 한다는 것을 알 수 있으며, '能愿动词'를 통해 능력, 가능, 바람, 소망 등을 나타내는 동사임을 알 수 있다. 조동사의 기본적인 특징을 이해하고, 주요 조동사의 의미 및 용법을 완벽하게 정리하자.

1. 조동사(助动词)의 정의

조동사는 동사나 형용사 술어 앞에 위치하여 능력, 소망, 가능, 당위 등을 나타내는 품사이다. 또한 동사 앞에 위치하여 동사를 도와주는 역할을 한다.

2. 조동사의 특징

❶ 동사나 형용사 앞에 위치하여 술어를 수식하는 부사어 역할을 한다.

> 주어 + **조동사** + 동사/형용사

妈妈的病会好起来的。 엄마의 병은 좋아질 것이다. (가능)
我可以参加这次考试吗？ 제가 이번 시험에 참가해도 됩니까? (허가)
学生应该复习课文。 학생은 마땅히 본문을 복습해야만 한다. (당위)
他想看电影。 그는 영화를 보고 싶다. (바람)

❷ 조동사는 중첩할 수 없다.

我们可以可以问老师。(X) → 我们可以问问老师。(O) 우리는 선생님께 물어볼 수 있어.

❸ 조동사 뒤에는 동태조사 了, 着, 过가 올 수 없다.

他会了说汉语。(X) → 他会说汉语。(O) 그는 중국어로 말할 수 있다.
我们应该着帮助别人。(X) → 我们应该帮助别人。(O)
　　　　　　　　　　　　　　　우리는 마땅히 다른 사람을 도와줘야 한다.
这儿可以过抽烟。(X) → 这儿可以抽烟。(O) 여기에서는 담배를 피울 수 있다.

❹ 대다수의 조동사는 不로 부정한다.

我不愿意去美国留学。 나는 미국으로 유학을 가고 싶지 않다.

예외 단, 조동사 能은 没로도 부정할 수 있다.

我没能参加HSK考试。 나는 HSK 시험에 참가하지 못했다.

〈 시험에 자주 출제되는 조동사 〉

종류	의미	예문
★会 huì	~할 수 있다(학습 능력)	我会游泳。 나는 수영을 할 수 있다.
	~일 것이다(가능성)	今天会下雨。 오늘 비가 올 것이다.
能 néng	~할 수 있다(능력)	他能看英文报。 그는 영자 신문을 볼 수 있다.
	~해도 좋다(허가)	我的东西，你不能随便动。 내 물건을 너는 함부로 만지면 안 된다.
	~일 것이다(추측·짐작)	小王生病了，不能来上课吧。 샤오왕은 아파서 수업에 올 수 없죠.
可以 kěyǐ	~할 수 있다(가능성)	这本书我今天可以看完。 이 책을 나는 오늘 다 읽을 수 있다.
	~해도 좋다(허가)	经理，我可以进去吗？ 사장님, 제가 들어가도 될까요?
要 yào	~하고 싶다(바람)	他要去中国旅行。 그는 중국으로 여행을 가고 싶어 한다.
	~해야 한다(당위)	快要考试了，我们要复习。 곧 시험이니 우리는 복습해야 한다.
	~할 것이다(가능성)	上下班时间要堵车。 출퇴근 시간에는 차가 막힐 것이다.
★应该 yīnggāi	~해야 한다(당위)	学生应该努力学习。 학생은 당연히 열심히 공부해야 한다.
想 xiǎng	~하고 싶다(바람)	我想学弹钢琴。 나는 피아노를 배우고 싶다.
愿意 yuànyì	~하고 싶다(바람)	我愿意跟他结婚。 나는 그와 결혼하고 싶다.
★敢 gǎn	감히 ~하다(확신)	我敢保证，明天一定能完成任务。 내일 반드시 임무를 완수할 것이라고 나는 감히 장담한다.
	과감하게 ~하다(용기)	我不敢在爸爸面前这样说。 나는 아빠 앞에서 감히 이렇게 말할 수 없다.

 빈칸에 들어갈 알맞은 단어를 고르세요.

| 보기 | 会 应该

❶ 爸，妈，你们_____每年去检查一次身体。

❷ 经过一段时间，你就_____慢慢习惯了。

정답 ❶ 应该 ❷ 会

关心　　　老师　　　自己的学生　　　要

정답&공략

공략　**1단계** **술어를 찾자** ⊙ 关心

→ 일반적으로 동사나 형용사가 술어로 쓰이므로 '관심을 갖다'의 의미를 나타내는 동사 关心이 술어가 된다.

　　2단계 **'조동사+동사' 구조를 만들자** ⊙ 要+关心

→ 要는 '~해야 한다'의 의미를 나타내는 조동사로, 동사 앞에서 위치하여 동작의 당위성을 나타낸다.

　　3단계 **주어와 목적어를 찾자** ⊙ 주어 老师, 목적어 学生

→ 선생님이 자신의 학생에게 관심을 가져야 하는 것이므로 주어는 老师, 목적어는 学生이 된다.

∴ 老师要关心自己的学生。선생님은 자신의 학생에게 관심을 가져야 한다.

어휘　★关心 guānxīn 동 관심을 갖다 | 老师 lǎoshī 명 선생님 | 自己 zìjǐ 대 자기, 자신 | 学生 xuésheng 명 학생 |
　　★要 yào 조동 ~해야 한다

 공략 2. 개사구의 기본 구조와 역할을 이해하라

개사구를 이해하는 데 있어 가장 기본이 되는 것이 바로 '개사는 문장에서 단독으로 쓸 수 없다'는 이론이다. 개사는 누군가의 도움을 받아야 하는데, 개사를 지탱하는 역할을 하는 품사가 바로 명사와 대사이다. 개사는 명사나 대사를 만나 개사구를 만들고, 이 개사구가 술어를 수식하여 문장에서 부사어 역할을 한다.

1. 개사(介词)의 정의

개사는 시간, 장소, 방향, 대상 등을 나타내는 품사이다. 명사나 대사 앞에 놓여 동사나 형용사 술어를 수식하는 역할을 한다.

2. 개사구의 특징

❶ 개사구는 술어 앞에 위치하여, 술어를 수식하는 부사어 역할을 한다.

> 개사 + 명사/대사 + 술어(동사/형용사)

我跟老师谈谈。나는 선생님과 이야기를 한다.

我对中国生活很满意。나는 중국 생활에 매우 만족한다.

❷ 개사구는 명사나 명사성 어휘 앞에 놓여, 관형어 역할을 한다.

> 개사 + 명사/대사 + 的 + 명사

这是关于中国文化的书。이것은 중국 문화에 관한 책이다.

我们说说对这个问题的看法。우리 이 문제의 견해에 대해 이야기해보자.

❸ 개사구는 동사 술어 뒤에 놓여, 술어를 보충하는 보어 역할을 한다.

> 술어(동사) + 개사 + 명사/대사

照相机放在床上了。사진기는 침대에 놓여 있다.

我姐姐住在北京。우리 언니는 베이징에 살고 있다.

〈 시험에 자주 출제되는 개사 〉

在 zài ~때에, ~에서	这次会议在2013年举行。이번 회의는 2013년도에 열린다. 我朋友在北京生活。내 친구는 베이징에서 생활한다.
从 cóng ~부터, ~에서	我从星期一到星期五都有课。나는 월요일부터 금요일까지 모두 수업이 있다. 他从法国来了。그는 프랑스에서 왔다.
★离 lí ~로부터	离我生日只有一个月。내 생일까지 겨우 한 달 남았다. 我家离公司很远。우리 집은 회사까지 아주 멀다.
到 dào ~까지	这篇文章到下个星期可以写完。이 글은 다음 주까지 쓸 수 있다. 你到哪儿去? 너는 어디에 가니?
★对 duì ~에 대하여	中国人对外国人很热情。중국 사람은 외국 사람에게 매우 친절하다.
★关于 guānyú ~에 관하여	关于这个问题，我们研究一下。이 문제에 관해, 우리 연구해봅시다.
跟 gēn/ 和 hé ~와	我跟爸爸一起去散步。나는 아빠와 함께 산책을 간다.
★为 wèi ~하기 위해서	我为大家准备了吃的。나는 모두를 위해 먹을 것을 준비했다. (대상) 为(了)参加考试，我们努力学习。 시험에 참가하기 위해 우리는 열심히 공부한다. (목적)
给 gěi ~에게	他给我写了一封信。그는 나에게 편지 한 통을 썼다.
★把 bǎ ~을	我把面包吃完了。나는 빵을 다 먹었다.

★被 bèi ~에게 ~을 당하다	我被妈妈骂了。나는 엄마한테 혼났다.
比 bǐ ~보다	他比以前更帅了。그는 예전보다 더 멋있어졌다.
向 xiàng ~에게	他总是向我借书。그는 늘 나에게 책을 빌린다.

 제시된 단어를 알맞은 위치에 넣으세요.

❶ 结婚前，妻子 A 我说她 B 很爱做饭，但是结婚后 C 她很少做饭。　(跟)

❷ A 喝葡萄酒 B 身体 C 很好。　(对)

정답 ❶ A　❷ B

 예제

난이도 上　공략 Key '개사구(对+명사)+술어' 구조

对　　京剧　　你　　吗　　感兴趣

 정답&공략

공략　1단계 술어를 찾자 ○ 感兴趣
→ 일반적으로 동사나 형용사가 문장에서 술어로 쓰이므로 '흥미가 있다'의 의미인 '感兴趣'가 문장의 술어가 된다.

2단계 '개사구+술어' 구조를 만들자 ○ 对京剧+感兴趣
→ 对는 '~에 대하여'의 의미를 나타내는 개사로, 대상을 나타내는 명사 또는 대사와 함께 쓰여 개사구를 만든다. 경극에 대해 흥미를 가지는 것이므로 '对京剧'가 되고, 개사구는 술어 앞에 위치하여 술어를 수식하는 부사어 역할을 하기 때문에 '对京剧+感兴趣'가 된다.

3단계 주어를 찾자 ○ 你
→ 일반적으로 명사나 대사가 주어로 쓰이므로 你가 주어가 되고, 의문의 어기조사 吗는 문장 맨 뒤에 위치하여 의문문을 만든다.

∴ 你对京剧感兴趣吗? 너는 경극에 흥미가 있니?

어휘　★对 duì 개 ~에 대하여 | 京剧 jīngjù 명 경극 | ★感兴趣 gǎn xìngqù 관심이 있다, 흥미가 있다

Tip 자주 출현하는 개사 对의 고정 형식

我对中国文化不了解。나는 중국 문화에 대해 잘 모른다.
他对自己的生活很满意。그는 자신의 생활에 매우 만족한다.
我们对老师有意见。우리는 선생님께 의견이 있다.
他对别人很热情。그는 다른 사람에게 아주 친절하다.

공략 3. '부+조+개'에 맞춰 문장을 전개하라

부사어는 일반적으로 동사나 형용사 술어 앞에 놓인다. 만약 한 문장에 부사어가 두 개 이상 출현한다면 문장을 어떻게 완성해야 할까? 이때는 부사어의 대표라고 할 수 있는 부사가 맨 앞에 오고 조동사, 개사구 순서로 문장을 전개하면 된다. 여러 개의 부사어들이 출현한다면, '부+조+개' 순서를 반드시 기억하자.

주어 + 부사 + 조동사 + 개사구 + 술어

我　　一定　　要　　跟金老师　　学　　汉语。나는 반드시 김 선생님에게 중국어를 배울 것이다.
주어　　부사　　조동사　　개사구(개사+명사)　　동사　　목적어

○ 바로 체크 Check! 제시된 단어를 알맞은 위치에 넣으세요.

❶ 你一定 A 跟父母 B 商量 C 这件事。（要）

❷ 她 A 愿意 B 在大使馆 C 工作。（很）

정답 ❶ A　❷ A

예제

休息	要	你	一定	在家

정답&공략

공략　1단계 **술어를 찾자** ◎ 休息

→ 일반적으로 동사나 형용사가 술어로 쓰이므로 '쉬다'의 의미를 나타내는 동사 休息가 술어가 된다.

2단계 **'개사구+술어' 구조를 만들자** ◎ 在家+休息

→ 개사구는 술어 앞에 위치하여 부사어 역할을 하므로 '在家+休息'가 된다.

3단계 **'부사+조동사+개사' 구조를 만들자** ◎ 一定+要+在家

→ 부사와 조동사는 개사구 앞에 위치하므로 '一定+要+在家'가 된다.

4단계 **주어를 찾자** ◎ 你

→ 일반적으로 명사나 대사가 주어로 쓰이므로 마지막에 남은 인칭대사 你가 문장의 주어가 된다.

∴ 你一定要在家休息。 너는 반드시 집에서 휴식을 취해야 한다.

어휘　休息 xiūxi 동 휴식을 취하다, 쉬다 | ★一定 yídìng 부 반드시, 필히

第 1-5 题

1. 大家的　　　听听　　　老师　　　意见　　　想

2. 干杯　　　友谊　　　为　　　我们的

3. 我奶奶　　　包饺子　　　不　　　会

4. 跟他　　　我　　　见面　　　不想

5. 对　　　他　　　很了解　　　中国文化

32 day

쓰기

술어의 든든한 지원군
- 보어

보어란 동사나 형용사 뒤에 위치하여 이를 보충하는 성분을 말한다. 보어는 시험 출제 비율에 비해 학습해야 하는 양은 많지만, 보다 풍부하고 맛깔스런 중국어를 구사하기 위해 없어서는 안 될 요소이므로, 자신의 진정한 중국어 실력을 위해 보어 학습에 시간을 투자해보자.

기초 실력 테스트

1 빈칸에 들어갈 알맞은 단어를 고르세요.

❶ 我看不_____。　　　　　　　A 懂　　　B 去

❷ 你快回_____。　　　　　　　A 来　　　B 好

❸ 小明_____得很慢。　　　　　A 看　　　B 走

2 다음 단어를 어순에 맞게 배열하여 완전한 문장을 만드세요.

❶ 好了　　我　　准备　　　　→ _____

❷ 很快　　吃得　　他　　　　→ _____

❸ 一个小时　　我　　等了　　→ _____

정답_ 해설집 130쪽

3급 기출문제 맛보기

 맛보기
난이도 上 | 공략 Key 정도보어의 이해

越来越好　　　变得　　　这个城市的环境　　　了

정답&공략

공략 [1단계] **술어를 찾자** ⊙ 变得

→ 일반적으로 동사나 형용사가 술어 역할을 하므로 '변하다'의 의미를 나타내는 동사 变이 술어가 된다. 또한 구조조사 得를 통해 정도보어를 묻는 문제임을 알 수 있다.

[2단계] **보어를 찾자** ⊙ 越来越好

→ 정도보어의 기본 어순인 '동사/형용사+得+평가/묘사'를 통해 '变得+越来越好'가 된다. 또한 변화를 나타내는 어기조사 了는 '越来越……了' 형태로 쓰이므로 문장 맨 뒤에 온다.

[3단계] **주어를 찾자** ⊙ 这个城市的环境

→ 일반적으로 명사나 대사가 문장에서 주어로 쓰이므로 环境이 주어가 되고, '这个城市的'는 주어를 꾸며주는 관형어가 된다.

∴ 这个城市的环境变得越来越好了。 이 도시의 환경은 점점 좋게 바뀌고 있다.

어휘 ★越来越 yuèláiyuè 점점 | 变 biàn 통 변하다, 바뀌다 | 城市 chéngshì 명 도시 | ★环境 huánjìng 명 환경

토크토크! 쌤의 한마디~

정도보어는 동사나 형용사의 정도가 구체적으로 어떤지를 나타내는 보어를 말해요~ 중국어로 표현하려면 다소 난해한 문장들도 정도보어를 활용하여 보다 쉽게 표현할 수 있어요.

说得跟中国人一样。(말하는 것이 중국 사람 같다.)
热得什么都不想做。(더워서 아무것도 하고 싶지 않다.)

이처럼 정도보어를 이해하고 있다면 보다 풍부하고 맛깔스러운 중국어 문장을 만들 수 있으니, 평소에 정도보어를 활용하여 다양한 표현들을 구사해보는 것도 좋겠죠?

공략 1. 술어의 보충 성분인 보어의 위치를 이해하라

보어는 중국어로 '补语(bǔyǔ)'라고 하는데, 여기서 补는 '보충하다'라는 의미를 나타낸다. 따라서 보어는 동사나 형용사 술어를 보충하는 역할을 한다. 정도보어를 나타내는 구조조사 得, 동작의 횟수를 나타내는 동량사, 시간의 양을 나타내는 시량사 등이 제시되어 있으면, 보어를 묻는 문제임을 빠르게 간파하자.

- 我的作业　写　完　了。 나는 숙제를 다 했다.
  주어　　　동사　결과보어

- 他　突然　高兴　起来　了。 그는 갑자기 기뻐했다.
  주어　부사어　형용사　방향보어

- 我　看　不懂　中国电影。 나는 중국 영화를 이해할 수 없다.
  주어　동사　가능보어　목적어

- 我　累得　什么都不想做。 나는 피곤해서 아무것도 하고 싶지 않다.
  주어　형용사　　정도보어

- 小刘　吃过　一次　中国菜。 샤오류는 중국 음식을 한 번 먹어본 적이 있다.
  주어　동사　동량보어　목적어

- 我们班　今天　上了　两个小时　英语课。 우리 반은 오늘 두 시간 동안 영어 수업을 했다.
  주어　부사어　동사　시량보어　목적어

바로 체크 Check! 다음 단어를 어순에 맞게 배열하여 완전한 문장을 만드세요.

❶ 可爱　你女儿　特别　长得　→ _____

❷ 做完了　你的　吗　数学作业　→ _____

정답 ❶ 你女儿长得特别可爱。 ❷ 你的数学作业做完了吗?

예제　　　　　　　　　　　　　난이도 中　공략 Key 시량보어의 이해

在机场　我们　半个小时　等了

정답&공략

공략　[1단계]　**'개사구+동사 술어' 구조를 만들자 ○ 在机场+等了**

→ 개사는 명사나 대사와 함께 개사구를 만들어 동사 술어를 수식하므로 '在机场+等了'가 된다.

[2단계]　**보어를 찾자 ○ 半个小时**

→ 시간의 양을 나타내는 '半个小时'를 통해 시량보어를 묻는 문제임을 알 수 있다. 보어는 술어 뒤에 위치하므로 '等了+半个小时'가 된다.

[3단계]　**주어를 찾자 ○ 我们**

→ 일반적으로 명사나 대사가 주어로 쓰이므로 대사 我们이 주어가 된다.

∴　我们在机场等了半个小时。우리는 공항에서 30분을 기다렸다.

어휘　机场 jīchǎng 몡 공항 | 小时 xiǎoshí 몡 시간 | ★等 děng 동 기다리다

공략 2. 다양한 보어의 종류와 용법을 파악하라

보어는 크게 결과보어, 방향보어, 가능보어, 정도보어, 수량보어(동량보어, 시량보어)로 나뉜다. HSK 3급 쓰기 영역에서 동작의 수준이 어느 정도에 이르는지를 나타내는 정도보어와 동작의 횟수와 시간의 양을 나타내는 수량보어가 자주 출제되므로 다양한 문제를 통해 출제 비율이 높은 보어에 완벽하게 대비하자.

1. 결과보어

동작의 결과를 나타내는 보어로 뒤에 동작의 완료를 나타내는 동태조사 了가 온다.

❶ **기본 형식** : 완료된 동작의 결과를 나타내기 때문에 주로 결과보어 뒤에는 완료를 나타내는 동태조사 了가 쓰인다.

> 동사 + **결과보어**(동사/형용사) + 了

找到了　찾았다　　　　　　　　站住了　멈췄다

❷ **부정형** : 동사 앞에 부정부사 没를 써서 부정을 표시하며, 완료를 나타내는 동태조사 了는 쓸 수 없다.

> 没 + 동사 + **결과보어**(동사/형용사) + ~~了~~

没做完　다 하지 못했다　　　　没买到　사지 못했다

❸ 의문형 : 문장 맨 뒤에 吗를 쓰거나 정반 의문문의 형식으로 나타낸다.

```
동사 + 결과보어(동사/형용사) + 吗 / 了没有
```

写完吗(了没有)? 다 썼니?   买到吗(了没有)? 다 샀니?

〈주요 결과보어의 의미 및 용법〉

★到 dào	목적 달성을 나타낸다.
	他昨天买到那本书。그는 어제 그 책을 샀다. 我收到了一封信。나는 편지 한 통을 받았다.
	어떤 지점 및 시점에 도달하는 것을 나타낸다.
	她走到桌子旁边。그녀는 테이블 옆으로 걸어갔다. 爸爸每天工作到十点。아빠는 매일 10시까지 일하신다.
着 zháo	목적 달성을 나타낸다.
	我还没买着火车票。나는 아직 기차표를 사지 못했다. 她找了半天才找着钥匙。그녀는 한참만에야 겨우 열쇠를 찾았다.
完 wán	완료를 나타낸다.
	妈妈已经做完饭了。엄마는 이미 밥을 다 하셨다. 我们吃完饭就出去玩儿吧。우리 밥 먹고 나가서 놀자.
★好 hǎo	동작이 완성되거나 잘 마무리되었음을 나타낸다.
	大家坐好，开始上课了。모두들 잘 앉으세요. 수업을 시작합니다. 不努力怎么能学好呢? 노력하지 않고 어떻게 배울 수 있습니까?
见 jiàn	시각, 청각, 후각으로 인한 무의식적인 감지를 나타낸다.
	我昨天晚上梦见了奶奶。나는 어제저녁 꿈에서 할머니를 만났다. 我在地铁里看见了我小学同学。나는 지하철역에서 초등학교 동창을 보았다.
★给 gěi	대상으로 이동함을 나타낸다.
	请你作业交给老师。숙제를 선생님께 드리세요. 这朵花是送给妈妈的。이 꽃 한 송이는 엄마께 드리는 거예요.
成 chéng	변화하여 다른 것이 됨을 나타낸다.
	请把美元换成人民币。달러를 인민폐로 바꿔주세요. 你把这句话翻译成中文。이 말을 중국어로 번역해주세요.
懂 dǒng	'알다, 이해하다'라는 뜻을 나타낸다.
	我听懂了老师的话。나는 선생님의 말을 이해했다. 那篇文章我看懂了。그 글을 나는 이해했다.
★在 zài	어느 장소에 정착함을 나타낸다.
	他生活在上海。그는 상하이에서 생활한다. 我爷爷住在楼上。우리 할아버지는 위층에 사신다.

| 住
zhù | 동작을 통해 고정됨을 나타낸다. |
| | 昨天学过的生词，你们都记住了吗？ 어제 배운 새 단어를 너희들은 모두 기억하니?
汽车突然停住了。 자동차가 갑자기 멈췄다. |

2. 방향보어

동사 뒤에 위치하여 동작의 방향을 나타내거나, 방향과는 상관없는 다른 의미를 나타낸다. 방향보어는 크게 단순 방향보어와 복합 방향보어로 나뉜다.

❶ 단순 방향보어

```
동사 + 来/去
```

她带来了一个朋友。 그녀는 친구 한 명을 데리고 왔다.
时间不早了，快回去吧。 시간이 늦었으니 빨리 돌아가.

❷ 복합 방향보어

```
동사 + 上/下/进/出/回/过/起……+ 来/去
```

주의 起去는 조합이 불가능하다.

他从教室里跑出来了。 그는 교실에서 뛰어나왔다.
你把这些东西带回去吧。 당신은 이 물건들을 가지고 가세요.

〈 방향보어의 다양한 의미 〉

上来 shànglai	아래에서 위로 올라옴을 나타낸다. (화자가 위쪽에 있음)
	你快跑上来。 너는 빨리 위층으로 뛰어올라와.
	낮은 수준에서 높은 수준으로 발전하거나, 완성된 상태를 나타내며, 문미에 了 가 올 수 있다.
	我的英语水平提高上来了。 나의 영어 수준은 향상되었다.
	윗사람이 아랫사람에게 말하는 것을 나타낸다.
	你把作业交上来吧。 너는 숙제를 내라.
上去 shàngqu	아래에서 위로 올라감을 나타낸다. (화자가 아래쪽에 있음)
	你慢慢走上去吧。 너는 천천히 걸어 올라와라.
	낮은 수준에서 높은 수준으로 진행이나, 미완성의 상태를 나타내며 문미에 了 가 올 수 없다.
	我要把汉语水平提高上去。 나는 중국어 수준을 향상시키겠다.
	아랫사람이 윗사람에게 말하는 것을 나타낸다.
	我把作业给老师交上去了。 나는 숙제를 선생님께 냈다.

过来 guòlai	화자의 위치로 오는 것을 나타낸다.	
	她走过来了。그녀는 걸어왔다.	
	정상적인 상태로 회복함을 나타낸다.	
	我听了老师的话才明白过来了。나는 선생님 말씀을 듣고 비로소 이해했다.	
过去 guòqu	화자의 위치로부터 멀어짐을 나타낸다.	
	我给奶奶送过去一些吃的。나는 할머니께 먹을 것을 보내드렸다.	
	비정상적인 상태로 변화함을 나타낸다.	
	病人晕过去了。환자는 정신을 잃어버렸다.	
出来 chūlai	안에서 밖으로 이동함을 나타낸다. (화자가 밖에 있음)	
	她从家里出来了。그녀는 집에서 나왔다.	
	분별 또는 식별을 나타낸다.	
	你听得出来我是谁吗? 당신은 들으면 내가 누군지 알 수 있습니까?	
★下来 xiàlai	동작을 통해 분리됨을 나타낸다.	
	天热了，我把袜子脱下来了。날이 더워서, 나는 양말을 벗었다.	
	과거로부터 현재까지 지속됨을 나타낸다.	
	这个故事是从古代传下来的。이 이야기는 고대에서부터 전해 내려왔다.	
★下去 xiàqu	현재에서 미래까지 지속됨을 나타낸다.	
	我们一定要坚持学下去。우리는 반드시 끝까지 배울 것이다.	
★起来 qǐlai	시작되어 지속됨을 나타낸다.	
	大家笑起来了。모두들 웃었다.	
	분산되어 있던 것이 집중됨을 나타낸다.	
	快把东西收起来吧。빨리 물건을 정리해라.	
	예측이나 평가를 나타낸다.	
	这双鞋穿起来特别舒服。이 신발은 신으면 아주 편하다.	

3. 가능보어

동작 행위의 가능성을 나타내며, 일반적으로 아직 발생하지 않은 일이나 상황에 쓰인다.

❶ 기본 형식

```
동사 + 得/不 + 결과보어/방향보어
```

看得/不完 다 볼 수 있다(없다)   回得/不来 돌아올 수 있다(없다)

❷ ……得了/不了 가능보어

┌─────────────────────────────┐
│ 동사 + 得/不 + 了(liǎo) │
└─────────────────────────────┘

走得/不了 걸을 수 있다(없다)　　　　办得/不了 처리할 수 있다(없다)

❸ 목적어의 위치

┌─────────────────────────────────────┐
│ 동사 + 得/不 + 결과보어 + 목적어 │
└─────────────────────────────────────┘

吃得/不完这么多菜。이렇게 많은 음식을 다 먹을 수 있다(없다).
听得/不懂老师的话。선생님의 말을 이해할 수 있다(없다).

4. 정도보어

동사나 형용사가 도달한 정도나 상태를 나타낸다. 보어 중 정도보어 출제 비율이 가장 높다.

❶ 기본 형식

┌─────────────────────────────────┐
│ 동사/형용사 + 得 + 정도보어 │
└─────────────────────────────────┘

吃得很快 빨리 먹는다　　　　走得太慢了 걸음이 너무 느리다
热得很 정말 덥다　　　　忙得要死 바빠 죽겠다

❷ 목적어의 위치

┌───┐
│ 동사 + 목적어 + 동사 + 得 + 정도보어 │
└───┘

说汉语说得非常好。중국어를 매우 잘한다.
写汉字写得很漂亮。한자를 아주 예쁘게 쓴다.

5. 수량보어

수량보어는 동사 뒤에 위치하여 동작의 횟수를 나타내는 동량보어와 동사 뒤에 위치하여 동작을 한 시간의 양을 나타내는 시량보어가 있다.

❶ 기본 형식

┌─────────────────────────────────────┐
│ 동사 + 了/过 + **동량보어/시량보어** │
└─────────────────────────────────────┘

看了一遍 한 번 봤다　　　　去过两次 두 번 가봤다

等了半天 한참을 기다렸다　　　学过一年 일 년을 배웠다

❷ 일반 목적어의 위치

> 동사 + 목적어 + 동사(了) + **시량보어**

坐车坐了一个小时。 차를 한 시간 동안 탔다.
学汉语学了两年。 중국어를 2년 배웠다.

 바로 체크 다음 단어를 어순에 맞게 배열하여 완전한 문장을 만드세요.

❶ 公司　我希望　工作　去　那家 → _____

❷ 回中国　她　已经　了　坐火车 → _____

정답 ❶ 我希望去那家公司工作。 ❷ 她已经坐火车回中国了。

예제

난이도 中　공략 Key 정도보어의 이해

> 非常　　　他的中文　　　流利　　　说得

정답&공략

공략　1단계 **술어를 찾자 ◐ 说得**
→ 일반적으로 동사나 형용사가 술어 역할을 하므로 동사 说가 술어가 된다. 또한 구조조사 得를 통해 정도보어를 묻는 문제임을 알 수 있다.

2단계 **보어를 찾자 ◐ 非常+流利**
→ 정도보어의 기본 어순인 '동사/형용사+得+평가/묘사' 순서로 나열하면, '说得+非常流利'가 된다.

3단계 **주어를 찾자 ◐ 他的中文**
→ 일반적으로 명사나 대사가 문장에서 주어로 쓰이므로 中文이 주어가 되고, '他的'는 주어를 꾸미는 관형어 역할을 한다.

∴ 他的中文说得非常流利。 그의 중국어는 매우 유창하다.

어휘　非常 fēicháng 🖣 대단히, 매우 | 中文 Zhōngwén 🖲 중국의 언어와 문자 | ★流利 liúlì 🖲 유창하다

第 1-5 题

1. 很　　　漂亮　　　他的画　　　画得

2. 哭了　　　我妈妈　　　高兴得

3. 一遍　　　她　　　又　　　检查了

4. 那些生词　　　同学们　　　记住了　　　已经

5. 汉语　　　我姐姐　　　一年　　　学了

+ 정답 및 해설_ 해설집 69쪽

33 day

이름으로 감을 잡아라
- 연동문 · 겸어문

연동문과 겸어문은 이름을 통해서 어법적인 특징을 대략 알 수 있기 때문에 학습하는 데 그다지 어려움은 없을 것이다. 연동문과 겸어문의 기본 형식과 연동문과 겸어문에서의 부사어 위치를 묻는 문제가 자주 출제되고 있으므로 이에 완벽하게 대비하자.

◯ 기초 실력 테스트

1 다음 문장에서 동사를 찾아보세요.

❶ 我要买蛋糕。　　　　　　　→ _____

❷ 老师让我做作业。　　　　　→ _____

❸ 中午我们吃羊肉吧。　　　　→ _____

❹ 你的歌唱得很不错!　　　　→ _____

2 다음 단어를 어순에 맞게 배열하여 완전한 문장을 만드세요.

❶ 让我　　妈妈　　买东西　　→ _____

❷ 去　　游泳　　她天天　　　→ _____

❸ 我爸爸　　上班　　去公司　→ _____

3급 기출문제 맛보기

맛보기   난이도 中   공략 Key 연동문에서 조동사의 위치

接女朋友   他   去   要   机场

정답&공략

공략   **1단계** **'동사1+목적어1+동사2+목적어2' 순으로 배열하자 ◑ 去机场+接女朋友**

→ 동사 술어 去와 接를 통해서 동사가 연속해서 출현하는 연동문임을 알 수 있다. 연동문은 동작이 행해지는 순서대로 동사를 나열해야 하므로, '去机场+接女朋友'가 된다.

     2단계 **'조동사+동사1' 구조를 만들자 ◑ 要+去机场**

→ 연동문에서 조동사는 첫 번째 동사 앞에 위치하므로 '要+去机场+接女朋友'가 된다.

     3단계 **주어를 찾자 ◑ 他**

→ 일반적으로 명사나 대사가 주어 역할을 하므로 他가 문장의 주어가 된다.

∴ **他要去机场接女朋友。** 그는 공항으로 여자 친구를 마중 나가려고 한다.

어휘   ★接 jiē 통 맞이하다, 마중하다 | 女朋友 nǚpéngyou 명 여자 친구 | ★要 yào 조동 ~할 것이다 | 机场 jīchǎng 명 공항

쓰기
제1부분

> 토크토크!
> 쌤의 한마디~
>
> '나는 책 보는 것을 좋아한다'라는 문장인 '我喜欢看书'는 연동문일까요?
> 喜欢이 동사1, 看이 동사2, 하나의 주어에 동사가 연이어서 등장했으므로 '이 문장은 연동문이야'라고 생각할 수 있어요. 하지만 여기서 喜欢은 술어이며, '看书'는 목적어입니다. 이처럼 동사가 연이어서 나온다고 무조건 연동문으로 판단하지 않도록 문장을 꼼꼼하게 분석하는 습관을 기르는 것이 중요합니다.

공략 1. 동사는 동작이 행해지는 순서대로 나열하라

한 문장에 둘 이상의 동사가 연속해서 나오면 어떻게 나열해야 할까? 바로 동작이 행해지는 순서대로 동사를 나열하면 된다. 예를 들어, '상점에 가서 물건을 산다'는 문장은 '去商店买东西' 가 되며, '병원에 가서 진찰을 받는다'는 문장은 '去医院看病'이 된다. 이처럼 동사가 여러 개 제시되어 있으면 연동문을 묻는 문제임을 빠르게 인식하고 동작이 행해지는 순서대로 동사를 나열하여 연동문을 완성하자.

1. 연동문(连动句)의 정의

연동문은 하나의 주어에 둘 또는 둘 이상의 동사나 동사구가 연이어서 나오는 문장이다.

2. 연동문의 기본 형식

> 주어 + **동사1** + 목적어1 + **동사2** + 목적어2

我去图书馆借书。 나는 도서관에 책을 빌리러 간다.

3. 연동문의 종류

❶ 목적을 나타내는 연동문 : '동사2를 하기 위해 동사1을 하다'의 의미를 나타내는 연동문은 대개 동사2가 목적을 표시하며, 동사1에는 来나 去가 자주 온다.

他们来商店买衣服。 그들은 옷을 사러 상점에 온다.
我们去学校上课。 우리는 수업을 하러 학교에 간다.

❷ 수단과 방식을 나타내는 연동문 : 동사1이 동사2의 수단이나 방식을 나타낸다.

我爸爸骑自行车上班。 우리 아빠는 자전거를 타고 출근하신다.
他们坐飞机回中国。 그들은 비행기를 타고 중국으로 돌아간다.

4. 연동문의 특징

❶ 부사와 조동사는 동사1 앞에 위치한다.

> 주어 + **부사/조동사** + **동사1** + 목적어1 + **동사2** + 목적어2

丈夫经常去中国出差。 남편은 자주 중국으로 출장을 간다.
他很想用汉语写日记。 그는 중국어로 일기를 매우 쓰고 싶어 한다.

❷ 동태조사 了는 일반적으로 동사2 뒤에 위치한다.

> 주어 + **동사1** + 목적어1 + **동사2** + 了 + 목적어2

我去超市买了一瓶水。 나는 슈퍼마켓에 가서 물을 한 병 샀다.
他来图书馆借了汉语书。 그는 도서관에 와서 중국어 책을 빌렸다.

참고 연이어 발생한 두 동작이 선후 관계 또는 조건 관계를 나타내는 경우, 첫 번째 동작이 완료된 후에 두 번째 동작이 발생하므로 了는 동사1 뒤에 위치한다.

我们下了课就去看电影。 우리는 수업이 끝나면 영화를 보러 간다. (선후 관계)
你先做完了作业才能玩电脑。 너는 먼저 숙제를 다 해야지만 컴퓨터를 할 수 있다. (조건 관계)

❸ 동사1은 중첩할 수 없고 대부분 동사2를 중첩한다.

我回家休息休息。 나는 집으로 가서 좀 쉬고 싶다.
他找老师商量商量。 그는 선생님을 찾아가 의논을 좀 한다.

 다음 단어를 어순에 맞게 배열하여 완전한 문장을 만드세요.

> ❶ 公司　我希望　工作　去　那家　→ _____
>
> ❷ 回中国　她　已经　了　坐火车　→ _____

정답 ❶ 我希望去那家公司工作。❷ 她已经坐火车回中国了。

쓰기
제1부분

예제

我　　　冷水　　　洗澡　　　用　　　不敢

 정답&공략

공략 **1단계** '**동사1+목적어1+동사2+목적어2**' 순으로 배열하자 ◐ 用冷水+洗澡

→ 동사 술어 用과 洗澡를 통해서 동사가 연속해서 출현하는 연동문임을 알 수 있다. 찬물을 사용해서 샤워를 하는 것이므로 '用冷水+洗澡'가 된다.

2단계 '**부사+조동사+동사1**' 구조를 만들자 ◐ 不敢+用冷水

→ 연동문에서 부사와 조동사는 첫 번째 동사 앞에 위치하므로 '不敢+用冷水+洗澡'가 된다.

3단계 **주어를 찾자** ◐ 我

→ 일반적으로 명사나 대사가 주어 역할을 하므로 我가 문장의 주어가 된다.

∴ 我不敢用冷水洗澡。 나는 찬물로 샤워를 하지 못한다.

어휘 冷水 lěngshuǐ 명 찬물 | 洗澡 xǐzǎo 동 목욕하다 | ★用 yòng 동 쓰다, 사용하다 | ★不敢 bùgǎn 조동 감히 ~하지 못하다

 공략 2. 겸어문의 기본 형식을 기억하라

겸어문은 중국어로 '兼语句(jiānyǔjù)'라고 하는데, 여기서 兼은 '겸하다, 동시에 하다'라는 의미를 나타낸다. 즉, 하나의 문장에 두 가지 문장 성분을 동시에 겸하는 어휘가 있음을 의미한다. '妈妈让我休息'라는 문장을 예로 들면, 我는 동사1(让)의 목적어이기도 하고, 동사2(休息)의 주어이기도 하므로, 두 가지 역할을 함께 하고 있는 겸어임을 알 수 있다. 또한 사역을 나타내는 让, 叫, 使, 부탁을 나타내는 请 등 겸어를 받는 주요 동사도 알아두자.

1. 겸어문(兼语句)의 정의

겸어문은 첫 번째 동사의 목적어가 두 번째 동사의 주어 역할도 겸하고 있는 문장이다.

2. 겸어문의 기본 형식

주어 + 동사1 + **겸어**(주어 겸 목적어) + 동사2(+ 목적어)

妈妈	让	我	休息。	엄마가 나에게 쉬라고 하셨다.

주어1　동사1　겸어(주어 겸 목적어)　동사2

3. 겸어문의 종류

❶ 사역을 나타내는 겸어문 : '让, 叫, 使(~로 하여금 ~하게 하다)' 등의 동사를 주로 쓴다.

这件事使大家很高兴。 이 일은 모두를 매우 기쁘게 했다.

❷ 부탁 및 요청을 나타내는 겸어문 : 派(파견하여 ~시키다), 请(초대하다), 求(부탁하다) 등의 동사를 주로 쓴다.

公司派我去美国出差。 회사에서 나를 미국으로 출장 보냈다.

我请大家看电影。 내가 모두에게 영화를 보여줄게.

4. 겸어문의 특징

❶ 시간사, 부사, 조동사는 동사1 앞에 위치한다.

> 주어1 + **시간사/부사/조동사** + 동사1 + **겸어**(주어2 겸 목적어1) + 동사2 (+ 목적어2)

我明天请你吃饭。 내가 내일 밥 살게.

妻子不让我抽烟。 아내는 나에게 담배를 피지 못하게 한다.

我想叫朋友帮忙。 나는 친구에게 도와달라고 하고 싶다.

❷ 동태조사 了는 동사2 뒤에 위치한다.

> 주어1 + 동사1 + **겸어**(주어2 겸 목적어1) + 동사2 + 了 (+ 목적어2)

妈妈让我穿了这条裙子。 엄마는 나에게 이 치마를 입으라고 하셨다.

我请朋友吃了饭。 나는 친구에게 밥을 샀다.

🏷️ **바로 체크** Check! 다음 단어를 어순에 맞게 배열하여 완전한 문장을 만드세요.

❶ 很高兴	这个消息	大家	使	→ _____
❷ 帮帮忙	我	请老师		→ _____

정답 ❶ 这个消息使大家很高兴。 ❷ 我请老师帮帮忙。

예제 1

打扫　　妈妈　　房间　　让妹妹

정답&공략

공략　**1단계** '동사1+목적어1/주어2+동사2+목적어2' 순으로 나열하자 ◎ 让妹妹+打扫房间

　→ 사역동사 让을 통해서 겸어문을 묻는 문제임을 알 수 있다. 겸어문의 기본 형식을 머릿속으로 떠올리면서 문장을 완성해보자. 妹妹는 사역동사 让의 목적어이기도 하고 '打扫房间'의 주어이기도 하므로 '让妹妹+打扫房间'이 된다.

　2단계 주어1을 찾자 ◎ 妈妈

　→ 엄마가 여동생에게 방을 청소하라고 했으므로 妈妈가 주어가 된다.

　∴ 妈妈让妹妹打扫房间。엄마가 여동생에게 방을 청소하라고 하셨다.

어휘　★打扫 dǎsǎo 图 청소하다 | 房间 fángjiān 图 방 | 妹妹 mèimei 图 여동생

예제 2

很感动　　这部　　使我　　电影

정답&공략

공략　**1단계** '동사1+목적어1/주어2+동사2' 순으로 배열하자 ◎ 使我+很感动

　→ 사역동사 使를 통해서 겸어문을 묻는 문제임을 알 수 있다. 我는 사역동사 使의 목적어이기도 하고, '很感动'의 주어이기도 하므로 '使我+很感动'이 된다.

　2단계 '지시대사(+수사)+양사+명사' 구조를 만들자 ◎ 这部+电影

　→ '수사+양사+명사' 구조에 따라 '这部+电影'이 된다. 이 영화가 나를 감동시킨 것이므로 '这部电影'을 문장 맨 앞에 위치시켜야 한다.

　∴ 这部电影使我很感动。이 영화는 나를 매우 감동시켰다.

어휘　★感动 gǎndòng 图 감동하다 | ★部 bù 图 부, 편(서적·영화 따위를 세는 단위) | 电影 diànyǐng 图 영화

第 1-5 题

1. 上海   爸爸   出差   经常   到

2. 吃   大夫   这种药   不   让我

3. 写日记   用汉语   你   能不能

4. 请张老师   校长   想   讲课

5. 去公园   奶奶   打太极拳   每天早上

중국어의 기본 동사를 활용하라
- 是자문·有자문

중국어에서 가장 기본이 되는 동사 是와 有는 다양한 의미를 나타낸다. 是는 인정, 판단, 존재를 나타내는 것 외에 的와 함께 쓰여 이미 발생한 일에 대한 시간, 장소, 대상 등을 강조하며, 有는 소유를 나타내는 것 외에 어떤 장소에 누가 혹은 무엇이 있는지 존재를 표시하기도 한다.

● **기초 실력** 테스트

1 빈칸에 들어갈 알맞은 답을 고르세요.

❶ 我＿＿＿＿一辆自行车。　　　A 是　　　B 有

❷ 这＿＿＿＿新买的衣服。　　　A 是　　　B 有

❸ 外边没＿＿＿＿。　　　　　　A 是　　　B 有

2 다음 단어를 어순에 맞게 배열하여 완전한 문장을 만드세요.

❶ 我　学生　是　金老师的　　→ ＿＿＿＿＿＿＿＿＿＿＿＿＿

❷ 中国朋友　他　有　　　　　→ ＿＿＿＿＿＿＿＿＿＿＿＿＿

❸ 谁的　是　桌子上的　那本书 → ＿＿＿＿＿＿＿＿＿＿＿＿＿

3급 기출문제 맛보기

 맛보기

난이도 上　**공략 Key** 판단을 나타내는 'A 是 B'

쓰기
제1부분

都	黑色的	熊猫的	眼睛和耳朵	是

정답&공략

공략　**[1단계] 술어를 찾자 ➡ 是**

→ 일반적으로 동사나 형용사가 술어로 쓰이므로 동사 是가 문장의 술어가 된다.

[2단계] 주어와 목적어를 찾자 ➡ 주어 眼睛和耳朵, 목적어 黑色的

→ 술어가 형용사가 아닌 동사이므로 목적어가 올 수 있다. 의미상 적합한 주어와 목적어를 찾아야 한다. 눈과 귀가 검은색이므로 '眼睛和耳朵'가 주어, '黑色的'가 목적어가 된다.

[3단계] 관형어를 찾자 ➡ 熊猫的

→ 구조조사 的는 명사를 꾸며주므로 '熊猫的+眼睛和耳朵'가 된다.

[4단계] 부사어를 찾자 ➡ 都

→ 都는 '모두'의 의미를 나타내는 부사로 술어를 수식하기 때문에 '都+是'가 된다.

∴ 熊猫的眼睛和耳朵都是黑色的。 판다의 눈과 귀는 모두 검은색이다.

어휘　都 dōu 🔖 모두, 전부 | ★黑色 hēisè 🈔 검은색 | 熊猫 xióngmāo 🈔 판다 | ★眼睛 yǎnjing 🈔 눈 | ★耳朵 ěrduo 🈔 귀

토크토크!
쌤의 한마디~

구조조사 的가 명사를 수식하여 문장에서 관형어 역할을 한다는 사실은 모두 알고 있죠? 그래서 그런지 많은 학습자들이 제시된 어휘 중 的만 보이면, 눈을 부릅뜨고 명사를 찾아 명사와 짝을 짓는 경우가 많습니다. 하지만 이미 발생한 일에 대한 시간, 장소, 대상 등을 강조하는 '是……的' 구문을 묻는 문제일 수도 있습니다. 그러니 성급하게 문장을 만드는 실수를 하지 마세요.

공략 l. 'A 是 B' 구조의 다양한 의미를 꿰뚫어라

일반적인 동사는 동작, 행위, 심리 활동 등을 나타내지만 是는 동작을 설명하는 데는 쓸 수 없고, '我是韩国人。(나는 한국인이다.)', '她是老师。(그녀는 선생님이다.)' 등의 문장에 쓰인다. 이처럼 중국어의 가장 기본이 되는 동사 是는 'A 是 B' 형태로 쓰여 'A는 B이다'라는 인정 및 판단, 존재 등을 의미하며, 이때 주어 A와 목적어 B는 서로 동등한 의미 관계를 나타낸다.

1. 是자문의 정의

'~이다'라는 의미의 동사 是는 문장에서 술어로 쓰이며 인정, 판단, 존재 등을 나타낸다.

2. 是자문의 종류

❶ 인정, 판단을 나타내는 경우

她是我的老师。 그녀는 나의 선생님이다.
他们都是中国人。 그들은 모두 중국인이다.

❷ 존재를 표시하는 경우

书包里都是书。 가방 안에는 모두 책이다.
学校对面是中国银行。 학교 맞은편은 중국은행이다.

3. 是자문의 특징

❶ 부정부사 不로 부정한다.

我没是中国人。(X) → 我不是中国人。(O) 나는 중국인이 아니다.

❷ 동태조사를 쓸 수 없다.

他是过汉语老师。(X) → 他是汉语老师。(O) 그는 중국어 선생님이다.

❸ 중첩이 불가능하며 보어를 쓸 수 없다.

那是是我的伞。(X) → 那是我的伞。(O) 그것은 내 우산이야.
我爸爸是完医生。(X) → 我爸爸是医生。(O) 우리 아빠는 의사셔.

예제

난이도 中 공략 Key 판단을 나타내는 'A 是 B' 구조

他　　一位　　是　　很有名的　　演员

정답&공략

공략 1단계 **술어를 찾자 ⊙ 是**

→ 일반적으로 동사나 형용사가 술어로 쓰이므로 동사 是가 이 문장의 술어가 된다.

2단계 **주어와 목적어를 찾자 ⊙ 주어 他, 목적어 演员**

→ 술어가 형용사가 아닌 동사이므로 목적어가 올 수 있다. 의미상 적합한 주어와 목적어를 찾아야 한다. 그가 배우이므로 他가 주어, 演员이 목적어가 된다.

3단계 **관형어를 찾자 ⊙ 一位+很有名的**

→ '수사+양사+명사'의 구조에 의해 '一位+演员'이 되고, 구조조사 的는 명사를 꾸며주므로 '一位+很有名的+演员'이 된다.

∴ 他是一位很有名的演员。그는 아주 유명한 배우이다.

어휘 ★位 wèi 양 분, 명 | ★有名 yǒumíng 형 유명하다 | 演员 yǎnyuán 명 배우, 연기자

공략 2. '是……的' 구문의 강조 용법을 파악하라

'是……的' 구문은 이미 발생한 일에 대해서만 쓸 수 있다. 그럼 왜 동작의 완료를 나타내는 동태조사 了를 사용하지 않고 굳이 번거롭게 '是……的' 구문을 사용하는 것일까? 바로 여기에 중요한 '是……的' 구문의 특징이 숨어 있다. '是……的' 구문은 단순히 완료만을 나타내는 것이 아니라 '언제 왔는지', '어떻게 왔는지', '어디서 샀는지' 등 시간, 수단과 방식, 장소 등을 강조할 수 있기 때문이다. '是……的' 구문은 시험에서 자주 출제되므로 반드시 이해하고 넘어가야 한다.

1. '是……的' 구문의 정의

'是……的' 구문은 이미 발생한 일의 시간, 장소, 대상, 방식 등을 강조한다.

2. '是……的' 구문의 특징

❶ '是……的' 구문의 기본 형식

```
┌─────────────────────────────────┐
│  주어 + 是 + …… + 동사 + 的       │
└─────────────────────────────────┘
```

我是昨天来的。 나는 어제 왔다. (시간 강조)

他是坐飞机来的。 그는 비행기를 타고 왔다. (방식 강조)

这是在中国买的。 이것은 중국에서 샀다. (장소 강조)

❷ '是……的' 구문에서 是는 생략 가능하다.

他(是)去年毕业的。 그는 작년에 졸업했다.

❸ '不是……的'로 부정한다.

这不是在中国买的。 이것은 중국에서 사지 않았다.

 제시된 단어를 알맞은 위치에 넣으세요.

┌──┐
│ ❶ A 这件毛衣 B 姐姐 C 送给我的。 (是)   │
│   │
│ ❷ 我不 A 北京 B 大学 C 毕业的。 (是)   │
└──┘

정답 ❶ B ❷ A

 예제

[난이도] 上 [공략 Key] '是……的' 구문

┌───┐
│ 举办   北京奥运会   2008年   是   的   │
└───┘

공략 [1단계] **술어를 찾자 ○ 举办**

→ 일반적으로 동사나 형용사가 술어로 쓰이므로 동사 举办이 문장의 술어가 된다.

[2단계] **주어를 찾자 ○ 北京奥运会**

→ 일반적으로 명사나 대사가 주어로 쓰이므로 '北京奥运会'가 주어가 된다.

[3단계] **'시간+술어' 구조를 만들자 ○ 2008年+举办**

→ 베이징올림픽이 언제 개최되었는지 시간을 강조하는 '是……的' 구문이므로 '2008年+举办'이 된다. '是
……的' 구문에 맞춰 문장을 완성하면 '北京奥运会+是+2008年+举办+的'가 된다.

∴ 北京奥运会是2008年举办的。 베이징올림픽은 2008년도에 개최되었다.

어휘 ★举办 jǔbàn [동] 거행하다, 개최하다 | 北京 Běijīng [고유] 베이징 | 奥运会 Àoyùnhuì [명] 올림픽

270

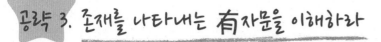

공략 3. 존재를 나타내는 有자문을 이해하라

우리가 일반적으로 알고 있는 有는 '我有自行车。(나는 자전거가 있다.)', '她有中国朋友。(그녀는 중국 친구가 있다.)'처럼 누가 무엇을 소유하고 있음을 나타내거나 '沙发上有书。(소파 위에 책이 있다.)', '运动场上有很多学生。(운동장에 많은 학생이 있다.)'처럼 어떤 장소에 사람이나 사물이 존재하는 것을 나타낸다. 有자문은 소유나 존재를 나타내는 동사일 뿐만 아니라 연동문, 겸어문, 비교문에도 쓰이는 중요 동사이므로 반드시 숙지해야 한다.

1. 有자문의 정의

'~에 있다'라는 의미의 동사 有는 문장에서 술어로 쓰여 소유, 존재, 출현 등을 나타낸다.

쓰기
제1부분

2. 有자문의 종류

❶ 소유나 포함 관계를 나타내는 경우

姐姐有两个孩子。언니(누나)는 아이가 두 명 있다.

听力考试一共有四部分。듣기 시험은 모두 네 부분으로 구성되어 있다.

❷ 존재를 나타내는 경우

办公室里有很多人。사무실에는 많은 사람들이 있다.

桌子上有一本词典。책상 위에는 사전이 한 권 있다.

❸ 발생이나 출현을 나타내는 경우

我的汉语水平有了很大提高。나의 중국어 수준은 많이 향상됐다.

今年我们公司有了很大发展。올해 우리 회사는 많이 발전했다.

3. 有자문의 특징

❶ 부정부사 不의 수식을 받지 못해 부정할 때는 没를 쓴다.

他不有很多外国朋友。(X) → 他没有很多外国朋友。(O)

그는 외국 친구들이 많이 없다.

❷ 중첩이 불가능하며 보어를 쓸 수 없다.

我有有红色的毛衣。(X) → 我有红色的毛衣。(O) 나는 빨간색 스웨터가 있다.

他有钱有得很多。(X) → 他有很多钱。(O) 그는 돈이 많다.

❸ 정도부사의 수식을 받지 못한다.

她很有汽车。(X) → 她有汽车。(O) 그녀는 차가 있다.

 목적어가 추상명사일 때는 很, 非常과 같은 정도부사의 수식을 받을 수 있다.

我爸爸非常有能力。 우리 아빠는 아주 능력이 있다.

 제시된 단어를 알맞은 위치에 넣으세요.

❶ A 图书馆里 B 许多 C 书。 (有)

❷ 我 A 一个 B 中国 C 朋友。 (有)

❸ 她 A 也 B 了自己的 C 女儿。 (有)

정답 ❶ B ❷ A ❸ B

예제

난이도 中 공략 Key 존재를 나타내는 有자문

书　　许多　　图书馆里　　有

공략 1단계 **술어를 찾자 ○ 有**

→ 일반적으로 동사나 형용사가 술어로 쓰이므로 동사 有가 문장의 술어가 된다.

2단계 **주어와 목적어를 찾자 ○ 주어 图书馆里, 목적어 书**

→ 존재를 나타내는 有자문이므로 장소를 나타내는 어휘가 주어가 된다. 따라서 '图书馆里'가 주어, 书가 목적어가 된다.

3단계 **관형어를 찾자 ○ 许多**

→ 许多는 '매우 많다'의 의미를 나타내는 형용사로 구조조사 的 없이 직접 명사를 수식하므로 '许多+书'가 된다.

∴ 图书馆里有许多书。 도서관에는 많은 책이 있다.

어휘 书 shū 몡 책 | ★许多 xǔduō 혱 매우 많다 | 图书馆 túshūguǎn 몡 도서관

第 1-5 题

1. 做的　　　　我奶奶　　　　这个饺子　　　　是

2. 树上　　　很多　　　有　　　鸟

3. 有　　　我家　　　河　　　附近　　　一条

4. 小说　　　这　　　很好看的　　　是　　　一本

5. 很大　　　我们班的成绩　　　提高　　　有　　　也

알고 보면 만만하다
- 把자문·被자문

把자문과 被자문은 중국 사람들이 자주 사용하는 어법인 동시에 대부분의 학습자들이 가장 어려워하는 부분이기도 하다. 하지만 시험에 매번 출제되고 있으므로 把자문과 被자문의 기본 어순과 특징을 파악하여, 把자문과 被자문의 콤플렉스로부터 하루 빨리 벗어나자.

기초 실력 테스트

1 빈칸에 들어갈 알맞은 답을 고르세요.

❶ 我把_____吃了。 　　　　　　A 书　　　　　B 面包

❷ 他的_____被弟弟骑走了。 　　　A 自行车　　　B 词典

❸ 请把_____打开。 　　　　　　A 窗户　　　　B 衣服

2 다음 단어를 어순에 맞게 배열하여 완전한 문장을 만드세요.

❶ 妈妈　　喝好了　　把咖啡　　　→ _____

❷ 看完了　　我　　把这本书　　　→ _____

❸ 他　　打了　　被朋友　　　　　→ _____

3급 | 기출문제 맛보기

 맛보기

난이도 上　공략 Key '把+목적어+동사+给+대상' 구조

送给　　　她决定　　　把手机　　　弟弟

정답&공략

공략　1단계 '把+목적어+동사+기타 성분' 순으로 배열하자 ➡ 把手机+送给+弟弟

→ 개사 把는 명사 手机와 개사구를 이루어 술어 送给를 수식한다. 또한 把자문의 고정 형식인 '동사+给+대상'에 따라 '把手机+送给+弟弟'가 된다.

2단계 주어를 찾자 ➡ 她

→ 그녀가 휴대 전화를 남동생에게 선물하기로 결정한 것이므로 她가 주어, 决定이 술어, '把手机送给弟弟'가 목적절이 된다.

∴ 她决定把手机送给弟弟。 그녀는 남동생에게 휴대 전화를 선물하기로 결정했다.

어휘　送 sòng 통 주다, 선물하다 | ★决定 juédìng 통 결정하다 | 手机 shǒujī 명 휴대 전화

> 토크토크!
> 쌤의 한마디~
>
> 把자문과 被자문은 시험에 매번 출제되는 특수 구문입니다. 하지만 대부분의 학습자들은 把자문과 被자문만 나오면 겁부터 먹는데요. 이건 평소 이해하기보다는 무조건 암기하는 학습법에 익숙한 학습자들에게 나타나는 부작용입니다. 우선 把, 被의 품사가 무엇인지, 이 품사는 어떤 특징을 가지고 있으며 문장에서 어떤 역할을 하는지, 把자문과 被자문을 왜 사용하는지를 차근차근 이해하면서 학습한다면, 중국인처럼 자유롭게 把자문과 被자문을 활용하여 대화할 수 있는 그날이 올 거예요.

쓰기
제1부분

쓰기 공략 하기

공략 1. '처치'를 나타내는 把자문을 이해하라

把자문은 목적어에 어떠한 동작을 가했고, 그에 의한 결과가 어떻게 됐는지를 나타내는 처치 문이다. 시험에 매번 출제되는 중요한 어법이므로 把자문의 기본 형식을 반드시 숙지하자.

1. 把자문의 정의

把자문은 개사 把가 목적어와 개사구를 이루어 술어 앞에 놓여 목적어(처치 대상)에 구체적인 동작을 가해 어떤 결과나 변화가 있음을 나타낸다.

我　　把面包　　吃完了。나는 빵을 다 먹었다.
주어　　把+목적어　　동사+결과보어

◯ 주어 我 가 목적어 面包 를 어떻게 처리했을까? 吃라는 동작 을 가하여 그 결과 吃完了 했다.

2. 把자문의 기본 형식

```
주어 + 부사/조동사 + 把 + 목적어 + 동사 + 기타 성분
```

我们　　一定　　能　　把　　这件事　　做　　好。우리는 이 일을 반드시 잘 할 수 있다.
주어　　부사　　조동사　　개사　　목적어　　동사　　기타 성분

3. 把자문의 특징

❶ 반드시 특정한 목적어가 와야 한다.

我把一本书还给小王。(X) → 我把这本书还给小王。(O)
　　　　　　　　　　　　　　　　나는 이 책을 샤오왕에게 돌려주었다.

❷ 동사 뒤에는 반드시 결과를 나타내는 기타 성분이 와야 한다. 기타 성분을 만드는 방법은 다음과 같다.

· 동태조사 了나 着를 동반한다. **체크** 过는 쓸 수 없다.

弟弟把蛋糕吃了。남동생이 케이크를 먹었다.

请把书带着。책을 가지고 있으세요.

- 동사를 중첩한다.

我们把这个问题研究研究。 우리 이 문제를 연구 좀 해보자.

- 동사 뒤에 술어를 보충하는 성분인 보어를 쓴다. **참고** 가능보어는 쓸 수 없다.

我把照相机带来了。 나는 사진기를 가지고 왔다. (방향보어)

他把作业做完了。 그는 숙제를 다 했다. (결과보어)

- 동사 뒤에 목적어를 쓴다.

妹妹把这件事告诉妈妈。 여동생은 이 일을 엄마에게 알렸다.

❸ 부사나 조동사는 把 앞에 위치한다.

我已经把作业做完了。 나는 이미 숙제를 다 했다.

他能把这个工作做好。 그는 이 일을 잘 할 수 있다.

4. 把자문의 고정 형식

> 주어 + 把 + 목적어 + 동사 + 在 / 到 + 장소

你把衣服挂在衣柜上。 너는 옷을 옷장에 걸어둬.

我把爷爷送到医院了。 나는 할아버지를 병원으로 모셔다드렸다.

> 주어 + 把 + 목적어 + 동사 + 成 + 변화된 것

请把美元换成人民币。 달러를 인민폐로 바꿔주세요.

> 주어 + 把 + 목적어 + 동사 + 给 + 대상

我把这本书借给朋友。 나는 이 책을 친구에게 빌려줬다.

바로 체크 Check! 다음 단어를 어순에 맞게 배열하여 완전한 문장을 만드세요.

❶	拿走了	服务员	菜单	把	→ _____
❷	扔在	别	沙发上	把毛巾	→ _____
❸	交给	请把	小张	这封信	→ _____

정답 ❶ 服务员把菜单拿走了。 ❷ 别把毛巾扔在沙发上。 ❸ 请把这封信交给小张。

예제 1

衣服　　我妈妈　　洗干净了　　把

정답&공략

공략 **[1단계]** '把+목적어+동사+기타 성분' 순으로 배열하자 ⊙ 把衣服+洗干净了
→ 개사 把는 명사 衣服와 개사구를 이루어 술어 '洗干净了'를 수식하고 있으므로 '把衣服+洗干净了'가 된다.

[2단계] 주어를 찾자 ⊙ 我妈妈
→ 깨끗이 빨래를 한 주체자가 바로 엄마이므로 '我妈妈'가 문장의 주어가 된다.

∴ 我妈妈把衣服洗干净了。 우리 엄마는 옷을 깨끗이 세탁하셨다.

어휘 衣服 yīfu 몡 옷 | ★洗 xǐ 동 씻다, 빨다 | 干净 gānjìng 혱 깨끗하다

> Tip 결과보어 干净
>
> 형용사 干净은 결과보어로 쓰여, '깨끗이 ~하다'라는 의미를 나타낸다.
> 我把房间打扫干净了。 나는 방을 깨끗이 청소했다.
> 这些盘子没洗干净。 이 접시들은 깨끗이 안 닦였다.

예제 2

请　　翻译成　　汉语　　把　　这个句子

정답&공략

공략 **[1단계]** '把+목적어+동사+成+변화된 것' 순으로 배열하자 ⊙ 把这个句子+翻译成汉语
→ 개사 把는 '这个句子'와 개사구를 이루어 술어 '翻译成'을 수식한다. 또한 把자문의 고정 형식인 '동사+成+변화된 것'에 따라 '把这个句子+翻译成汉语'가 된다.

[2단계] 请의 위치를 파악하자 ⊙ 请+把这个句子+翻译成汉语
→ 부탁 및 권유를 나타내는 请은 문장 맨 앞에 위치한다.

∴ 请把这个句子翻译成汉语。 이 문장을 중국어로 번역해주세요.

어휘 请 qǐng 동 청하다, 부탁하다 | ★翻译 fānyì 동 번역(통역)하다 | 汉语 Hànyǔ 몡 중국어 | 句子 jùzi 몡 문장

> **Tip**　상대방에게 부탁하거나 권할 때 쓰는 경어 请
>
> 您请坐。앉으십시오.
> 请教一下，这一句是什么意思? 이 구절이 무슨 뜻인지 알려주세요.

공략 2. 피동을 나타내는 被자문을 이해하라

被자문은 '~에 의해 ~을 당하다'라는 의미를 나타내는 피동문의 대표 주자이다. 把자문과 더불어 시험에 자주 출제되므로 HSK를 공부하는 학습자라면 누구나 被자문의 기본 형식을 반드시 이해해야 한다.

1. 被자문의 정의

被는 '~에 의해 ~을 당하다'라는 의미를 나타내는 개사로 피동문을 나타낸다. 被는 목적어와 개사구를 이루어 술어 앞에 놓이며, '주어가 목적어에 의해 어떤 동작을 당하다'라는 의미를 나타낸다.

我的自行车　　被小偷　　偷走了。 내 자전거는 도둑이 훔쳐갔다.
주어(피해자)　　被+목적어(가해자)　　동사+결과보어

○ 　주어 我的自行车　가　목적어 小偷　에 의해　偷라는 동작　을 당하여　그 결과 偷走了　했다.

2. 被자문의 기본 형식

┌───┐
│ 주어(피해자) + 부사/조동사 + 被 + 목적어(가해자) + 동사 + 기타 성분 │
└───┘

我的自行车　　又　　被　　小偷　　偷　　走了。 내 자전거는 도둑이 또 훔쳐갔다.
주어　　부사　　개사　　목적어　　동사　　기타 성분

3. 被자문의 특징

❶ 반드시 확실한 주어가 와야 한다.

一本词典被朋友借走了。(X) → 那本词典被朋友借走了。(O) 그 사전은 친구가 빌려갔다.

❷ 동사 뒤에는 반드시 결과를 나타내는 기타 성분이 와야 한다. 기타 성분을 만드는 방법은 다음과 같다.

- 동태조사 了나 过를 동반한다. 제외 着는 쓸 수 없다.

他被公司派到上海去了。 그는 회사에 의해 상하이로 파견되었다.

我被老师批评过。 나는 선생님께 혼난 적이 있다.

- 동사 뒤에 보어를 쓴다. 제외 가능보어는 쓸 수 없다.

我被大家感动得哭了。 나는 모두에게 감동을 받아 울었다. (정도보어)

我被妈妈说了一顿。 나는 엄마한테 꾸짖음을 받았다. (동량보어)

❸ 부사나 조동사는 被 앞에 위치한다.

他又被朋友打了。 그는 또 친구한테 맞았다.

那件事应该被妈妈发现。 그 일은 마땅히 엄마한테 들켜야 한다.

 다음 단어를 어순에 맞게 배열하여 완전한 문장을 만드세요.

❶ 风　哥哥的报纸　刮跑了　被	→	_____	
❷ 被　自行车　骑　走了　弟弟	→	_____	
❸ 借一下　我能　吗　把这本小说	→	_____	

정답 ❶ 哥哥的报纸被风刮跑了。 ❷ 自行车被弟弟骑走了。 ❸ 我能把这本小说借一下吗?

예제

난이도 中　공략 Key 被자문의 기본 형식

拿走了　　　老师　　　这本书　　　被

정답&공략

공략 1단계 '被+목적어+동사+기타 성분' 순으로 배열하자 ◐ 被老师+拿走了

→ 被는 피동문을 만드는 개사로 명사형 어휘와 개사구를 이루어 동사 술어를 수식한다. 여기서 선생님이 이 책을 가져간 것이므로 '被老师+拿走了'가 된다.

2단계 주어를 찾자 ◐ 这本书

→ 이 책이 선생님으로부터 가져감을 당한 것이므로 '这本书'가 문장의 주어가 된다.

∴ 这本书被老师拿走了。 이 책은 선생님께서 가지고 가셨다.

어휘 拿走 názǒu 통 가지고 가다 | 老师 lǎoshī 명 선생님, 스승

第 1-5 题

1. 这儿　　请　　名字　　把　　写在

2. 车钥匙　　他　　把　　丢了

3. 这个故事　　我　　感动了　　被

4. 我的大衣　　妹妹　　穿走了　　刚　　被

5. 关了　　我爷爷　　已经　　把　　窗户

존재와 출현을 나타낸다

– 존현문

사람이나 사물의 존재와 출현을 나타내는 존현문은 우리말 어순의 영향을 받아 학습자들이 의외로 자주 실수하는 부분이다. 하지만 중국식 사고로 전환하여 존현문의 의미를 파악하고 기본 형식에 따라 문장을 완성한다면, 쉽게 점수를 얻을 수 있는 부분이기도 하다. 존현문의 형식과 특징을 완벽하게 정리하여 쓰기 영역 만점에 도전해보자.

기초 실력 테스트

1 빈칸에 들어갈 알맞은 답을 고르세요.

❶ 车里_____着几个人。　　　　A 跑　　　B 坐

❷ 家里_____了一位客人。　　　A 来　　　B 出

❸ 椅子上_____一本杂志。　　　A 在　　　B 有

2 다음 단어를 어순에 맞게 배열하여 완전한 문장을 만드세요.

❶ 一只狗　　家里　　有　　　→ _____

❷ 出了　　昨天　　一件事　　→ _____

❸ 门口　　一辆自行车　　停着　→ _____

3급 기출문제 맛보기

 맛보기　　　　　　　　　　　난이도 中　공략 Key 출현을 나타내는 존현문

┌───┐
│　昨天　　　新老师　　　一位　　　来了 │
└───┘

 정답&공략

공략　1단계 **술어를 찾자** ○ 来了
→ 일반적으로 동사나 형용사가 술어로 쓰이므로 동사 '来了'가 술어가 된다.

2단계 **주어와 목적어를 찾자** ○ 주어 昨天, 목적어 新老师
→ 존현문에서 장소나 시간을 나타내는 어휘가 주어로 쓰이므로 昨天이 주어가 되고, 新老师가 목적어가 된다.

3단계 **관형어를 찾자** ○ 一位
→ '수사+양사+명사'의 형식에 따라 '一位+新老师'가 된다.

∴ 昨天来了一位新老师。 어제 새로운 선생님이 한 분 오셨다.

어휘　昨天 zuótiān 몡 어제 | 老师 lǎoshī 몡 선생님, 스승 | ★位 wèi 양 분, 명(공경의 뜻을 나타냄)

쓰기
제1부분

토크토크!
쌤의 한마디~

동태조사 了와 着가 존현문과 친하다는 사실을 아시나요? 존재를 나타내는 존현문에는 동사 뒤에 着가 붙어 동작의 상태나 지속을 나타내고, 출현 및 소실을 나타내는 존현문에는 동사 뒤에 了가 붙어 동작의 완료 및 출현을 나타내요. 이처럼 중국어 어법은 따로따로 학습하는 것이 아니라 상관 관계가 있는 것끼리 묶어서 학습하면 더 효과가 있겠죠?

공략 1. 존현문 주어의 특징을 잡아라

존현문은 사람이나 사물의 존재, 출현 등을 나타내는 문장 형식을 취하고 있으므로, '어디에 무엇이 있는지', '언제 무엇이 발생했는지'를 구체적으로 나타내는 장소나 시간이 주어로 쓰인다. 따라서 장소나 시간 관련 어휘가 있으면 존현문을 묻는 문제임을 인지하고, 존현문의 기본 형식에 맞춰 문장을 전개하자.

1. 존현문의 정의

존현문은 사람이나 사물의 존재, 출현, 소실을 나타내는 문장이다.

2. 존현문의 종류

❶ 존재를 나타내는 경우 : 어떤 장소에 어떤 사람이나 사물이 존재함을 나타낸다. 동사 뒤에는 '~하고 있다'라는 의미를 나타내는 동태조사 着가 자주 쓰인다.

> 장소 + 동사 + 着 + 사람/사물

那里站着很多人。 거기에 많은 사람이 서 있다.
桌子上放着一本书。 책상 위에 책 한 권이 놓여 있다.

❷ 출현이나 소실을 나타내는 경우 : 어떤 장소에 어떤 사람이나 사물이 출현하거나 사라짐을 나타낸다. 동사 뒤에는 완료와 실현을 나타내는 동태조사 了가 자주 쓰인다.

> 장소 + 동사 + 了 + 사람/사물

外面走过来了一位老师。 바깥에서 선생님 한 분이 걸어오셨다.
树上飞走了一只鸟。 나무에서 새 한 마리가 날아갔다.

3. 존현문의 특징

❶ 존현문의 주어 자리에는 반드시 장소명사나 시간명사가 와야 한다.

墙上挂着几幅画。 벽에 몇 폭의 그림이 걸려 있다. (장소명사)
前天发生了一件大事。 그저께 큰일이 발생했다. (시간명사)

주의 장소 혹은 시간을 나타내는 어휘 앞에 개사 在나 从을 쓸 수 없다.

在教室里有很多学生。(X) → 教室里有很多学生。(O) 교실에는 많은 학생들이 있다.

从前面开过来了一辆车。(X) → 前面开过来了一辆车。(O) 앞에서 차 한 대가 왔다.

❷ 목적어로는 반드시 불특정한 사람이나 사물이 와야 한다.

门口站着这个人。(X) → 门口站着一个人。(O) 입구에 한 사람이 서 있다.

桌子上放着我弟弟的东西。(X) → 桌子上放着一些东西。(O)

책상 위에 물건들이 놓여 있다.

 제시된 단어를 알맞은 위치에 넣으세요.

❶ A 路上 B 发生 C 一件交通事故。 (了)

❷ 墙上 A 挂着 B 油画 C。 (一副)

정답 ❶ C ❷ B

 예제

난이도 中 공략 Key 출현을 나타내는 존현문

一只　　路上　　猫　　出现了

정답&공략

공략 1단계 **술어를 찾자 ◎ 出现了**

→ 일반적으로 동사나 형용사가 술어로 쓰이므로 동사 '出现了'가 술어가 된다.

2단계 **주어와 목적어를 찾자 ◎ 주어 路上, 목적어 猫**

→ 존현문에서 장소나 시간을 나타내는 어휘가 주어로 쓰이므로 路上이 주어가 되고, 猫가 목적어가 된다.

3단계 **관형어를 찾자 ◎ 一只**

→ '수사+양사+명사'의 형식에 따라 '一只+猫'가 된다.

∴ 路上出现了一只猫。 길 위에 고양이 한 마리가 나타났다.

어휘 路上 lùshang 몡 길 위 | 猫 māo 몡 고양이 | ★出现 chūxiàn 동 출현하다, 나타나다

공략 2. 존현문에 자주 쓰이는 동사를 암기하라

'教室里坐着很多学生。(교실에 매우 많은 학생들이 앉아 있다.)', '昨天发生了一件事。(어제 일이 발생했다.)'는 각각 존재와 출현을 나타내는 존현문이다. 여기서 坐는 사람이나 사물의 존재를 나타내는 동사이며, 发生은 출현을 나타내는 동사이다. 이처럼 존현문은 연동문이나 겸어문과 같이 동사와 밀접한 관련이 있는 특수 구문이므로, 자주 쓰이는 동사들을 특징별로 정리하여 외워두자.

〈 존현문에 자주 쓰이는 동사 〉

존재	坐 zuò 앉다, (교통 수단을) 타다 │ 站 zhàn 정지하다 │ ★躺 tǎng 눕다 │ 围 wéi 둘러싸다 │ ★停 tíng 멈추다 │ 住 zhù 살다 │ ★放 fàng 놓아두다 │ ★挂 guà 걸다 │ 画 huà 그리다 │ 写 xiě 쓰다 │ 贴 tiē 붙이다
출현	★出现 chūxiàn 출현하다, 나타나다 │ 来 lái 오다 │ 发生 fāshēng 발생하다
소실	★丢 diū 잃어버리다 │ 死 sǐ 죽다 │ 掉 diào 떨어지다

예제

`난이도 中` `공략 Key` 존재를 나타내는 존현문

照片   墙上   一张   挂着

공략 **[1단계] 술어를 찾자 ◐ 挂着**
→ 일반적으로 동사나 형용사가 술어로 쓰이므로 동사 挂着가 문장의 술어가 된다.

[2단계] 주어와 목적어를 찾자 ◐ 주어 墙上, 목적어 照片
→ 존현문에서 장소나 시간을 나타내는 어휘가 주어로 쓰이므로 墙上이 주어가 되고, 照片이 목적어가 된다.

[3단계] 관형어를 찾자 ◐ 一张
→ '수사+양사+명사'의 형식에 따라 '一张+照片'이 된다.

∴ 墙上挂着一张照片。 벽에 그림 한 장이 걸려 있다.

어휘 照片 zhàopiàn 몡 사진 │ ★墙 qiáng 몡 벽 │ ★挂 guà 툉 (고리·못 따위에) 걸다

> **Tip** 넓은 표면을 가진 것을 세는 양사 张
>
> 一张纸 종이 한 장 │ 两张画 그림 두 장 │ 三张桌子 테이블 세 개 │ 两张床 침대 두 개

第 1-5 题

1.　红色的车　　　一辆　　　前面　　　有

2.　去年　　　人　　　死了　　　很多

3.　大事　　　一件　　　村里　　　发生了

4.　挂着　　　中国地图　　　一张　　　墙上

5.　围着　　　一群　　　街上　　　人

비교한 결과에 주목하라
- 비교문

개사 比와 跟, 동사 有는 둘 이상의 대상 및 사물을 비교하여 비교한 결과를 나타내는 비교문에 자주 쓰인다. 각 개사와 동사를 활용한 비교문의 기본 형식을 이해하고, 비교문을 만들 때 주의해야 할 사항 들을 반드시 숙지하자.

기초 실력 테스트

1 빈칸에 들어갈 알맞은 답을 고르세요.

❶ 我的衣服比你的更_____。　　　A 冷　　　B 贵

❷ 我比他_____。　　　　　　　　A 跑　　　B 矮

❸ 这本书跟那本书_____。　　　　A 一样　　B 好看

2 다음 단어를 어순에 맞게 배열하여 완전한 문장을 만드세요.

❶ 这个颜色　那个颜色　跟　一样　→ _____

❷ 漂亮　我姐姐　比我　→ _____

❸ 她　好看　没有我　→ _____

3급 기출문제 맛보기

 맛보기

난이도 中 | 공략 Key 'A+比+B+술어' 구조

| 她的 | 短 | 比我 | 头发 |

쓰기
제1부분

정답&공략

공략

1단계 '比+B+술어' 구조를 만들자 ➡ 比我+短

→ 개사 比는 단독으로 쓸 수 없어 비교의 대상인 대사 我와 개사구를 이루어 형용사 술어 短을 수식한다. 따라서 '比我+短'이 된다.

2단계 비교 대상을 찾자 ➡ 她的+头发

→ 구조조사 的는 명사를 수식하므로 '她的+头发'가 되며, 그녀의 머리와 나의 머리를 비교하는 것이므로 '她的头发+比+我+短'이 된다.

∴ 她的头发比我短。 그녀의 머리는 나보다 짧다.

어휘 ★短 duǎn 형 짧다 | 比 bǐ 개 ~에 비해, ~보다 | 头发 tóufa 명 머리카락

토크토크!
쌤의 한마디~

'北京比韩国热', 이 문장은 완벽한 문장일까요? 우선 비교 대상을 보면 베이징과 한국입니다. 베이징은 지역 이름이고 한국은 국가 이름이죠. 엄연하게 말하면, 비교 대상이 동등하지 않기 때문에 두 대상은 비교할 수 없어요. 이 문장을 '中国比韩国热'라고 수정한다면 비교문을 사용한 완벽한 문장이 되겠죠?

공략 1. 비교문에서 比와 跟, 有의 용법을 파악하라

比와 跟은 비교문에 자주 쓰이는 개사이다. 比는 'A+比+B+술어' 형태로 'A가 B보다 ~하다'는 뜻을 나타내며, 跟은 'A+跟+B+一样' 형태로 두 대상이 차이 없이 'A와 B가 똑같음'을 나타낸다. 또한 소유와 존재를 나타내는 동사 有 역시 비교문을 만드는 데 중요한 역할을 한다. 제시된 어휘 중 比, 跟, 有가 있다면 비교문을 묻는 문제임을 인식하고 우선 비교 대상이 무엇인지 파악하자.

1. 개사 比를 사용한 비교문의 기본 형식

> A + 比 + B + 술어 : A는 B보다 ~하다

妹妹比我高。 여동생은 나보다 크다.
他比我胖。 그는 나보다 뚱뚱하다.

> A + 比 + B + 更/还 + 술어 : A는 B보다 더 ~하다

妹妹比我更高。 여동생은 나보다 더 크다.
他比我还胖。 그는 나보다 더 뚱뚱하다.

> **주의** 비교문에서는 정도부사 很, 非常, 太를 쓸 수 없다. 정도를 표현할 때는 점층을 나타내는 还나 更을 써야 한다.

2. 개사 跟을 사용한 비교문의 기본 형식

> A + 跟 + B + 一样 : A는 B와 같다

我的年龄跟他的一样。 내 나이는 그의 나이와 같다.
这件衣服跟我的一样。 이 옷은 내 옷과 같다.

> A + 跟 + B + 一样 + 술어 : A는 B와 똑같이 ~하다

我的年龄跟他的一样大。 내 나이는 그의 나이와 똑같다.

这件衣服跟我的一样漂亮。이 옷은 내 옷과 똑같이 예쁘다.

3. 동사 有를 사용한 비교문의 기본 형식

> A + 有 + B(+这么/那么) + 술어 : A는 B만큼 (이렇게/저렇게) ~하다

妹妹有你这么高吗? 여동생은 너만큼 이렇게 크니?

他有你那么胖吗? 그는 너만큼 그렇게 뚱뚱하니?

> A + 没有 + B(+这么/那么) + 술어 : A는 B만큼 (이렇게/저렇게) ~하지 못하다

妹妹没有我这么高。여동생은 나만큼 이렇게 크지 않다.

他没有我那么胖。그는 나만큼 그렇게 뚱뚱하지 않다.

쓰기
제1부분

바로 체크 Check! 다음 단어를 어순에 맞게 배열하여 완전한 문장을 만드세요.

❶ 健康   重要   比金钱   更   → _____

❷ 大   太阳   月亮   比   → _____

❸ 好看   他汉字写得   你   没有   → _____

정답 ❶ 健康比金钱更重要。 ❷ 太阳比月亮大。 ❸ 他汉字写得没有你好看。

예제

난이도 中   공략 Key 'A+比+B+更+술어' 구조

> 高   我汉语水平   他   比   更

정답&공략

공략 [1단계] '比+B+更+술어' 구조를 만들자 ○ 比他+更+高

→ 개사 比는 단독으로 쓸 수 없기 때문에 비교 대상인 대사 他와 개사구를 이루어 형용사 술어 高를 수식해야 한다. 때문에 '比他+高'가 되며, 술어를 강조하는 부사 更은 술어 앞에 위치하므로 '比他+更+高'가 된다.

[2단계] 비교 대상을 찾자 ○ 我汉语水平과 他

→ 나의 중국어 수준이 그보다 훨씬 높은 것이므로 '我汉语水平+比他+更+高'가 된다.

∴ 我汉语水平比他更高。내 중국어 수준은 그보다 더 높다.

어휘 汉语 Hànyǔ 몡 중국어 | ★水平 shuǐpíng 몡 수준 | 更 gèng 閅 더욱, 더

공략 2. 보어 및 구체적인 수치는 술어 뒤에 위치시켜라

단순히 A가 B보다 나이가 많고 적음을 비교하는 것이 아니라 구체적으로 몇 살 많은지, 몇 살 적은지 비교하려면 어떻게 해야 할까? 시험에 자주 출제되는 부분이기 때문에 이 부분을 정확하게 이해해야 한다. 우선 'A+比+B+술어' 형태로 A와 B를 비교한 후, 비교하여 나타난 차이를 술어 뒤에 위치시켜 'A+比+B+술어+구체적인 수치' 형태로 문장을 완성해야 한다. 무조건 비교문의 기본 구조를 암기하려고 하지 말고 다양한 비교문을 만들어 활용해보는 것이 좋다.

> A + 比 + B + 술어 + 得多(多了)/一点儿(一些) : A는 B보다 훨씬/조금 ~하다

妹妹比我高多了。 여동생은 나보다 훨씬 크다.
他比我胖一点儿。 그는 나보다 조금 뚱뚱하다.

> A + 比 + B + 술어 + **구체적 수치** : A는 B보다 ~만큼 ~하다

妹妹比我高三厘米。 여동생은 나보다 3센티미터 더 크다.
他比我胖五公斤。 그는 나보다 5킬로그램 더 뚱뚱하다.

 예제

난이도 上　공략 Key 'A+比+B+술어+구체적 수치' 구조

比我	大	姐姐	两岁

정답&공략

공략 1단계 '比+B+술어+구체적인 수치' 구조를 만들자 ◘ 比我 + 大 + 两岁
→ 개사 比는 단독으로 쓸 수 없기 때문에 비교 대상인 대사 我와 개사구를 이루어 형용사 술어인 大를 수식한다. 즉 '比我+大' 순서로 배열하고, 구체적인 수치인 两岁는 형용사 술어 뒤에 위치시킨다.

2단계 비교 대상을 찾자 ◘ 姐姐와 我
→ 언니가 나보다 두 살 더 많은 것이므로 '姐姐+比我+大+两岁'가 된다.

∴ 姐姐比我大两岁。 언니는 나보다 두 살 많다.

어휘 姐姐 jiějie 몡 누나, 언니 | 岁 suì 몡 살, 세

第 1-5 题

1.　更　　　　北方　　　　干燥　　　　比南方

2.　一样　　　　他的　　　　我的意见　　　　跟

3.　没有　　　　她　　　　那么好　　　　我的汉语

4.　早来了　　　　她　　　　十分钟　　　　比我

5.　高　　　　他的个子　　　　得多　　　　比我

다음자(多音字)를 이해하라

중국어가 다른 언어에 비해 공부하기 어려운 이유는 바로 같은 한자지만 발음에 따라 의미와 성질이 완전히 다른 다음자(多音字)가 있기 때문이다. 때문에 어떤 경우에 발음이 달라지는지 숙지해야 한다.

기초 실력 테스트

1 다음 병음을 보고 알맞은 한자를 써보세요.

❶ àihào _____

❷ jiàoshì _____

❸ shuìjiào _____

❹ niúnǎi _____

2 병음을 참고해 다음 문장에 알맞은 한자를 써보세요.

❶ 你的头发很(　　cháng　　)。 _____

❷ 她是我(　　de　　)老师。 _____

❸ 我现在很快(　　lè　　)。 _____

3급 기출문제 맛보기

 맛보기

난이도 中　공략 Key 다음자의 이해

> chāi
> 您明天去上海出(　　　)，一定要照顾好自己。

정답&공략

쓰기
제2부분

해석 您明天去上海出(差)，一定要照顾好 │ 당신은 내일 상하이로 출장을 가니, 반드시 몸을 잘
自己。 │ 챙기세요.

공략 差는 'chà'라고 읽히면 '표준에 못 미치다'라는 뜻을 나타내고, 'chāi'라고 읽히면 出와 함께 쓰여 '출장을 가다'
라는 의미를 나타낸다.

어휘 出差 chūchāi 통 출장을 가다 │ ★一定 yídìng 부 반드시, 필히 │ ★照顾 zhàogù 통 보살피다, 돌보다 │ 自己
zìjǐ 대 자기, 자신

Tip　다짐이나 당부를 나타내는 一定要

一定要는 '반드시 ~할 것이다, ~해야 한다'라는 의미를 나타낸다.
我一定要成功。 나는 반드시 성공할 것이다.
我一定要考上大学。 나는 반드시 대학에 합격해야 한다.

토크토크!
쌤의 한마디~

중국어를 살펴보면, 우리나라와 한자 표기가 다른 것을 알 수 있어요. 중국 한자와
우리나라 한자가 모양이 다른 이유는 무엇일까요? 중국에서는 1960년대에 중국 공
산당의 주도로, 간략화된 한자인 '간체자(简体字)'를 사용하고, 우리나라에서는 '번
체자(繁体字)'를 사용하기 때문이지요. 번체자는 현재 우리나라와 북한, 대만, 홍콩
등에서 사용하고 있고, 간체자는 중국 대륙과 싱가포르, 말레이시아 등지에서 사용
하고 있답니다.

공략 1. 주요 다음자를 완벽하게 정리하라

长은 'cháng'이라고 읽히면 '길다'라는 뜻을 나타내고, 'zhǎng'이라고 읽히면 '자라다'라는 뜻을 나타낸다. 이처럼 같은 한자지만 읽는 발음과 성조가 다른 글자를 '다음자'라고 한다. 중국어를 공부할 때, 새로운 한자를 익히는 것도 중요하지만, 내가 알고 있는 한자가 또 다른 발음으로 읽힐 때 어떤 뜻으로 쓰이는지 아는 것도 중요하다. 같은 글자라 할지라도 발음이 다른 경우, 뜻과 용법이 완전히 다르기 때문이다.

〈 주요 다음자(多音字) 〉

1. ★差

chà	差 chà 혱 나쁘다, 표준에 못 미치다
	她的汉语说得很差。 그녀는 중국어를 잘 못한다.
chāi	出差 chūchāi 통 출장을 가다
	爸爸经常去出差。 아빠는 자주 출장을 가신다.

2. ★长

cháng	长 cháng 혱 (길이가) 길다
	他等了很长时间。 그는 오랫동안 기다렸다.
zhǎng	长 zhǎng 통 자라다, 나다, 생기다
	我儿子长得很快。 내 아들은 너무 빨리 큰다.

3. 的

de	的 de 조 ~의, ~한
	这是谁的书？ 이것은 누구의 책입니까?
dī	打的 dǎdī 통 택시를 타다
	我是打的来的。 나는 택시를 타고 왔다.

4. 地

de	地 de 조 ~게, ~히
	我们班的学生认真地学习。 우리 반 학생들은 열심히 공부한다.

dì	地铁 dìtiě 명 지하철 | 地方 dìfang 명 부분, 장소
	你学习的时候不知道的地方可以问老师。
	공부할 때 모르는 부분을 선생님께 물어봐도 괜찮다.

5. 得

de	得 de 조 동사와 보어 사이에 쓰여 가능이나 정도를 나타냄
	他跑得很快。 그는 빨리 달린다.
děi	得 děi 조동 ~해야 한다
	我得去医院看病。 나는 병원에 진찰을 받으러 가야 한다.
dé	得 dé 동 얻다, 획득하다, 받다
	这次考试他得了第一名。 이번 시험에서 그는 일등을 했다.

쓰기
제2부분

6. 便

biàn	方便 fāngbiàn 형 편리하다, 편하다
	交通比以前方便多了。 교통이 예전보다 훨씬 편리해졌다.
pián	便宜 piányi 형 (값이) 싸다
	这件衣服又好看又便宜。 이 옷은 예쁘면서도 저렴하다.

7. 大

dà	大 dà 형 (부피 · 면적 등이) 크다, 넓다
	我的房间不太大。 내 방은 그다지 크지 않다.
dài	大夫 dàifu 명 의사
	这位大夫对病人很热情。 이 의사는 환자에게 아주 친절하다.

8. 发

fā	发 fā 동 보내다, 건네주다 | 发生 fāshēng 동 일어나다, 발생하다
	昨天发生了交通事故。 어제 교통사고가 발생했다.
fà	头发 tóufa 명 머리카락 | 理发 lǐfà 동 이발하다
	你的头发太长了，该去理发了。 너 머리가 너무 길어. 이발하러 가야겠어.

9. ★还

hái	还 hái 부 여전히, 아직도
	你怎么还没吃饭呢？ 너는 어째서 아직도 밥을 먹지 않았니?
huán	还 huán 동 돌려주다, 갚다
	我明天把书还给你。 내가 내일 책을 돌려줄게.

10. ★好

hǎo	好 hǎo 휑 좋다, 아름답다
	今天天气多好啊! 오늘 날씨가 아주 좋군요.
hào	爱好 àihào 명 취미, 애호
	他的爱好是看书。 그의 취미는 독서이다.

11. 教

jiāo	教 jiāo 동 (지식 또는 기술을) 전수하다, 가르치다
	她教大学生汉语。 그녀는 대학생들에게 중국어를 가르친다.
jiào	教室 jiàoshì 명 교실 ┃ 教师 jiàoshī 명 교사
	我妈妈是教师。 우리 엄마는 교사다.

12. ★觉

jué	觉得 juéde 동 ~라고 여기다
	我觉得这部电影很有意思。 나는 이 영화가 아주 재미있다고 생각해.
jiào	睡觉 shuìjiào 명 잠, 수면
	太困了，我很想睡觉。 너무 졸려서, 잠을 자고 싶어.

13. 乐

lè	快乐 kuàilè 휑 즐겁다, 기쁘다
	我收到朋友的信，非常快乐。 나는 친구의 편지를 받아서 아주 기쁘다.
yuè	音乐 yīnyuè 명 음악
	她一有时间就听音乐。 그녀는 시간이 있으면 음악을 듣는다.

참고 필순이란 한자를 쓰는 순서로, 한자를 이해하고 익히는 데 중요한 학습 자료가 된다.

⟨ 한자 필순의 규칙 ⟩

三 석 삼	위에서 아래로 쓴다. 一 二 三
川 내 천	왼쪽에서 오른쪽으로 쓴다. 丿 丿丨 丿丨丨
大 큰 대	가로획을 먼저 쓰고 세로획은 나중에 쓴다. 一 ナ 大

古 옛 고	가로획과 세로획이 교차할 때에는 가로획을 먼저 긋는다. 一 十 十 古 古
小 작을 소	좌우 대칭일 때에는 가운데 획을 먼저 긋는다. 亅 小 小
国 나라 국	바깥쪽을 먼저 쓰고, 안쪽을 채워넣는다. 丨 冂 冂 冂 用 囯 囯 国
中/母 가운데 중/어미 모	글자 전체를 꿰뚫는 획은 나중에 긋는다. 丶 冂 口 中 / 乚 乚 夕 母 母 母
父 아비 부	삐침(丿)과 파임(乀)이 어우를 때는 삐침을 먼저 쓴다. 丶 丷 父 父
代 대신할 대	오른쪽 위의 점은 맨 나중에 찍는다. 丿 亻 亻 代 代
建 세울 건	받침은 맨 나중에 쓴다. フ ㅋ ㅋ ㅋ 글 聿 聿 津 建 建

쓰기
제2부분

바로 체크 Check!   밑줄 친 부분의 중국어를 병음으로 써보세요.

---

❶ 她的爱好就是听<u>音乐</u>。   _____

❷ 我的<u>教室</u>又大又干净。   _____

❸ 我刚给你<u>发</u>电子邮件了。   _____

정답 ❶ yīnyuè ❷ jiàoshì ❸ fā

예제 I   난이도 中   공략 Key 다음자의 이해

---

　　　　　　　huán
向小王把借的钱都(　　　　)了。

해석 向小王把借的钱都(还)了。 | 샤오왕에게 빌린 돈을 모두 갚았다.

공략 还가 부사로 쓰일 경우에는 'hái'라고 읽으며 '여전히'라는 의미를 나타낸다. 동사로 쓰일 경우에는 'huán'이라고 읽으며, '갚다'라는 의미를 나타낸다.

어휘 ★向 xiàng 께 ~(으)로, ~에게, ~을 향하여 | 借 jiè 통 빌리다 | 还 huán 통 돌려주다, 갚다

예제 2

난이도 中 공략 Key 다음자의 이해

現在的生活过得真快(lè)!

해석 現在的生活过得真快(乐)! | 지금의 생활을 지내는 것이 정말 즐겁다.

공략 乐는 'lè'라는 발음으로 快와 함께 쓰여 '즐겁다'라는 의미를 나타내기도 하고, 'yuè'라는 발음으로 音과 함께 쓰여 '음악'이라는 의미를 나타내기도 한다.

어휘 生活 shēnghuó 몡 생활 | ★过 guò 통 지내다, 보내다 | 真 zhēn 閈 정말

> **Tip** 동사 过의 다양한 의미
>
> ① (수량이나 정도를) 넘다, 초과하다
>   这次考试他过了90分。 이번 시험에서 그는 90점을 넘었다.
>
> ② (한 장소에서 다른 장소로) 가다, 건너다
>   我们过那边谈谈吧。 우리 저쪽으로 가서 이야기를 하자.
>
> ③ (어느 시점을) 지나다, 경과하다
>   你好好休息，过几天就好了。 푹 쉬어, 며칠 지나면 좋아질 거야.

第 1-5 题

　　　　　　　　　　pián
1.　这家的东西又好，价钱又(　　　　)宜，值得买。

　　　　　　　　　　　　jué
2.　他上课的时候，突然(　　　　)得身体不舒服。

　　　　　　　　　　　jiāo
3.　我妈妈在学校(　　　　)学生英语。

　　　　　　　　　　cháng
4.　你的头发太 (　　　　)了，像草一样。

　　　　　　　　　　　　　dì
5.　你在中国的时候，都去过哪些 (　　　　)方?

39 day

쓰기

발음은 같지만 의미가
다른 한자를 파악하라

중국어에는 다음자 이외에도 발음은 같지만 의미가 다른 한자들이 많다. 이 역시 학습자들에게 중국어가 쉬운 언어가 아니라는 사실을 다시 한 번 느끼게 하는 부분이다. 하지만 쓰기 제2부분에서는 HSK 3급의 기본 어휘 600개를 벗어나는 어려운 한자는 물어보지 않는다. 따라서 발음은 같지만 의미가 다른 한자들을 정리하여 빈칸에 적합한 한자를 찾는 연습을 하자.

기초 실력 테스트

1 제시된 중국어의 병음과 뜻을 써보세요.

❶ 介绍   병음 ＿＿＿＿＿＿＿＿   뜻 ＿＿＿＿＿＿＿＿

❷ 东西   병음 ＿＿＿＿＿＿＿＿   뜻 ＿＿＿＿＿＿＿＿

2 병음을 참고해 다음 문장에 알맞은 한자를 써보세요.

               bàn

❶ 你有好(＿＿)法吗?   ＿＿＿＿＿＿＿＿

               fù

❷ 我已经(＿＿)习好了。   ＿＿＿＿＿＿＿＿

             dōng

❸ 北京的(＿＿)天很冷。   ＿＿＿＿＿＿＿＿

3급 기출문제 맛보기

 맛보기

난이도 中　공략 Key 발음이 같은 한자 중 결합 한자 파악

> jiǎn
> 有些事情看上去很(　　　)单，但要做起来不容易。

정답&공략

해석　有些事情看上去很(简)单，但要做起　|　어떤 일은 보기에는 아주 간단하지만, 막상 해보면
来不容易。　|　쉽지 않다.

공략　'jiǎn'이라고 발음되는 한자에는 减, 检, 简 등이 있다. 하지만 빈칸 뒤에 있는 单과 결합하여 한 단어로 쓰이는
것은 简이다.

어휘　事情 shìqing 몡 일, 사건 | ★看上去 kàn shàngqu 보아하니 ~하다 | 容易 róngyì 혱 쉽다

> Tip　'보아하니 ~하다'라는 의미를 나타내는 看上去
>
> 看上去는 외면을 관찰하여 얻은 판단이나 결론을 나타낸다.
> 这个沙发看上去不错。 이 소파는 보기에 괜찮은 것 같다.
> 他看上去只有十七岁。 그는 보기에 겨우 열일곱 살 같다.

토크토크!
쌤의 한마디~

중국어를 배우면서 느끼는 어려움 가운데 하나가 바로 '한자'인데요, 복잡하고도 다
양한 한자들의 정확한 형태와 뜻을 이해하는 것은 결코 쉬운 일이 아니죠. 하지만
중국어는 한자와 결코 분리될 수 없는 언어이므로 긍정적인 자세로 즐겁게 한자를
익히세요~

⭐ 공략 1. 발음이 같지만 의미가 다른 한자들의 쓰임을 파악하라

近과 进은 모두 'jìn'이라고 읽지만, 近은 '가깝다'라는 의미를 나타내는 형용사이고, 进은 바깥에서부터 안으로 '들다'라는 의미를 나타내는 동사이다. 이처럼 중국어에는 발음은 같지만 의미가 다른 한자들이 많이 있으니 앞뒤 문맥을 통해서 정확한 한자를 찾는 것이 중요하다.

1. ★[bān]

班	명 조, 그룹, 반
	我们班明天去参观博物馆。 우리 반은 내일 박물관으로 견학을 간다.
搬	통 (비교적 크거나 무거운 것) 옮기다, 운반하다
	你去搬一把椅子来! 네가 가서 의자를 하나 가져와라.

2. [dōng]

东	명 동쪽
	太阳从东边出来。 해는 동쪽에서 뜬다.
冬	명 겨울
	我不喜欢冬天。 나는 겨울을 싫어한다.

3. [jiǎo]

角	양 자오(중국의 화폐 단위로 구어로는 마오(毛)라고 함)
	我找你5角1分。 제가 0.51위안을 거슬러드릴게요.
脚	명 발
	脚特别疼。 발이 아주 아프다.

4. ★[jìn]

近	형 (공간적·시간적 거리가) 가깝다
	我家离地铁站很近。 우리 집은 지하철역에서 아주 가깝다.
进	통 (밖에서 안으로) 들다
	请进屋坐。 방으로 들어와 앉으세요.

5. [kè]

刻	양 15분(15분을 '一刻'이라고 함)
	现在两点一刻。 지금은 2시 15분이다.
课	명 수업, 강의
	今天没有课。 오늘은 수업이 없다.

6. [wèi]

为	개 ～때문에, ～을 위해서
	他为什么不来？ 그는 왜 오지 않아?
位	양 분, 명
	她是一位作家。 그녀는 작가이다.

쓰기
제2부분

7. [xiàng]

向	개 ～으로, ～을 향하여
	我向他道歉。 나는 그에게 사과를 했다.
像	동 비슷하다, 닮다
	你们俩太像了。 너희 둘은 너무 닮았다.

8. [zhù]

住	동 살다, 거주하다
	你住在哪儿？ 너는 어디에 사니?
祝	동 축복하다, 축하하다
	祝你生日快乐！ 생일 축하합니다!

9. ★[tā]

他	대 그
	他是韩国留学生。 그는 한국 유학생이다.
她	대 그녀
	她是我姐姐。 그녀는 우리 언니(누나)야.
它	대 그것
	谁把它扔了？ 누가 그것을 버렸어?

10. [nán]

南	명 남, 남쪽
	我分不清东西南北。 나는 동서남북을 구분하지 못한다.

男	명 남자
	他是我的男朋友。 그는 내 남자 친구이다.
难	형 어렵다, 힘들다
	学汉语不太难。 중국어를 배우는 것은 그다지 어렵지 않다.

 병음을 참고해 다음 문장에 알맞은 한자를 써보세요.

---

❶ 米小姐还不太习惯(nán)方的天气。

❷ 爷爷，这是我送您的礼物，(zhù)您生日快乐!

❸ 生病了要注意休息，因(wèi)健康最重要。

정답 ❶ 南 ❷ 祝 ❸ 为

 예제

난이도 中 공략 Key 발음은 같지만 의미가 다른 한자

我没见过这种鸟，你知道(tā)是什么鸟吗?

정답&공략

해석 我没见过这种鸟，你知道(它)是什么 | 나는 이런 새를 본 적이 없어. 너는 이게 무슨 새인
鸟吗? | 지 아니?

공략 他, 她, 它는 모두 'tā'라고 읽지만, 여기서는 사물인 '새'를 대신하고 있으므로 정답은 它가 된다.

어휘 ★鸟 niǎo 명 새 | 知道 zhīdào 동 알다, 이해하다

306

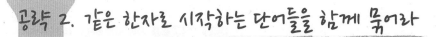
공략 2. 같은 한자로 시작하는 단어들을 함께 묶어라

结와 节는 모두 'jié'라고 발음되지만, 结는 婚이나 束와 결합하여 '결혼하다(结婚)', '끝나다(结束)'라는 의미를 나타내며, 节는 目나 日와 결합하여 '프로그램(节目)', '명절(节日)'이라는 의미를 나타낸다. 이처럼 같은 한자로 시작하는 단어들을 함께 묶어 정리하면 한자를 외우기가 쉽다.

쓰기
제2부분

公	公斤 gōngjīn 양 킬로그램 │ 公园 gōngyuán 명 공원 │ 公司 gōngsī 명 회사, 직장
	我比去年胖了两公斤。 나는 작년보다 2킬로그램 쪘어.
结	结婚 jiéhūn 통 결혼하다 │ 结束 jiéshù 통 끝나다, 마치다
	你打算什么时候结婚? 너는 언제 결혼할 생각이니?
节	节目 jiémù 명 프로그램 │ 节日 jiérì 명 명절
	春节是一个中国传统的节日。 춘철은 중국의 전통 명절이다.
洗	洗手间 xǐshǒujiān 명 화장실 │ 洗澡 xǐzǎo 통 목욕하다
	我先去洗个澡，然后就去睡。 나는 먼저 샤워를 하고, 그다음에 자야겠다.
相	相同 xiāngtóng 형 서로 같다 │ 相信 xiāngxìn 통 믿다, 신임하다
	我相信你一定会成功。 나는 네가 반드시 성공할 것이라고 믿어.
医	医生 yīshēng 명 의사 │ 医院 yīyuàn 명 병원
	他是儿童医院的医生。 그는 소아과 병원의 의사이다.
以	以后 yǐhòu 명 이후 │ 以前 yǐqián 명 과거, 이전 │ 以为 yǐwéi 통 여기다, 생각하다
	我以为他是中国人。 나는 그가 중국 사람인 줄 알았다.

바로 체크　병음을 참고해 다음 문장에 알맞은 한자를 써보세요.

❶ 他们的(　　jié　　)目已经表演完了?

❷ 老师说他们小时候看的是黑白(　　diàn　　)视。

❸ 你好，请问(　　xǐ　　)手间在哪儿?

정답 ❶ 节　❷ 电　❸ 洗

xǐ
( )手间就在电梯左边。

 정답&공략

해석 (洗)手间就在电梯左边。 | 화장실은 엘리베이터 왼쪽에 있다.

공략 빈칸 뒤에 있는 手间을 통해 빈칸에는 손을 씻는 장소를 나타내는 어휘가 적합함을 알 수 있다. 따라서 정답은 洗가 된다.

어휘 ★在 zài 통 ~에 있다 | 电梯 diàntī 명 엘리베이터 | 左边 zuǒbian 명 좌측, 왼쪽

> **Tip** 위치를 나타내는 방위사
>
> 东边 dōngbian 동쪽 | 西边 xībian 서쪽 | 南边 nánbian 남쪽 | 北边 běibian 북쪽 | 前边 qiánbian 앞쪽 | 后边 hòubian 뒤쪽 | 旁边 pángbiān 옆쪽 | 里边 lǐbian 안쪽 | 上边 shàngbian 위쪽 | 下边 xiàbian 아래쪽 | 对面 duìmiàn 맞은편 | 中间 zhōngjiān 중간 | 左边 zuǒbian 왼쪽 | 右边 yòubian 오른쪽

第 1-5 题

1.　我以前学过法语，现在(　　　yǐ　　　)经不学了。

2.　她是你姐姐？你跟姐姐长得太(　　xiàng　　)了。

3.　我想看会儿书，(　　fù　　)习一下。

4.　老师节！这是(　　wèi　　)老师准备的。

5.　王先生说，公司附(　　jìn　　)那个宾馆的环境不错。

＋정답 및 해설_ 해설집 82쪽

쓰기

40 day

혼동하기 쉬운 닮은꼴 한자를 잡아라

한자의 방대한 양과 복잡한 구조는 학습자들에게 여간 부담을 주는 것이 아니다. 평소 무조건 쓰면서 외우는 학습 방법에서 벗어나 부수를 통해 한자 본연의 의미를 파악하고, 자주 틀리게 쓰는 닮은꼴 한자들을 정리하여 완벽하게 마스터하자.

○ 기초 실력 테스트

1   제시된 중국어의 병음과 뜻을 써보세요.

❶ 买   병음 _____   뜻 _____

❷ 昨天   병음 _____   뜻 _____

❸ 玩   병음 _____   뜻 _____

2   빈칸에 들어갈 알맞은 답을 고르세요.

❶ 请把_____关上。   A 问   B 门

❷ 这是一_____块钱。   A 千   B 干

❸ 你的房间真_____。   A 大   B 太

정답_ 해설집 131쪽

3급 기출문제 맛보기

 맛보기

난이도 中 공략 Key 혼동하기 쉬운 한자

gān
儿子把自己的衣服洗得很(　　　)净。

정답&공략 ➡

해석 　儿子把自己的衣服洗得很(干)净。　│　아들은 자신의 옷을 깨끗이 빨았다.

공략 　아들이 자신의 옷을 빤 정도가 깨끗함을 나타내고 있으므로 빈칸에는 '깨끗하다'라는 의미를 나타내는 형용사
　　　干净의 干이 적합하다. 干을 千으로 쓰지 않도록 주의해야 한다.

어휘 　儿子 érzi 몡 아들 | ★自己 zìjǐ 떼 자기, 자신 | 衣服 yīfu 몡 옷 | ★洗 xǐ 통 씻다, 빨다

> Tip 　'把＋목적어＋동사＋得＋정도보어' 구조
>
> 　　她把事情做得很好。 그녀는 일을 아주 잘한다.
> 　　他把面条吃得非常快。 그는 국수를 굉장히 빨리 먹는다.

토크토크!
쌤의 한마디~

한자의 가장 큰 특징은, 다른 문자와는 달리 한자 수가 매우 많다는 건데요. 그렇다면 도대체 한자를 어느 정도 알아야 중국어를 하는 데 문제가 없을까요? 간단한 회화 정도만 하려면 물론 기본적인 한자만 알면 되겠죠. 공식적으로 발표한 「现代汉语通用字表(현대 한어 통용 글자표)」에 수록된 통용자는 무려 7천 자나 되는데요, 이 중 2,500자에서 3,000자 가량을 익히면 98%의 문장을 읽고 쓰는 데 지장이 없다고 합니다. 하지만 HSK 3급에서는 600자 가량의 한자만을 요구하니, 처음부터 부담을 갖기보다는 차근차근 한자를 정복해보는 것은 어떨까요?

공략 1. 부수를 통해 한자의 의미를 파악하라

讠은 입과 입에서 나온 혀를 본떠서 만든 글자로, '말씀'을 뜻하는 부수이다. 만약에 说话, 讲课, 语言 등의 어휘를 처음 본다고 하더라도, 부수를 보고 말하는 것과 상관이 있음을 짐작할수 있다. 부수는 영어의 알파벳이나 한글의 ㄱ, ㄴ처럼 중국어의 한자를 이해하는 데 중요한역할을 하므로, 한자를 무조건 외우기보다는 부수를 통해 한자의 의미를 파악하는 것이 중요하다.

1. 包 | 抱 | 饱

勹 쌀 포	둘러싸고 있는 모습을 본떠 만든 글자이다.
	包 bāo 통 (종이나 베 혹은 기타 얇은 것으로) 싸다, 싸매다
★ 扌 손 수	다섯 손가락을 모두 편 손의 모습을 본떠 만든 글자이다.
	抱 bào 통 안다, 껴안다
饣 밥 식	받침대와 덮개가 있는 그릇의 모양을 본떠 만든 글자이다.
	饱 bǎo 형 배부르다

2. 喝 | 渴

★ 口 입 구	입을 벌리고 있는 형상을 본떠 만든 글자이다.
	喝 hē 통 마시다
氵 물 수	내 천(川)과 마찬가지로 물이 흘러내리는 모습을 본떠 만든 글자이다.
	渴 kě 형 목이 타다, 목마르다

3. 晴 | 请 | 情

日 해 일	둥글게 생긴 해 모양인 ☉를 본떠 만든 글자이다.
	晴天 qíngtiān 명 맑은 날씨
★ 讠 말씀 언	입(口)과 입에서 나온 혀를 본떠 만든 글자이다.
	请 qǐng 통 청하다, 부탁하다
忄 마음 심	사람의 심장을 본떠 만든 글자이다.
	心情 xīnqíng 명 심정, 감정, 마음

4. 疼 | 痛 | 病 | 瘦

★疒 병 녁	화살에 맞아 아픈 사람의 모습을 본떠 만든 글자이다.
	疼 téng 형 아프다 | 痛 tòng 형 아프다 | 病 bìng 명 (사람의) 병, 질병 | 瘦 shòu 형 마르다

5. 脸 | 腿 | 脚 | 胖

★月 달 월, 고기 육	고기 내에 힘줄이 있는 모습을 본떠 만든 글자이다.
	脸 liǎn 명 얼굴 | 腿 tuǐ 명 다리 | 脚 jiǎo 명 발 | 胖 pàng 형 (몸이) 뚱뚱하다

 바로 체크 Check! 병음을 참고해 다음 문장에 알맞은 한자를 써보세요.

❶ 奶奶(bāo)的饺子很好吃，你也尝一尝。

❷ 你今天心(qíng)怎么这么好呢?

❸ 感冒了，我要去医院看(bìng)。

정답 ❶ 包 ❷ 情 ❸ 病

 예제

난이도 中   공략 Key 부수를 통해 혼동 어휘 구분

吃(bǎo)了吗? 要不要再来一碗米饭?

정답&공략 ➡

해석   吃(饱)了吗? 要不要再来一碗米饭? | 배부르니? 밥 한 공기 더 먹을래?

공략   빈칸은 '먹다'라는 동사 吃와 함께 쓰여 배부르게 먹었음을 나타내므로 '배부르다'라는 뜻의 한자 饱를 써야 한다.

어휘   ★再 zài 부 재차, 또 \| 碗 wǎn 양 그릇, 공기 \| 米饭 mǐfàn 명 쌀밥

공략 2. 혼동하기 쉬운 닮은꼴 한자를 정리하라

한자는 비슷하게 생긴 닮은꼴이 많다. 따라서 평소 무조건 쓰면서 외우기보다는 한자 본연의 의미를 이해하면서 학습한다면 혼동하기 쉬운 닮은꼴 한자를 헷갈리는 실수를 줄일 수 있다.

〈 자주 틀리게 쓰는 한자 〉

1. 大 | 太 | 态

大 dà	大 dà 혱 크다, 넓다
	我们的教室不太大。 우리 교실은 그다지 크지 않다.
太 tài	太 tài 뷔 대단히, 매우
	你汉语说得太好了。 너는 중국어를 대단히 잘한다.
态 tài	态度 tàidu 몡 태도
	他的工作态度比较好。 그의 업무 태도는 비교적 좋다.

2. ★担 | 但

担 dān	担心 dānxīn 동 염려하다, 걱정하다
	别担心我。 걱정 마.
但 dàn	但是 dànshì 졥 그러나
	我今天身体不舒服，但是还要去上课。 나는 오늘 몸이 좋지 않지만, 수업에 가려고 한다.

3. 块 | 快 | 筷

块 kuài	块 kuài 양 조각
	这块蛋糕非常好吃。 이 케이크는 아주 맛있다.
快 kuài	快 kuài 혱 빠르다
	弟弟跑得真快。 남동생은 달리기가 진짜 빠르다.

筷 kuài	筷子 kuàizi 명 젓가락
	这双筷子是谁的? 이 젓가락은 누구 거야?

4. ★头 | 买 | 卖

头 tóu	头发 tóufa 명 머리카락
	她喜欢短头发。 그녀는 짧은 머리를 좋아한다.
买 mǎi	买 mǎi 동 사다, 매입하다
	我去超市买些吃的。 나는 먹을거리를 사러 슈퍼마켓에 간다.
卖 mài	卖 mài 동 팔다, 판매하다
	苹果已经卖完了。 사과는 이미 다 팔렸다.

5. 明 | 名

明 míng	明白 míngbai 동 알다, 이해하다
	我不明白你的意思。 나는 너의 의미를 모르겠다.
名 míng	名字 míngzi 명 이름, 성명
	你叫什么名字? 당신의 이름은 무엇입니까?

6. ★日 | 白 | 百

日 rì	日 rì 명 하루, 일
	今天是几月几日? 오늘은 몇 월 며칠입니까?
白 bái	白 bái 형 하얗다, 희다
	你的皮肤真白。 너의 피부는 진짜 하얗다.
百 bǎi	百 bǎi 수 백
	这是一百块钱。 이것은 100위안이다.

7. 票 | 漂 | 要

票 piào	票 piào 명 표, 티켓
	我昨天买到了去上海的火车票。 나는 어제 상하이로 가는 기차표를 샀다.
漂 piào	漂亮 piàoliang 형 예쁘다, 아름답다
	我的女朋友又漂亮又聪明。 내 여자 친구는 예쁘고 똑똑하다.
要 yào	要 yào 조동 ~하려고 하다, ~할 것이다
	我要去中国旅行。 나는 중국으로 여행을 가고 싶다.

8. 已 | 己

已 yǐ	已经 yǐjing 🖳 이미, 벌써
	张经理已经下班了。 장 사장님은 이미 퇴근하셨다.
己 jǐ	自己 zìjǐ 🖳 자기, 자신
	一定要相信自己。 반드시 자신을 믿어야 한다.

9. 踢 | 题 | 提

踢 tī	踢 tī 🖳 차다, 발길질하다
	他特别喜欢踢足球。 그는 축구하는 것을 특히 좋아한다.
题 tí	题 tí 🖳 문제
	这道题真不简单。 이 문제는 정말 간단하지 않다.
提 tí	提高 tígāo 🖳 향상시키다
	他的汉语水平越来越提高。 그의 중국어 수준은 점점 향상된다.

10. 云 | 元 | 远 | 院 | 玩 | 完 | 园

云 yún	云 yún 🖳 구름
	今天是晴天，没有云。 오늘은 날씨가 맑아서 구름이 없다.
元 yuán	元 yuán 🖳 위안(중국의 화폐 단위)
	我昨天借他二十元。 나는 어제 그에게 20위안을 빌려줬다.
远 yuǎn	远 yuǎn 🖳 (공간적·시간적으로) 멀다
	从这儿到大使馆很远吗？ 여기서 대사관까지 아주 멉니까?
院 yuàn	医院 yīyuàn 🖳 병원
	我爸爸在医院工作。 우리 아빠는 병원에서 일하신다.
玩 wán	玩 wán 🖳 (손에 가지고) 놀다, 장난하다
	今天天气很好，我们出去玩儿吧。 오늘 날씨가 아주 좋아. 우리 나가 놀자.
完 wán	完 wán 🖳 마치다, 끝나다, 완결되다
	我看完这本书就睡了。 나는 이 책을 다 보면 잘 거야.
园 yuán	公园 gōngyuán 🖳 공원
	爸爸经常带我去公园玩儿。 아빠는 자주 나를 데리고 공원으로 놀러 가신다.

11. 昨 | 作

| 昨
zuó | 昨天 zuótiān 🖳 어제 |
| | 你昨天去哪儿了？ 너는 어제 어디 갔었니? |

| 作
zuò | 作业 zuòyè 뗑 숙제, 과제 ┃ 作用 zuòyòng 뗑 (사물에 영향을 주는) 작용 |
| | 上次留的作业做好了吗? 지난번에 내준 숙제는 다 했니? |

12. 千 ┃ 干 ┃ 十 ┃ 什

千 qiān	千 qiān ㊞ 천
	一千万年前，动物们出现了吗? 천만 년 전, 동물들은 출현했을까?
干 gān	干净 gānjìng 뼹 깨끗하다, 청결하다
	阿姨把厨房打扫得很干净。 아줌마는 주방을 매우 깨끗이 청소했다.
十 shí	十 shí ㊞ 열, 십
	现在已经十二点了，我的手表慢了十分钟。 지금 이미 12시인데, 내 시계는 10분 느리다.
什 shén	什么 shénme 떼 무슨, 어떤
	你想看什么电影? 너는 무슨 영화를 보고 싶니?

13. 四 ┃ 西

四 sì	四 sì ㊞ 4, 넷
	我女儿四岁了。 내 딸아이는 네 살이다.
西 xī	东西 dōngxi 뗑 (구체적인 혹은 추상적인) 물건 ┃ 西边 xībian 뗑 서쪽
	爸爸让我去买东西。 아빠는 나한테 물건을 사오라고 하셨다.

14. ★门 ┃ 问 ┃ 间 ┃ 回

门 mén	门 mén 뗑 (출입구에 달린) 문
	我们在学校正门见。 우리 학교 정문에서 만나자.
问 wèn	问 wèn 됭 묻다, 질문하다
	老师问我们几个问题。 선생님께서 우리에게 몇 가지 질문을 하셨다.
间 jiān	中间 zhōngjiān 뗑 사이, 중간
	这儿离黑板太近了，我想坐中间。 여기는 칠판에서 너무 가까워. 나는 중간에 앉고 싶어.
回 huí	回答 huídá 됭 대답하다
	他笑着回答了老师说的那个问题。 그는 웃으면서 선생님의 그 질문에 대답했다.

15. 左 ┃ 右 ┃ 在 ┃ 有

左 zuǒ	左 zuǒ 뗑 좌측, 왼쪽
	我用左手吃饭。 나는 왼손으로 밥을 먹는다.
右 yòu	右 yòu 뗑 우측, 오른쪽
	小说在你的右边。 소설책은 네 오른쪽에 있다.

在 zài	在 zài 통 (사람이나 사물이) ~에 있다
	妈妈在家吗？ 어머니께서 집에 계시니?
有 yǒu	有 yǒu 통 가지고 있다, 소유하다
	我有一辆红色的自行车。 나는 빨간색 자전거가 한 대 있다.

 병음을 참고해 다음 문장에 알맞은 한자를 써보세요.

---

❶ 就在这条街的(　　　xī　　　)边，有个眼镜店。

❷ (　　　zuó　　　)天晚上的月亮让他想家了。

❸ 我的(　　　zuò　　　)业写完了，我想和同学们去游泳。

정답 ❶ 西 ❷ 昨 ❸ 作

 예제

`난이도` 下　`공략 Key` 혼동하기 쉬운 한자

```
你好，请(　　wèn　　)洗手间在哪儿？
```

 정답&공략

해석　你好，请(问)洗手间在哪儿？　│　안녕하세요, 말씀 좀 묻겠습니다. 화장실이 어디에 있죠?

공략　화장실이 어디에 있는지 묻고 있으므로 빈칸에는 '묻다'라는 의미를 나타내는 동사 问이 적합하다.

어휘　洗手间 xǐshǒujiān 명 화장실

> **Tip** 의문대사 哪儿의 용법
>
> 你住在哪儿？ 당신은 어디에 삽니까? (장소)
> 我好像在哪儿见过他。 나는 어디선가 그를 만난 것 같다. (불특정 장소 지시)
> 他哪儿是广东人？ 他是上海人。 그가 어디 광둥 사람입니까? 그는 상하이 사람입니다. (반어 표현)

第 1-5 题

yuǎn
1. 超市离这儿很(   )，我们坐出租车去吧。

rì
2. 妈妈，这是我送您的礼物，祝您生(   )快乐!

zuǒ
3. 不是右边，我说的是(   )边的那个帽子。

hē
4. 感冒了要多(   )水，多吃水果。

yuán
5. 一(   )是10角，一角是10分。

+ 정답 및 해설_ 해설집 83쪽

모의고사
模拟考试

 잠깐!

1. 2B연필, 지우개, 시계를 준비해 주세요.

2. 듣기 영역은 약 35분, 독해 영역은 30분, 쓰기 영역은 15분입니다.

3. 모의고사 MP3 파일을 다운로드 받아 준비해 주세요.
   (맛있는북스 홈페이지(www.booksJRC.com)에서 다운로드 하세요.)
   모의고사 1회는 Track 13, 모의고사 2회는 Track 14입니다.

4. 답안카드는 본책 353쪽에 수록되어 있습니다. 답안카드를 잘라 실제 시험처럼
   답을 기입하며 풀어보세요.

汉 语 水 平 考 试
HSK(三级)

注　意

一、HSK (三级) 分三部分：

    1.　听力 (40题，约35分钟)

    2.　阅读 (30题，30分钟)

    3.　书写 (10题，15分钟)

二、听力结束后，有5分钟填写答题卡。

三、全部考试约90分钟 (含考生填写个人信息时间5分钟)。

一、听 力

第一部分

第 1-5 题

 A

 B

 C

 D

 E

 F

例如：男：喂，请问张经理在吗?

女：他正在开会，您半个小时以后再打，好吗?　　D

1.

2.

3.

4.

5.

第 6-10 题

A

B

C

D

E

6.   ☐

7.   ☐

8.   ☐

9.   ☐

10.   ☐

第二部分

第 11-20 题

例如：为了让自己更健康，他每天都花一个小时去锻炼身体。

　　　★ 他希望自己很健康。　　　　　　　　　　　　　（　√　）

　　　今天我想早点儿回家。看了看手表，才5点。过了一会儿再看表，还是5点，我这才发现我的手表不走了。

　　　★ 那块儿手表不是他的。　　　　　　　　　　　　（　×　）

11. ★ 朋友想学音乐。　　　　　　　　　　　　　　　（　　　）

12. ★ 那辆自行车是新的。　　　　　　　　　　　　　（　　　）

13. ★ 考试时要带铅笔。　　　　　　　　　　　　　　（　　　）

14. ★ 那个帽子卖500元。　　　　　　　　　　　　　（　　　）

15. ★ 儿子很喜欢坐船。　　　　　　　　　　　　　　（　　　）

16. ★ 他们正在爬山。　　　　　　　　　　　　　　　（　　　）

17. ★ 那个地方的香蕉蛋糕很有名。　　　　　　　　　（　　　）

18. ★ 小张经常打扫房间。　　　　　　　　　　　　　（　　　）

19. ★ 他早上只吃一个苹果。　　　　　　　　　　　　（　　　）

20. ★ 说话人昨天见了老马。　　　　　　　　　　　　（　　　）

第三部分

第21-30题

例如：男：小王，帮我开一下门，好吗？谢谢！
　　　女：没问题。您去超市了？买了这么多东西。
　　　问：男的想让小王做什么？

　　　A 开门 √　　　　　**B** 拿东西　　　　　**C** 去超市买东西

21. **A** 去公园　　　　　**B** 听音乐会　　　　　**C** 去家里做客

22. **A** 出站口　　　　　**B** 地铁站　　　　　**C** 书店门口

23. **A** 喝水　　　　　**B** 睡觉　　　　　**C** 休息

24. **A** 2500元　　　　　**B** 3000元　　　　　**C** 3500元

25. **A** 冰箱坏了　　　　　**B** 鸡蛋不见了　　　　　**C** 面条很好吃

26. **A** 她太小　　　　　**B** 担心她　　　　　**C** 她身体不好

27. **A** 变瘦了　　　　　**B** 胖了很多　　　　　**C** 一点儿也没变

28. **A** 去年　　　　　**B** 10年前　　　　　**C** 工作以后

29. **A** 地铁　　　　　**B** 学校　　　　　**C** 超市

30. **A** 同事　　　　　**B** 妹妹　　　　　**C** 同学

第四部分

第31-40题

例如：女：晚饭做好了，准备吃饭了。

男：等一会儿，比赛还有三分钟就结束了。

女：快点儿吧，一起吃，菜冷了就不好吃了。

男：你先吃，我马上就看完了。

问：男的在做什么？

　　　A 洗澡　　　　　　B 吃饭　　　　　　C 看电视 √

31. A 热情　　　　　　B 安静　　　　　　C 工作努力

32. A 太重了　　　　　B 丢东西了　　　　C 需要检查

33. A 腿疼　　　　　　B 脚疼　　　　　　C 头疼

34. A 可爱　　　　　　B 好看　　　　　　C 看起来瘦

35. A 司机　　　　　　B 校长　　　　　　C 运动员

36. A 旅游　　　　　　B 跑步　　　　　　C 骑车

37. A 再见面　　　　　B 离开北京　　　　C 去北京留学

38. A 现在是晚上　　　B 小鸟飞得慢　　　C 飞机起飞了

39. A 爱运动　　　　　B 跑得快　　　　　C 很便宜

40. A 家里　　　　　　B 楼下　　　　　　C 超市附近

二、阅 读

第一部分

第 41–45 题

A 我觉得还可以，比上个月的简单。

B 现在能发电子邮件吗？

C 累了吗？我们在这里休息一下吧！

D 你的脸怎么这么红？不舒服吗？

E 当然。我们先坐公共汽车，然后换地铁。

F 我不想去，你们好好儿玩儿吧。

例如：你知道怎么去那儿吗？　　　　　　　　　　　（　E　）

41. 我可能是发烧了，一直觉得很冷。　　　　　　　　（　　）

42. 不能，电脑还是有问题。　　　　　　　　　　　　（　　）

43. 我们现在去学校踢足球，你去吗？　　　　　　　　（　　）

44. 没关系，不用了。马上就到家了。　　　　　　　　（　　）

45. 这次历史考试题难吗？　　　　　　　　　　　　　（　　）

第 46–50 题

A 不但喜欢画画儿，而且喜欢跑步。

B 那把它搬到外面去吧。

C 王校长，不习惯这里的天气吧？

D 怎么样了？你中午见到黄经理了吗？

E 对我来说，现在工作是第一位，其他的都不重要。

46. 你打算什么时候结婚呢？　　　　　　　　　　（　　　）

47. 是的，南方的夏天太热了！　　　　　　　　　（　　　）

48. 我跟小马的爱好一样。　　　　　　　　　　　（　　　）

49. 没有，我给他打了个电话，他同意参加我们的会议。　（　　　）

50. 这种花不需要太多水，但喜欢太阳。　　　　　（　　　）

第二部分

第51-55题

A 到　　　B 打算　　　C 站　　　D 突然　　　E 声音　　　F 其实

例如：她说话的（　E　）多好听啊！

51. 这么快就出国? 太（　　　）了。

52. 从这儿（　　　）机场不太远。

53. 别（　　　）着，坐在椅子上，我给你照张相。

54. 我（　　　）和朋友一起去游泳。

55. 对一个学生来说，成绩很重要，但（　　　）最重要的是快乐。

第 56–60 题

　　A 相信　　　**B** 除了　　　**C** 饿　　　**D** 爱好　　　**E** 关系　　　**F** 需要

例如：**A**：你有什么（　**D**　）？

　　　　B：我喜欢体育。

56. **A**：怎么不看电视呢？

　　　B：（　　　　）新闻就没有别的节目了。

57. **A**：比赛马上就要开始了，心情怎么样？

　　　B：好极了，我（　　　　）我会得到一个好成绩。

58. **A**：孩子的习惯是好是坏，跟父母的习惯有很大（　　　　）。

　　　B：我觉得你说得非常对。

59. **A**：你能完成这个工作吗？

　　　B：没问题，（　　　　）三天吧。

60. **A**：好（　　　　）呀，可是冰箱里什么也没有了。

　　　B：我们打电话叫点儿吃的吧。

第三部分

第 61-70 题

例如：您是来参加今天会议的吗？您来早了一点儿，现在才八点半。您先进来坐吧。

　　★ 会议最可能几点开始？

　　A 8点　　　　　　　B 8点半　　　　　　C 9点 √

61. 虽然工作很忙，但是他每年都会花几天的时间去旅游，因为他认为旅游可以让人对世界有新的认识和发现。

　　★ 他觉得旅游可以：

　　A 交朋友　　　　　B 让人休息　　　　　C 给人新发现

62. 做什么事情都不要着急，特别是遇到问题的时候。只有静下心来，才能找到正确的解决办法。

　　★ 遇到问题时：

　　A 找人帮忙　　　　B 不能着急　　　　　C 大家一起想办法

63. 我们那里的环境很不错，很安静，街道也很干净，旁边还有一条河，每天晚上都有很多人在河边散步。

　　★ 那个地方：

　　A 不安静　　　　　B 环境很好　　　　　C 不太干净

64. 今天，奶奶打电话说她把手机弄丢了。我开始非常担心，可是后来我发现，她正在用她的手机给我打电话呢。

    ★ 奶奶：

    A 生病了　　　　　　**B** 喜欢运动　　　　　　**C** 没丢手机

65. 我们做一个练习，请看黑板上的这张照片，然后写一段跟它有关的话，下课前交给我。现在开始。

    ★ 根据这段话，可以知道说话人是：

    A 经理　　　　　　　**B** 老师　　　　　　　　**C** 学生

66. 你点的菜太少了，我再点两个菜。我们来个羊肉怎么样？这家饭馆儿的羊肉很好吃。

    ★ 为什么要再点菜？

    A 菜不多　　　　　　**B** 人很多　　　　　　　**C** 羊肉很便宜

67. 在中国，季节不同，很多学校的放学时间也不一样。秋冬季一般要比春夏季的放学时间早一个小时。

    ★ 秋冬季，学校：

    A 放学早　　　　　　**B** 8点上课　　　　　　　**C** 下午休息

68. 每天早上有很多同事把早饭带到办公室来吃，有些早饭味道很大，影响办公室的环境。我希望大家能在外面吃完再进办公室。

    ★ 说话人不同意：

    A 喝啤酒　　　　　　**B** 大声说话　　　　　　**C** 在办公室吃饭

69. 小王虽然工作的时间很短，但是他做事非常认真。他每天把遇到的问题写下来，然后找机会问别人。一年过去了，他的工作做得越来越好了。

★ 小王是个怎么样的人?

A 认真　　　　　　B 聪明　　　　　　C 热情

70. 很久以前，有一个人每天去山里找花和草，回家以后试吃。他把哪些花草可以做药吃、哪些不能吃都写了下来，然后告诉人们。

★ 那个人:

A 遇到了坏人　　　B 给人们看病　　　C 试吃了花草

三、书写

第一部分

第71–75题

例如：小船　　上　　一　　河　　条　　有

　　河上有一条小船。_____

71. 弟弟对　　　　不太　　　　自己　　　　满意　　　　画的小狗

72. 一件　　　能吃到妈妈做的菜　　　是　　　事　　　幸福的

73. 外面的　　　越下　　　雪　　　越大

74. 声音　　　请　　　把　　　小一点儿　　　放

75. 变　　　水　　　颜色了　　　杯子里的

第二部分

第76-80题

例如：没（　关^{guān}　）系，别难过，高兴点儿。

76. 朋友终于出院了，真（　　　wèi　　　）他高兴。

77. 李奶奶和朋友们一边聊天儿一边（　　　xiào　　　）。

78. 我来过这里很多（　　　cì　　　），所以特别了解。

79. 他每天骑着新买的自（　　　xíng　　　）车去公园。

80. 我今天早上起床晚了，上班（　　　yòu　　　）迟到了。

汉 语 水 平 考 试

HSK(三级)

注　意

一、HSK (三级) 分三部分：

1. 听力 (40题，约35分钟)

2. 阅读 (30题，30分钟)

3. 书写 (10题，15分钟)

二、听力结束后，有5分钟填写答题卡。

三、全部考试约90分钟 (含考生填写个人信息时间5分钟)。

一、听 力

第一部分

第1-5题

A

B

C

D

E

F

例如：男：喂，请问张经理在吗？

女：他正在开会，您半个小时以后再打，好吗？

D

1.

2.

3.

4.

5.

第6-10题

A

B

C

D

E

6.

7.

8.

9.

10.

第二部分

例如：为了让自己更健康，他每天都花一个小时去锻炼身体。

    ★ 他希望自己很健康。   (√   )

    今天我想早点儿回家。看了看手表，才5点。过了一会儿再看表，还是5点，我这才发现我的手表不走了。

    ★ 那块儿手表不是他的。   (×   )

11. ★ 经理明天不能开会了。   (   )

12. ★ 妻子生他的气了。   (   )

13. ★ 那种超市晚上不开门。   (   )

14. ★ 他找到手表了。   (   )

15. ★ 说话人是出租车司机。   (   )

16. ★ 出现问题必须找人帮忙。   (   )

17. ★ 音乐老师很年轻。   (   )

18. ★ 方阿姨会打篮球。   (   )

19. ★ 刘奶奶说话很清楚。   (   )

20. ★ 他借了五本书。   (   )

第三部分

第21-30题

例如：男：小王，帮我开一下门，好吗？谢谢！

　　　女：没问题。您去超市了？买了这么多东西。

　　　问：男的想让小王做什么？

　　A 开门 √　　　　　　B 拿东西　　　　　　C 去超市买东西

21. A 是老师　　　　　B 看错人了　　　　　C 跟男的是朋友

22. A 1米以上　　　　　B 1.2米以下　　　　　C 1.6米以下

23. A 很累　　　　　　B 不上班　　　　　　C 没带手机

24. A 不喜欢学习　　　　B 很喜欢唱歌　　　　C 第一次听这个故事

25. A 电梯慢　　　　　B 电梯坏了　　　　　C 他们要走下去

26. A 宾馆　　　　　　B 火车站　　　　　　C 图书馆

27. A 吃晚饭　　　　　B 回答问题　　　　　C 玩儿游戏

28. A 教室　　　　　　B 门口　　　　　　　C 邻居家

29. A 下雨　　　　　　B 刮风　　　　　　　C 下雪

30. A 咖啡厅　　　　　B 飞机场　　　　　　C 火车站

第四部分

第 31-40 题

例如：女：晚饭做好了，准备吃饭了。
　　　男：等一会儿，比赛还有三分钟就结束了。
　　　女：快点儿吧，一起吃，菜冷了就不好吃了。
　　　男：你先吃，我马上就看完了。
　　　问：男的在做什么？

　　　A 洗澡　　　　　　B 吃饭　　　　　　C 看电视 √

31. A 工作忙　　　　　B 明天休息　　　　C 想吃香蕉

32. A 去买东西　　　　B 想吃西瓜　　　　C 要喝啤酒

33. A 可爱　　　　　　B 不好看　　　　　C 像男孩子

34. A 牙疼　　　　　　B 哭了　　　　　　C 发烧了

35. A 4:15　　　　　　B 4:45　　　　　　C 5:15

36. A 累了　　　　　　B 生病了　　　　　C 生气了

37. A 电视　　　　　　B 照片　　　　　　C 杂志

38. A 吃得少　　　　　B 每天吃菜　　　　C 经常运动

39. A 桌子和电视　　　B 空调和椅子　　　C 桌子和椅子

40. A 床　　　　　　　B 地图　　　　　　C 洗手间

二、阅 读

第一部分

第41-45题

A 别忘了今天晚上7点见。

B 没事儿，这条路我天天走，别担心。

C 空调坏了，我已经打电话找人来看了。

D 是的，给三年级学生上体育课。

E 当然。我们先坐公共汽车，然后换地铁。

F 你这张照片照得真漂亮！什么时候照的?

例如：你知道怎么去那儿吗?   （ E ）

41. 你小心点儿，街上没有灯，太黑了。   （   ）

42. 对不起，我有事儿。不能跟你一起看电影。   （   ）

43. 房间里怎么这么热?   （   ）

44. 去年夏天公司举行运动会的时候照的。   （   ）

45. 他是你们学校的老师?   （   ）

第 46–50 题

A 对呀，终于爬上来了，太累了。

B 没问题，就在床上，你自己拿吧。

C 别着急，你看看在不在钱包里？

D 坐出租车要四十多分钟吧。

E 不是有句话叫"帮人就是帮自己"吗？

46. 这是老王的票，我的呢？　　　　　　　　　　　　（　　　）

47. 真高啊，我们用了四个半小时。　　　　　　　　　　（　　　）

48. 从火车站到那儿需要多长时间？　　　　　　　　　　（　　　）

49. 你的笔记本电脑能借给我吗？　　　　　　　　　　　（　　　）

50. 我以后有困难也会找你的。　　　　　　　　　　　　（　　　）

第二部分

第51-55题

A 经常　　　B 辆　　　C 附近　　　D 注意　　　E 声音　　　F 班

例如：她说话的（　E　）多好听啊！

51. 下周开会的时间有变化，请大家（　　　　）。

52. （　　　　）有没有卖照相机的地方？

53. 我非常喜欢这（　　　　）车，可是太贵了。

54. 在女儿的（　　　　）上，她应该是最努力学习的。

55. 小时候，爸爸（　　　　）带我去海边玩儿。

第 56–60 题

A 久　　**B** 行李箱　　**C** 一定　　**D** 爱好　　**E** 检查　　**F** 经过

例如：**A**：你有什么（　**D**　）？

　　　B：我喜欢体育。

56. **A**：你要去留学吗？

　　 B：不（　　　）。如果有好的工作，我会先工作。

57. **A**：这个（　　　）可能是我的。

　　 B：真不好意思，我拿错了。

58. **A**：妈，你怎么去了这么（　　　）？

　　 B：超市里的人太多了。

59. **A**：终于把作业做完了。

　　 B：你最好再（　　　）一下吧。

60. **A**：小刘怎么还不回来？

　　 B：我刚才（　　　）商店时看见他正在买东西呢。

第三部分

第 61–70 题

例如：您是来参加今天会议的吗？您来早了一点儿，现在才八点半。您先进来坐吧。

★ 会议最可能几点开始？

A 8点　　　　　　B 8点半　　　　　　C 9点 √

61. 这个电影讲的是一个眼睛看不见的男孩子的故事。听说电影第一天卖了一百万张票，我们有机会去看看吧。

★ 电影中的那个男孩儿：

A 爱跳舞　　　　　B 看不见　　　　　C 很关心别人

62. 我今天去河边走了走，那里的小草都绿了，花也开了。又是一个春天来了，这是我最喜欢的季节。

★ 我喜欢：

A 蓝天　　　　　　B 旅游　　　　　　C 春天

63. 医生说吃饭不要吃得太饱，八分饱最好，因为吃得太多会让人不舒服，而且对身体不好。

★ 医生认为，吃饭：

A 应一天三次　　　B 要慢点儿吃　　　C 不能吃太多

64. 我以前觉得我跟小安差不多，但是后来我发现我们有很多不同的地方。最大的不同是他歌儿唱得很好，可我唱得难听得很。

    ★ 我跟小安：

    A 住得很近　　　　　B 很不一样　　　　　C 在一个学校

65. 我工作很忙，但是有时间就去游泳或者跑步。周末，我还会和朋友一起去踢足球。

    ★ 我喜欢什么？

    A 运动　　　　　　　B 工作　　　　　　　C 学习

66. 爷爷是音乐老师，我小的时候，他经常教我唱歌。在他的影响下，我也非常喜欢音乐，我打算以后去北京学音乐。

    ★ 我喜欢音乐是因为：

    A 经常听歌　　　　　B 受爷爷影响　　　　C 老师教得好

67. 姐姐的工作需要一直站着，每天只有中午吃饭的时候，她才能坐下来休息一会儿。

    ★ 姐姐每天：

    A 站很久　　　　　　B 下班很晚　　　　　C 努力学习

68. 儿子昨天告诉我他要跟女朋友结婚了。这对我和他妈妈来说真是一件非常高兴的事情。希望儿子结婚后的生活能幸福。

    ★ 儿子要做什么？

    A 结婚　　　　　　　B 找工作　　　　　　C 上大学

69. 我在百货商店里看到一双非常漂亮的鞋，马上就去试了一下。可是那双鞋穿起来有些不舒服，所以我没有买。

   ★ 那双鞋：

   A 价钱高　　　　　　B 不舒服　　　　　　C 有点儿小

70. 我们不但要吃得健康、经常锻炼，而且最好每年去医院检查一次身体，这样做可以早一点儿发现问题。

   ★ 每年检查一次身体是为了：

   A 了解自己　　　　　B 让身体休息　　　　C 早发现问题

三、书写

第一部分

第71-75题

例如：小船　　上　　一　　河　　条　　有

　　　<u>河上有一条小船。　　　　　　　　</u>

71. 突然　　　他　　　哭了　　　怎么

72. 教室　　　离开　　　他每天　　　最后一个

73. 办公室的　　　洗手间　　　旁边　　　在

74. 我　　　了　　　忘记　　　把　　　弟弟的生日

75. 花　　　很漂亮　　　公园里的　　　开得

第二部分

第76-80题

例如：没（　关^{guān}　）系，别难过，高兴点儿。

76. 我是新搬来的，我也住8（　　^{céng}　　）。

77. 这张信（　　^{yòng}　　）卡是我爸爸的。

78. 我下个月要去西安出（　　^{chāi}　　）。

79. 请问，办公大楼怎么（　　^{zǒu}　　）？

80. 这件事不能（　　^{bèi}　　）叔叔知道。

■ 汉 语 水 平 考 试 HSK(三级)答题卡 ■

注意　请用2B铅笔这样写：■

一、听力

1. [A] [B] [C] [D] [E] [F]
2. [A] [B] [C] [D] [E] [F]
3. [A] [B] [C] [D] [E] [F]
4. [A] [B] [C] [D] [E] [F]
5. [A] [B] [C] [D] [E] [F]

6. [A] [B] [C] [D] [E] [F]
7. [A] [B] [C] [D] [E] [F]
8. [A] [B] [C] [D] [E] [F]
9. [A] [B] [C] [D] [E] [F]
10. [A] [B] [C] [D] [E] [F]

11. [√] [×]
12. [√] [×]
13. [√] [×]
14. [√] [×]
15. [√] [×]

16. [√] [×]
17. [√] [×]
18. [√] [×]
19. [√] [×]
20. [√] [×]

21. [A] [B] [C]
22. [A] [B] [C]
23. [A] [B] [C]
24. [A] [B] [C]
25. [A] [B] [C]

26. [A] [B] [C]
27. [A] [B] [C]
28. [A] [B] [C]
29. [A] [B] [C]
30. [A] [B] [C]

31. [A] [B] [C]
32. [A] [B] [C]
33. [A] [B] [C]
34. [A] [B] [C]
35. [A] [B] [C]

36. [A] [B] [C]
37. [A] [B] [C]
38. [A] [B] [C]
39. [A] [B] [C]
40. [A] [B] [C]

二、阅读

41. [A] [B] [C] [D] [E] [F]
42. [A] [B] [C] [D] [E] [F]
43. [A] [B] [C] [D] [E] [F]
44. [A] [B] [C] [D] [E] [F]
45. [A] [B] [C] [D] [E] [F]

46. [A] [B] [C] [D] [E] [F]
47. [A] [B] [C] [D] [E] [F]
48. [A] [B] [C] [D] [E] [F]
49. [A] [B] [C] [D] [E] [F]
50. [A] [B] [C] [D] [E] [F]

51. [A] [B] [C] [D] [E] [F]
52. [A] [B] [C] [D] [E] [F]
53. [A] [B] [C] [D] [E] [F]
54. [A] [B] [C] [D] [E] [F]
55. [A] [B] [C] [D] [E] [F]

56. [A] [B] [C] [D] [E] [F]
57. [A] [B] [C] [D] [E] [F]
58. [A] [B] [C] [D] [E] [F]
59. [A] [B] [C] [D] [E] [F]
60. [A] [B] [C] [D] [E] [F]

61. [A] [B] [C]
62. [A] [B] [C]
63. [A] [B] [C]
64. [A] [B] [C]
65. [A] [B] [C]

66. [A] [B] [C]
67. [A] [B] [C]
68. [A] [B] [C]
69. [A] [B] [C]
70. [A] [B] [C]

三、书写

71. _____

72. _____

73. _____

74. _____

75. _____

76. □　　77. □　　78. □　　79. □　　80. □

不要写到框线以外！

汉语水平考试 HSK（三级）答题卡 ■

──请填写考生信息──

按照考试证件上的姓名填写：

| 姓名 | |

如果有中文姓名，请填写：

| 中文姓名 | |

考生序号	[0] [1] [2] [3] [4] [5] [6] [7] [8] [9]
	[0] [1] [2] [3] [4] [5] [6] [7] [8] [9]
	[0] [1] [2] [3] [4] [5] [6] [7] [8] [9]
	[0] [1] [2] [3] [4] [5] [6] [7] [8] [9]
	[0] [1] [2] [3] [4] [5] [6] [7] [8] [9]

──请填写考点信息──

考点代码	[0] [1] [2] [3] [4] [5] [6] [7] [8] [9]
	[0] [1] [2] [3] [4] [5] [6] [7] [8] [9]
	[0] [1] [2] [3] [4] [5] [6] [7] [8] [9]
	[0] [1] [2] [3] [4] [5] [6] [7] [8] [9]
	[0] [1] [2] [3] [4] [5] [6] [7] [8] [9]
	[0] [1] [2] [3] [4] [5] [6] [7] [8] [9]
	[0] [1] [2] [3] [4] [5] [6] [7] [8] [9]

国籍	[0] [1] [2] [3] [4] [5] [6] [7] [8] [9]
	[0] [1] [2] [3] [4] [5] [6] [7] [8] [9]
	[0] [1] [2] [3] [4] [5] [6] [7] [8] [9]

| 年龄 | [0] [1] [2] [3] [4] [5] [6] [7] [8] [9] |
| | [0] [1] [2] [3] [4] [5] [6] [7] [8] [9] |

| 性别 | 男 [1]　　　　女 [2] |

注意　请用2B铅笔这样写：　■

一、听力

1. [A] [B] [C] [D] [E] [F]　　6. [A] [B] [C] [D] [E] [F]
2. [A] [B] [C] [D] [E] [F]　　7. [A] [B] [C] [D] [E] [F]
3. [A] [B] [C] [D] [E] [F]　　8. [A] [B] [C] [D] [E] [F]
4. [A] [B] [C] [D] [E] [F]　　9. [A] [B] [C] [D] [E] [F]
5. [A] [B] [C] [D] [E] [F]　　10. [A] [B] [C] [D] [E] [F]

11. [√] [×]　　16. [√] [×]　　21. [A] [B] [C]
12. [√] [×]　　17. [√] [×]　　22. [A] [B] [C]
13. [√] [×]　　18. [√] [×]　　23. [A] [B] [C]
14. [√] [×]　　19. [√] [×]　　24. [A] [B] [C]
15. [√] [×]　　20. [√] [×]　　25. [A] [B] [C]

26. [A] [B] [C]　　31. [A] [B] [C]　　36. [A] [B] [C]
27. [A] [B] [C]　　32. [A] [B] [C]　　37. [A] [B] [C]
28. [A] [B] [C]　　33. [A] [B] [C]　　38. [A] [B] [C]
29. [A] [B] [C]　　34. [A] [B] [C]　　39. [A] [B] [C]
30. [A] [B] [C]　　35. [A] [B] [C]　　40. [A] [B] [C]

二、阅读

41. [A] [B] [C] [D] [E] [F]　　46. [A] [B] [C] [D] [E] [F]
42. [A] [B] [C] [D] [E] [F]　　47. [A] [B] [C] [D] [E] [F]
43. [A] [B] [C] [D] [E] [F]　　48. [A] [B] [C] [D] [E] [F]
44. [A] [B] [C] [D] [E] [F]　　49. [A] [B] [C] [D] [E] [F]
45. [A] [B] [C] [D] [E] [F]　　50. [A] [B] [C] [D] [E] [F]

51. [A] [B] [C] [D] [E] [F]　　56. [A] [B] [C] [D] [E] [F]
52. [A] [B] [C] [D] [E] [F]　　57. [A] [B] [C] [D] [E] [F]
53. [A] [B] [C] [D] [E] [F]　　58. [A] [B] [C] [D] [E] [F]
54. [A] [B] [C] [D] [E] [F]　　59. [A] [B] [C] [D] [E] [F]
55. [A] [B] [C] [D] [E] [F]　　60. [A] [B] [C] [D] [E] [F]

61. [A] [B] [C]　　66. [A] [B] [C]
62. [A] [B] [C]　　67. [A] [B] [C]
63. [A] [B] [C]　　68. [A] [B] [C]
64. [A] [B] [C]　　69. [A] [B] [C]
65. [A] [B] [C]　　70. [A] [B] [C]

三、书写

71.

72.

73.

74.

75.

76.　　77.　　78.　　79.　　80.

不要写到框线以外！

汉 语 水 平 考 试 HSK（三 级）答 题 卡 ■

一、听力

1. [A] [B] [C] [D] [E] [F]
2. [A] [B] [C] [D] [E] [F]
3. [A] [B] [C] [D] [E] [F]
4. [A] [B] [C] [D] [E] [F]
5. [A] [B] [C] [D] [E] [F]

6. [A] [B] [C] [D] [E] [F]
7. [A] [B] [C] [D] [E] [F]
8. [A] [B] [C] [D] [E] [F]
9. [A] [B] [C] [D] [E] [F]
10. [A] [B] [C] [D] [E] [F]

11. [√] [×]
12. [√] [×]
13. [√] [×]
14. [√] [×]
15. [√] [×]

16. [√] [×]
17. [√] [×]
18. [√] [×]
19. [√] [×]
20. [√] [×]

21. [A] [B] [C]
22. [A] [B] [C]
23. [A] [B] [C]
24. [A] [B] [C]
25. [A] [B] [C]

26. [A] [B] [C]
27. [A] [B] [C]
28. [A] [B] [C]
29. [A] [B] [C]
30. [A] [B] [C]

31. [A] [B] [C]
32. [A] [B] [C]
33. [A] [B] [C]
34. [A] [B] [C]
35. [A] [B] [C]

36. [A] [B] [C]
37. [A] [B] [C]
38. [A] [B] [C]
39. [A] [B] [C]
40. [A] [B] [C]

二、阅读

41. [A] [B] [C] [D] [E] [F]
42. [A] [B] [C] [D] [E] [F]
43. [A] [B] [C] [D] [E] [F]
44. [A] [B] [C] [D] [E] [F]
45. [A] [B] [C] [D] [E] [F]

46. [A] [B] [C] [D] [E] [F]
47. [A] [B] [C] [D] [E] [F]
48. [A] [B] [C] [D] [E] [F]
49. [A] [B] [C] [D] [E] [F]
50. [A] [B] [C] [D] [E] [F]

51. [A] [B] [C] [D] [E] [F]
52. [A] [B] [C] [D] [E] [F]
53. [A] [B] [C] [D] [E] [F]
54. [A] [B] [C] [D] [E] [F]
55. [A] [B] [C] [D] [E] [F]

56. [A] [B] [C] [D] [E] [F]
57. [A] [B] [C] [D] [E] [F]
58. [A] [B] [C] [D] [E] [F]
59. [A] [B] [C] [D] [E] [F]
60. [A] [B] [C] [D] [E] [F]

61. [A] [B] [C]
62. [A] [B] [C]
63. [A] [B] [C]
64. [A] [B] [C]
65. [A] [B] [C]

66. [A] [B] [C]
67. [A] [B] [C]
68. [A] [B] [C]
69. [A] [B] [C]
70. [A] [B] [C]

三、书写

71.

72.

73.

74.

75.

76.　　77.　　78.　　79.　　80.

不要写到框线以外!

汉语水平考试 HSK（三级）答题卡 ■

注意 | 请用2B铅笔这样写： ■

一、听力

1. [A] [B] [C] [D] [E] [F]
2. [A] [B] [C] [D] [E] [F]
3. [A] [B] [C] [D] [E] [F]
4. [A] [B] [C] [D] [E] [F]
5. [A] [B] [C] [D] [E] [F]

6. [A] [B] [C] [D] [E] [F]
7. [A] [B] [C] [D] [E] [F]
8. [A] [B] [C] [D] [E] [F]
9. [A] [B] [C] [D] [E] [F]
10. [A] [B] [C] [D] [E] [F]

11. [√] [×]
12. [√] [×]
13. [√] [×]
14. [√] [×]
15. [√] [×]

16. [√] [×]
17. [√] [×]
18. [√] [×]
19. [√] [×]
20. [√] [×]

21. [A] [B] [C]
22. [A] [B] [C]
23. [A] [B] [C]
24. [A] [B] [C]
25. [A] [B] [C]

26. [A] [B] [C]
27. [A] [B] [C]
28. [A] [B] [C]
29. [A] [B] [C]
30. [A] [B] [C]

31. [A] [B] [C]
32. [A] [B] [C]
33. [A] [B] [C]
34. [A] [B] [C]
35. [A] [B] [C]

36. [A] [B] [C]
37. [A] [B] [C]
38. [A] [B] [C]
39. [A] [B] [C]
40. [A] [B] [C]

二、阅读

41. [A] [B] [C] [D] [E] [F]
42. [A] [B] [C] [D] [E] [F]
43. [A] [B] [C] [D] [E] [F]
44. [A] [B] [C] [D] [E] [F]
45. [A] [B] [C] [D] [E] [F]

46. [A] [B] [C] [D] [E] [F]
47. [A] [B] [C] [D] [E] [F]
48. [A] [B] [C] [D] [E] [F]
49. [A] [B] [C] [D] [E] [F]
50. [A] [B] [C] [D] [E] [F]

51. [A] [B] [C] [D] [E] [F]
52. [A] [B] [C] [D] [E] [F]
53. [A] [B] [C] [D] [E] [F]
54. [A] [B] [C] [D] [E] [F]
55. [A] [B] [C] [D] [E] [F]

56. [A] [B] [C] [D] [E] [F]
57. [A] [B] [C] [D] [E] [F]
58. [A] [B] [C] [D] [E] [F]
59. [A] [B] [C] [D] [E] [F]
60. [A] [B] [C] [D] [E] [F]

61. [A] [B] [C]
62. [A] [B] [C]
63. [A] [B] [C]
64. [A] [B] [C]
65. [A] [B] [C]

66. [A] [B] [C]
67. [A] [B] [C]
68. [A] [B] [C]
69. [A] [B] [C]
70. [A] [B] [C]

三、书写

71.

72.

73.

74.

75.

76.   77.   78.   79.   80.

不要写到框线以外!